高等职业教育财务会计类专业系列教材

智能化成本核算与管理

主　编　赵　霞　赵金芳　李　冬
副主编　甄国玲
参　编　周　艳　陈　芳　胡晓锋　陈　影

机械工业出版社

本书依据现行的企业会计准则，深入探讨在"中国制造""智能生产""科技创新"等现代化生产背景下，制造业企业进行成本核算与管理所需的知识与技能。全书紧密围绕"价值塑造、能力培养、知识传授"三位一体的课程建设目标，采用仿真企业的成本核算案例，并融入 Excel 软件、用友 U8 软件在成本会计岗位中的应用实例，旨在培养学生在智能化系统环境下进行成本核算与管理的能力。全书各模块的学习目标细致、明确，通过引入生动的拓展案例和素养案例，配备同步测试题和实训活页，帮助学生巩固所学知识。本书内容全面，表达简洁实用，特别强调实操性。

本书适合作为高等职业教育大数据与会计等相关专业的教材，也可作为社会在职人员及经济管理领域工作人员的培训教材或参考资料。

图书在版编目（CIP）数据

智能化成本核算与管理 / 赵霞，赵金芳，李冬主编 . --北京：机械工业出版社，2025.7. --（高等职业教育财务会计类专业系列教材）. -- ISBN 978-7-111-78228-5

Ⅰ. F231.2；F275.3

中国国家版本馆 CIP 数据核字第 2025PZ6766 号

机械工业出版社（北京市百万庄大街 22 号　邮政编码 100037）
策划编辑：乔　晨　　　　　责任编辑：乔　晨
责任校对：张爱妮　陈　越　　封面设计：鞠　杨
责任印制：张　博
北京机工印刷厂有限公司印刷
2025 年 7 月第 1 版第 1 次印刷
184mm×260mm・14 印张・327 千字
标准书号：ISBN 978-7-111-78228-5
定价：49.00 元

电话服务　　　　　　　　　　网络服务
客服电话：010-88361066　　　机　工　官　网：www.cmpbook.com
　　　　　010-88379833　　　机　工　官　博：weibo.com/cmp1952
　　　　　010-68326294　　　金　书　网：www.golden-book.com
封底无防伪标均为盗版　　机工教育服务网：www.cmpedu.com

前言 Preface

在数字化浪潮席卷全球的当下，智能化成本核算与管理已成为企业实现高效运营、精准决策的关键驱动力，不仅是企业财务领域的核心工作，更是企业管理体系革新的重要突破口。对于高等职业教育财务会计类专业，特别是大数据与会计专业的学生而言，深入了解并熟练掌握这一领域的前沿理论、实用知识和专业技能，是顺应时代发展、满足就业市场需求的必备素养。

"智能化成本核算与管理"课程作为应对会计领域智能化变革的前沿课程，必须构建契合时代需求的课程内容架构。这要求我们时刻紧盯学术前沿动态，敏锐捕捉社会需求变化，持续更新、补充和优化教学内容，将智能化理论与实践应用场景深度融合，致力于培养既具备扎实理论基础，又拥有强大实践操作能力的智能化成本核算与管理专业人才。在本书编写过程中，我们着力开展了以下工作：

（1）紧密贴合政策与行业趋势：依据我国现行的《企业会计准则》《企业产品成本核算制度（试行）》以及智能化成本管理相关的政策法规，结合会计智能化改革的趋势，将大数据、人工智能等新兴技术融入成本核算与管理教学的应用案例中，并结合 Excel、用友 U8 等软件，确保本书内容兼具深厚理论根基与卓越前瞻性，使学生所学知识能够无缝对接行业最新发展。

（2）优化教材结构体系：充分考量财务会计类专业的人才培养目标和教学规律，精心规划教材结构体系。在避免课程内容重复的同时，按照智能化成本核算与管理的业务流程对教学内容进行有序编排。内容讲解注重深入浅出，以通俗易懂的语言阐释复杂的智能化概念和技术，方便学生自主学习。

（3）突出技能培养与实践应用：聚焦智能化成本核算与管理技能培养，本书内容深度贴近企业实际业务场景，引入仿真企业案例，并设置了活页式的实训内容。通过对实际案例的剖析和操作演练，让学生在模拟实践中掌握智能化工具的使用方法，切实提升其解决实际问题的能力，增强本书的适用性和实用性。

（4）强化互动式学习设计：每个模块开篇设置学习目标，帮助学生快速把握本模块学习核心要点；模块末配备同步测试题，全面检验学生的学习成果。在内容中穿插丰富的例题，以直观展示知识的应用方式，并设置"问题与思考"栏目，鼓励学生积极思考、勇于创新，着重培养学生的实践能力、创新思维和问题分析能力。

（5）打造数字化学习资源：针对书中的重点、难点内容，精心制作配套课程视频。这些视频不仅可供教师在备课过程中参考，丰富教学素材，更方便学生在课下自主学习，随时回顾重点知识，突破学习难点，实现线上线下学习的有机融合，为学生提供全方位的学习支持。

在教学实施过程中，建议采用理论教学与实践操作 1:1 的课时分配模式。理论教学注重原理阐释，实践教学依托实训室开展智能化软件操作、数据分析工具应用等专项练习，同时强化对学生智能化会计技能的培养，使学生在学中做、做中学，切实提升专业素养。

  本书由浙江旅游职业学院的赵霞、赵金芳、李冬担任主编，甄国玲担任副主编，周艳、陈芳、胡晓锋、陈影参与编写。在本书编写过程中，得到了浙江经济职业技术学院平音等多位老师的大力协助，在此致以诚挚的感谢！

  由于编者水平有限，书中难免存在错误和不足之处，恳请广大读者和同行不吝赐教，提出宝贵意见和建议，以便后续对本书进行完善和优化。

编　者

二维码索引 QR Code Index

序号	名称	二维码	页码	序号	名称	二维码	页码
1	算"谁"的成本		011	9	品种法		087
2	生产费用的归集		019	10	分批法		107
3	外购动力费用的分配		023	11	简化分批法习题演示		115
4	人工费用的核算		024	12	分步法		119
5	辅助生产费用的分配		033	13	逐步结转分步法和平行结转分步法的比较		135
6	制造费用的分配		047	14	分步法中三种方法对比（一）		135
7	计算并结转完工产品成本		067	15	分步法中三种方法对比（二）		135
8	生产费用在完工产品和在产品之间分配习题演示		076	16	分类法		139

（续）

序号	名称	二维码	页码	序号	名称	二维码	页码
17	联产品		143	19	编制成本报表		152
18	副产品		146				

目录 Contents

前言
二维码索引

模块一　成本核算与管理岗位职责认知　001
单元一　智能化成本核算系统认知 / 001
单元二　智能制造和大数据环境下成本核算与管理工作的开展 / 005
同步测试题 / 008

模块二　智能化成本核算的基本要求和一般程序　009
单元一　成本核算的基本要求 / 009
单元二　成本核算的科目设置及账务处理程序 / 011
同步测试题 / 016

模块三　生产要素费用的分配　019
单元一　材料和燃料费用的分配 / 019
单元二　外购动力费用的分配 / 023
单元三　职工薪酬费用的分配 / 024
单元四　固定资产折旧费的分配 / 025
单元五　其他费用的核算 / 026
同步测试题 / 029

模块四　辅助生产费用的归集与分配　031
单元一　辅助生产费用的归集 / 031
单元二　辅助生产费用的分配 / 033
单元三　用友 U8 系统下辅助生产费用的分配 / 040
同步测试题 / 042

模块五　制造费用的归集与分配　045
单元一　制造费用的归集 / 045
单元二　制造费用的分配 / 047
单元三　制造费用分配在 ERP 系统中的具体操作 / 051
同步测试题 / 052

模块六　生产损失的归集与分配　055

单元一　废品损失的核算 / 055

单元二　停工损失的核算 / 059

单元三　用友 U8 系统中不良品成本核算流程的报废处理 / 060

同步测试题 / 062

模块七　生产费用在完工产品成本与在产品之间的分配　065

单元一　在产品的概念及其数量的确定 / 065

单元二　计算并结转完工产品成本 / 067

单元三　在产品成本结转的核算 / 068

单元四　完工产品成本结转的核算 / 073

同步测试题 / 077

模块八　产品成本计算方法概述　079

单元一　影响产品成本计算方法的因素 / 079

单元二　产品成本计算的方法 / 081

同步测试题 / 084

模块九　品种法　087

单元一　品种法概述 / 087

单元二　品种法应用举例 / 088

同步测试题 / 105

模块十　分批法　107

单元一　分批法概述 / 107

单元二　分批法应用举例 / 108

单元三　简化分批法 / 111

单元四　分批法在 ERP 系统中的应用举例 / 115

同步测试题 / 117

模块十一　分步法　119

单元一　分步法概述 / 119

单元二　逐步结转分步法 / 120

单元三　平行结转分步法 / 130

同步测试题 / 136

模块十二　分类法　　　　　　　　　　　139

单元一　分类法概述 / 139

单元二　联产品 / 143

单元三　副产品 / 146

单元四　等级品 / 148

同步测试题 / 149

模块十三　成本报表的编制与分析　　　　151

单元一　成本报表概述 / 151

单元二　商品产品成本表的编制与分析 / 152

单元三　主要产品单位成本表的编制与分析 / 156

单元四　其他费用明细表的编制与分析 / 159

单元五　用友 U8 系统中自定义成本报表的查询和新建 / 163

同步测试题 / 167

参考文献　　　　　　　　　　　　　　　169

附　实训练习

模块一

成本核算与管理岗位职责认知

学习目标

知识目标
➢ 了解制造业企业生产的流程；明确成本的概念以及成本会计工作的内容。

能力目标
➢ 理解智能化生产条件下，成本会计的工作发生了哪些变化。

素养目标
➢ 在"中国智造"的时代背景下，通过了解智能化生产环境，感受我国科技的进步，进而提升民族自豪感，树立正确的职业观念和责任感。

单元一 智能化成本核算系统认知

一、成本的含义

所谓成本，是指特定的经济主体为达到一定的目的而发生的"价值牺牲"。成本的含义比较广泛，本书所研究的成本主要指产品成本。产品成本是指企业在生产产品过程中所发生的材料、职工薪酬等直接耗费，以及不能直接计入而按一定标准分配计入的各种间接耗费。

产品成本与管理密切联系，产品成本的内容应服从于管理的需要，并随着管理的发展而发展。在不同国家的不同发展时期，由于经济环境和管理要求的不同，对于产品成本的列支范围都有着不同的规定。例如，在20世纪90年代前我国制造业采用完全成本法计算产品成本，而目前则采用制造成本法计算产品成本。

二、成本会计的职能

成本会计的职能是指成本会计作为一种管理经济的活动，在生产经营过程中所能发挥的作用。最初成本会计职能仅仅是进行成本核算，而且核算的目的仅是为了确定商品的价格和经营盈亏。但随着生产过程的日趋复杂，生产、经营管理对成本会计不断提出新的要求，成本会计的具体内容不断发展，成本会计的职能随着社会经济发展和管理水平的提高在不断地扩大。因此，现代成本会计已与管理紧密结合，它实际上包括了成本管理的各个环节。现代成本会计的主要职能有：成本预测、成本决策、成本计划、成本控制、成本核算、成本分析和成本考核。

1. 成本预测

成本预测是指根据与成本有关的各种数据及其各种技术经济因素的依存关系，采用一定的程序、方法和模型，对未来的成本水平及其变化趋势做出科学的推测。通过成本预测，掌握未来的成本水平及其变动趋势，有助于减少决策的盲目性，使经营管理者易于选择最优方案，做出正确决策。

2. 成本决策

成本决策是指在成本预测的基础上，按照既定或要求的目标，运用专门的方法，在若干个与生产经营和成本有关的方案中，选择最优方案，据以制定目标成本。成本决策与成本预测紧密相连，它以成本预测为基础，是一项不可缺少的重要职能，它对于正确地制订成本计划、促使企业降低成本、提高经济效益都具有十分重要的意义。

3. 成本计划

成本计划是根据成本决策所制定的目标成本，具体规定在计划期内为完成生产任务所需支出的成本、费用，确定各种产品的成本水平，并提出为达到目标成本水平所应采用的各种措施。成本计划属于成本的事前管理，是企业生产经营管理的重要组成部分，通过对成本的计划与控制，分析实际成本与计划成本之间的差异，指出有待加强控制和改进的领域，达到评价有关部门的业绩，增产节约，从而促进企业发展的目的。

4. 成本控制

成本控制是指在生产经营过程中，根据成本计划具体制定原材料、燃料、动力和工时等消耗定额和各项费用定额，对各项实际发生的成本、费用进行审核、控制，并及时反馈实际费用与标准之间的差异及其原因，进而采取措施，以保证成本计划的执行。成本控制的过程是运用系统工程的原理对企业在生产经营过程中发生的各种耗费进行计算、调节和监督的过程，同时也是一个发现薄弱环节、挖掘内部潜力、寻找一切可能降低成本途径的过程。科学地组织实施成本控制，可以促进企业改善经营管理，转变经营机制，全面提高企业素质，使企业在市场竞争的环境下生存、发展和壮大。

5. 成本核算

成本核算是对生产经营过程中实际发生的成本、费用按照一定的对象和标准进行归集和分配，并采用适当的成本计算方法，计算各类对象的总成本和单位成本，是对生产经营管理费用的发生和产品成本的形成所进行的核算。进行成本核算，首先审核生产经营管理费用，看其是否发生、是否应当发生，已发生的是否应当计入产品成本，实现对生产经营管理费用和产品成本直接的管理和控制。其次对已发生的费用按照用途进行分配和归集，计算各种产品的总成本和单位成本，为成本管理提供真实的成本资料。

6. 成本分析

成本分析是根据成本核算所提供的成本数据和其他有关资料，通过与本期计划成本、上年同期实际成本、本企业历史先进成本水平，以及国内外先进企业的成本等进行比较，分析成本水平与构成的变动情况，研究成本变动的因素和原因，挖掘成本降低的潜力。

7. 成本考核

成本考核是指企业将计划成本或目标成本指标进行分解，制定企业内部的成本考核指标，分别下达给各内部责任单位，明确它们在完成成本指标时的经济责任，并定期对成本计划的执行结果进行评定和考核。

总之，在成本会计的各个职能中，成本核算是最基本的职能，它提供企业管理所需的成本信息资料，没有成本核算，成本的预测、决策、计划、控制、分析和考核都无法进行，同时成本核算也是对成本计划预期目标是否实现的最后检验，因而，没有成本核算就没有成本会计。成本会计的其他职能正是在成本核算的基础上，随着企业经营管理要求的提高和管理科学的发展，随着成本会计与管理科学相结合，逐步发展形成的。成本预测是成本会计的第一个环节，它是成本决策的前提；成本决策既是成本预测的结果，又是制订成本计划的依据，在成本会计中居于中心地位；成本计划是成本决策的具体化；成本控制是对成本计划的实施进行监督，是实现成本决策既定目标的保证；成本分析和成本考核是实现成本决策和成本计划目标的有效手段。成本会计的各个职能是相互联系、互为条件的，并贯穿于企业生产经营活动的全过程，在全过程中发挥作用。

三、成本会计工作的开展

要正确核算产品成本，必须做好成本核算的基础工作，加强相关部门的配合。工业企业成本会计核算的基础工作主要包括以下几个方面。

1. 建立健全原始记录管理制度

原始记录是企业在生产经营活动发生时，记录经济业务实际发生情况的书面凭证，也是进行成本核算的基础。凡是原材料的领退、工时和动力的耗费、费用的支出等，都必须认真、准确地登记原始记录。原始记录不正确，就不能如实反映生产经营过程中的消耗，成本、费用的计算必然失真，成本、费用的预测、决策、计划、控制、监督、分析就无从谈起。因此，企业必须认真制定既符合其生产特点和管理要求，又简明适用的原始记录制度，使成本、费用计算做到真实可靠。

2. 建立健全定额管理制度

定额是企业进行生产经营活动中，对人力、物力、财力的配备、利用和消耗，以及获得的成果等方面所应遵循的标准或应达到的水平。先进、合理的定额为及时控制各项材料、工时、动力、费用等消耗提供了依据，也为编制成本、费用计划确定了标准。与成本、费用有关的定额主要有材料消耗定额、费用定额、劳动定额、工时定额、产量定额等。定额的制定既要先进，又要切实可行；同时，随着环境的变化，定额也要随之修订，这样才能有效地发挥作用。

3. 建立健全材料物资的计量、收发、领退和盘点制度

在企业生产经营过程中，对各项财产物资的投入和获得，都必须进行准确的计量和验收。可以说，建立健全材料物资的计量、收发、领退和盘点制度，不仅是正确计算成本的必要条件，而且是加强物资管理、资金管理的有效措施。企业要根据所消耗的各种材料物资的物理性能配备必要的度、量、衡器具，并经常对其进行维修和校正，以保证计量准确。对于材料物资的收发、领退，半成品的内部转移和产成品的入库等，都要认真计量，填制必要的凭证，办理必要的手续。

4. 建立健全内部结算制度

为了分清企业内部各单位的经济责任，简化和加速成本费用的核算工作，对财产物资的内部流转及相互提供劳务等，应制定厂内计划价格，作为内部结算的依据和考核的标准。内部结算价格应尽可能接近实际并相对稳定，年度内一般不做变动。内部结算价格是内部结算制度的主要方面，内部结算制度还包括内部结算方式、内部结算货币等。

四、智能化成本核算系统简介

成本核算管理系统是一种专门针对企业成本核算和成本管理的信息化系统，其主要功能包括对企业生产、销售、库存等环节的成本进行精细化的分析和计算，以及为企业决策提供准确的成本数据支持。成本核算管理系统能够对各个环节产生的成本进行分类、分析和计算，并能够为企业提供详细的成本报告，直观地反映出企业成本的具体情况，为企业的生产经营提供精准的数据支持。

然而，随着企业规模扩大和业务复杂化，传统成本核算系统在效率、准确性和灵活性方面逐渐显现局限性。例如，人工录入和核算流程耗时较长，难以实时响应动态成本变化；多维度成本分析（如部门、项目、产品）的颗粒度不足，影响决策支持能力。在此背景下，智能化转型成为成本核算管理升级的必然方向——通过引入人工智能、大数据和自动化技术，实现从"事后核算"到"实时管控"的跨越。

智能化成本核算系统设计的核心目标是通过实现成本核算的自动化和智能化，来提高核算过程的合规性和效率性以及核算结果的准确性，并在此过程中同时实现核算的电子化、数字化和共享化。

（1）自动化是指智能平台根据记账规则自动生成记账凭证（含凭证要素、辅助核算和核算附件），根据稽核规则自动完成单据、业务和凭证的全流程智能校验。

（2）智能化是指在核算过程中，采用以人工智能为代表的新技术，如图像识别、语音识别、电子签名和机器人流程自动化（RPA）等。

（3）电子化是指在业务系统中将纸质原始凭证扫描成影像文件，对于原生电子版文件不再打印，构建无纸化核算环境。

（4）数字化是指对于原始凭证关键信息在业务系统中形成数字化表单，并传递至共享运营平台，以结构化数据存储，以标准表单样式展现。

（5）共享化是指基于统一财务共享平台，在权限管控下实现业财数据的多维度共享与应用。

单元二 智能制造和大数据环境下成本核算与管理工作的开展

工业和信息化部《"十四五"大数据产业发展规划》要求，以制造业数字化转型为引领，优化工业价值链。数字化和智能化的快速发展，赋予了成本核算与管理全新的含义，也对企业成本管理提出了更高要求。

一、实时性要求

管理者做决策的正确性与生产信息的及时性紧密相关。传统成本会计采取以月为周期的成本核算方式，而车间实际成本每日都在发生变化，这种成本管理的滞后性为管理者的决策带来了很大的不便。同时，车间人员无法获悉车间实时成本动态，事后仅凭经验和大量数据很难定位到生产过程中影响成本的具体因素，这为车间成本控制工作带来很大的阻碍。数智化背景下，数据实时交互反馈能够动态管理各个成本支出点，为成本核算与成本控制的实时性提供了可能。

二、精准度要求

对于工艺流程长、工序复杂的车间生产作业，生产过程中任何一个生产工序出现问题都可能影响整个生产进程。在应对生产过程的不稳定因素，如产品质量异常、生产设备异常、生产材料短缺等可能引起成本变动的问题时，传统车间从发现问题、定位影响成本因素到提出解决方案耗时久、效率低。成本管理若缺少细节规划，无法精准定位与管控各个成本控制风险点，很容易导致成本浪费，致使企业失去低成本竞争优势。数智化生产方式下对车间全流程、全方位、全要素进行管控，采集车间内从生产到各项活动的各个阶段的数据，帮助控制、调节与把握车间每个流程与细节，实现真正的精准管控，可靠运维，提高成本管理的准确性与针对性。

三、多维度要求

企业成本核算仅仅核算产品成本的模式已经无法满足企业竞争需求，仅关注财务角度可能使企业过分关注短期目标而牺牲长远利益。由于企业决策与经营需要多维度的成本管理支撑，企业管理者需要成本核算是多维度、多层面的。车间要素复杂，流程烦琐，企业还应从班组、工序、订单等角度去进行成本核算，比较哪个班组生产效率更高、哪些订单生产效益更高，对车间生产资源进行合理分配。数智化成本管理能够实时获悉车间每道工序、每个班组、每个订单消耗的物资人力等，满足成本管控的多维度要求。数智化成本管理数据多维度分析如图1-1所示。

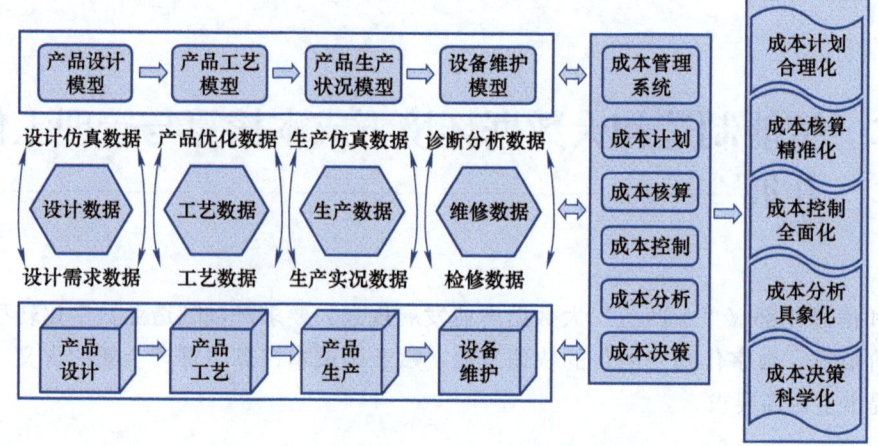

图1-1 数智化成本管理数据多维度分析

> 📖 **知识拓展**
>
> ××股份有限公司基于智能制造和大数据环境下的成本管理
>
> **1. 企业背景**
>
> ××股份有限公司,作为国内机械制造业的知名企业,面对全球经济增速减缓和市场竞争加剧的挑战,该公司借助"中国智造"的浪潮,积极推进智能化升级,引进先进的生产和检测设备,引入智能机器人,建立全数控化生产线,显著增强了企业的整体竞争力。
>
> **2. 智能制造成本控制系统简介**
>
> 随着智能制造业体系的逐渐完善,××股份有限公司打造了智能制造业成本控制体系,加强了对产品设计、产品质量、生产流程及生产设备运行的监控管理,有效控制了相关环节的成本开支,促进了企业竞争力的增强和盈利水平的提升。
>
> (1) 产品设计阶段的成本控制分析。作为产品产出的起始环节,设计阶段决定了产品的功能、选材、结构以及成本等核心参数。一旦这些参数在后续阶段需要调整,其复杂性和难度将显著增加。为了在这一阶段有效管理产品全生命周期的成本,××股份有限公司采用了智能制造成本控制系统,以实现产品质量与成本的并行管理。首先,根据客户需求提出产品设计要求,并进行成本设计以控制成本和提升盈利。他们将客户需求标准化,输入智能制造成本控制系统,构建产品数字模型,汇总产品预期成本、料工费信息,建立成本模型,并通过成本分析确定优化方案。同时,公司进行产品仿真分析,模拟产品生命周期,识别设计问题。系统分析设计与成本关系,优化模型,确保满足检验标准。最终,成本优化结果和设计方案存储于知识库中,以提高设计效率。
>
> (2) 产品质量检测阶段成本控制分析。××股份有限公司利用成本控制系统构建产品质量检测模型。首先,通过车间服务系统全面收集企业产品生产质量数据,并调取产品设备使用成本、人工成本及原材料等信息建立产品生产质量监督模型。其次,利用产品仿真分析系统对产品生产过程进行模拟仿真,模拟运行同等生产环境、生产工艺、生产流程

及原材料等正常情况、突发情况及极端情况下的生产质量情况。再次，进行虚拟与现实的比较分析，生成对比数据并传输至成本分析系统，明确物理车间生产过程中存在的质量影响问题。然后，利用产品仿真分析系统进行分析调整，获得最优产品质量管控数据，并将最优结果传输至生产质量监督模型。最后，由生产质量监督模型确定次品及废品产生环节，并对智能制造设备、生产流程、生产工艺等进行调整，优化生产材料配比，同时确定残料回收及可修复产品回收数据，实现对产品生产质量的有效监督，减少次品及废品情况的发生。针对智能制造过程中次品及废品高发环节，及时组织开展生产工艺调整，有效实施残料回收及可修复产品修整，合理降低了产品质量检测操作难度，提升了总体生产效率。

（3）生产动态管理阶段成本控制分析。××股份有限公司积极构建智能数控化全流程生产线，有效控制了职工数量。利用智能制造成本控制系统进行生产动态监测，提升生产系统运行效率。公司建立生产动态监测模型，整合设备、能源和原材料数据，模拟产品生产过程，比较虚拟与实际生产结果，识别并解决生产中的问题。通过调整生产计划和提升设备效率，公司全面控制生产线状态，降低成本，提高生产效率和订单完成速度，从而增加企业盈利和绩效。相关数据被存储以供未来参考。

（4）生产设备监测阶段成本控制分析。生产设备是企业制造活动有效开展的基础，其健康程度直接影响企业经营的持续性。为保障生产设备健康运转、控制不必要的成本支出，该公司利用智能制造成本控制系统对生产设备进行监测，确保生产的连续性并减少故障。该系统收集设备运行数据，模拟不同工作状态，并与实际状态比较，以识别问题并进行指导维护。公司通过分析仿真结果，优化设备状态，建立问题设备清单，指导维护工作的开展，从而降低突发故障的发生率和成本。

3. 智能制造成本控制系统应用效果分析

在将智能制造成本控制系统成功运行后，××股份有限公司显著增强了产品设计方案的可靠性，提升了产品生产质量和生产计划的合理性，有效控制了因设备损毁导致的生产停滞情况，有效控制了成本开支。

素养案例

比亚迪股份有限公司在深圳建设的"刀片电池"智能工厂，积极响应国家"双碳"战略，针对动力电池生产过程中的高能耗痛点展开技术攻关。工厂通过智能化改造，实现了从单一生产设备节能到全流程能源管理的跨越式升级。通过技术创新，自主研发"刀片电池"、e平台3.0等核心技术，比亚迪将动力电池成本压缩至行业平均水平的70%，形成成本领先优势。

同步测试题

一、单项选择题

1. 成本会计最基础的职能是（　　）。
   A．成本分析　　　B．成本核算　　　C．成本控制　　　D．成本决策
2. 根据成本决策所制定的目标成本，具体规定在计划期内为完成生产任务所需支出的成本、费用，确定各种产品的成本水平，并提出为达到目标成本水平所应采取的各种措施是（　　）。
   A．成本计划　　　B．成本控制　　　C．成本决策　　　D．成本分析

二、多项选择题

1. 成本会计的职能包括（　　）。
   A．成本预测、决策　　　　　　　B．成本核算、分析
   C．成本计划　　　　　　　　　　D．成本控制
   E．成本考核
2. 为了正确计算产品成本，应做好的基础工作包括（　　）。
   A．定额的制定与修订　　　　　　B．做好原始记录工作
   C．正确填制记账凭证、登记会计账簿　　D．材料物资的计量、收发、领退和盘点
   E．建立健全内部结算制度

三、简答题

1. 简述什么是智能化成本核算系统。
2. 智能制造和大数据环境对成本核算与管理工作的开展提出了哪些具体要求？

模块二

智能化成本核算的基本要求和一般程序

学习目标

知识目标
➢ 了解产品成本核算的基本原则、相关要求及常规流程；了解常用 ERP 系统的成本模块。

能力目标
➢ 能够在 ERP 系统下完成成本模块的初始化操作。

素养目标
➢ 面对新技术的持续发展，财务会计类专业的学生应深入掌握各类成本核算软件的操作技能，并能够将传统会计知识与现代技术相融合，培养终身学习的观念，以应对未来职场的挑战。

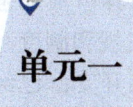

单元一　成本核算的基本要求

一、成本核算的原则

成本核算的原则是会计人员在成本核算过程中所应遵循的基本原则，是对企业成本会计工作具有指导和规范作用的成本会计准则。成本会计一般应遵循以下几条原则。

1. 权责发生制原则

应由本期成本负担的费用，无论是否已经支付，都要计入本期成本；不应由本期成本负担的费用，即使在本期支付，也不应计入本期成本。

2. 按实际成本计价原则

生产所耗用的原材料、燃料、动力要按实际耗用数量的实际单位成本计算，完工产品成本的计算要按实际发生的成本计算。

3. 可靠性原则

可靠性包括真实性和可核实性。真实性就是所提供的成本信息与客观的经济事项相一致；可核实性是指成本核算资料按一定的原则由不同的会计人员加以核算，都能得到相同的结果。真实性和可核实性是为了保证成本核算信息的准确、可靠。

4. 重要性原则

对于成本有重大影响的项目应作为重点，力求精确。而对于那些不太重要的项目，则可以从简处理。

5. 一致性原则

成本核算所采用的方法，前后各期必须一致，以使各期的成本资料有统一的口径，前后连贯，互相可比。

6. 成本—效益原则

在进行成本核算时，所采用的成本计算步骤、费用分配方法、成本计算方法等，都应根据每一企业的具体情况进行选择。在选择成本计算方法时，应遵循成本—效益原则。通过比较提供资料所用的成本与由此而获得的效益，来决定究竟要提供哪些成本信息，并对一些次要的成本费用信息，采用简化的成本核算方法。

二、成本核算的要求

为了做好成本核算工作，充分发挥成本核算的作用，正确、及时地为有关方面提供有用的成本信息，在成本核算中，除了遵循核算原则外，还应符合以下各项要求。

1. 严格执行国家规定的成本开支范围和费用开支标准

成本开支范围是根据企业在生产过程中的生产费用的不同性质，根据成本的内容以及加强经济核算的要求，由国家统一制定的。企业进行成本核算，首先要根据国家有关的法规和制度，以及企业的成本计划和相应的消耗定额，对企业的各项费用进行审核，看应不应该开支；已经开支的，应不应该计入产品成本。例如，企业为生产产品所发生的各项费用应列入产品成本，企业进行基本建设、购建固定资产及与企业正常生产经营活动无关的营业外支出等费用的支出，不能列入产品成本。

企业严格遵守国家规定的成本开支范围和费用开支标准，既能保证产品成本的真实性，使同类企业以及企业本身不同时期之间的产品成本内容一致，具有分析对比的可能，又能正确计算企业的利润并进行分配。

2. 对费用进行合理的分类

工业企业的费用，按其经济用途可分为计入产品成本的生产费用和直接计入当期损益的期间费用两类。为具体反映计入产品成本的生产费用的各种用途，提供产品成本构成情况的资料，计入产品成本的生产费用按其用途不同，还可进一步划分为若干项目，即产品生产成本项目（简称成本项目）。工业企业一般应设置以下几个成本项目。

（1）直接材料，是指直接用于产品生产并构成产品实体的原料、主要材料，以及有助于产品形成的辅助材料等。

（2）燃料及动力，是指直接用于产品生产的各种自制和外购的燃料和动力费用。

(3) 直接人工，是指直接从事产品生产的工人的职工薪酬。

(4) 制造费用，是指企业为生产产品或提供劳务而发生的，应计入产品或劳务成本但没有专设成本项目的各项生产费用。

企业可根据生产特点和管理要求对上述成本项目做适当调整。对于管理上需要单独反映、控制和考核的费用，以及产品成本中比重较大的费用，应专设成本项目，如废品损失、停工损失等；否则，为了简化核算，不必专设成本项目。

三、正确划分各种费用界限

为了正确计算产品成本与期间费用，保证成本与费用核算的合法性和合理性，必须正确划分以下五个方面的费用界限。

（1）正确划分收益性支出和资本性支出的界限。
（2）正确划分生产费用、期间费用和营业外支出的界限。
（3）正确划分各期成本的界限。
（4）正确划分各种产品的成本界限。
（5）正确划分完工产品和期末在产品的界限。

划分费用界限的过程，也就是成本、费用的核算过程，费用划分的正确与否，是保证成本、费用正确核算的关键，直接影响产品成本计算的准确性，同时，也是检查和评价成本、费用核算工作是否正确合理的重要标准。企业费用界限的划分如图 2-1 所示。

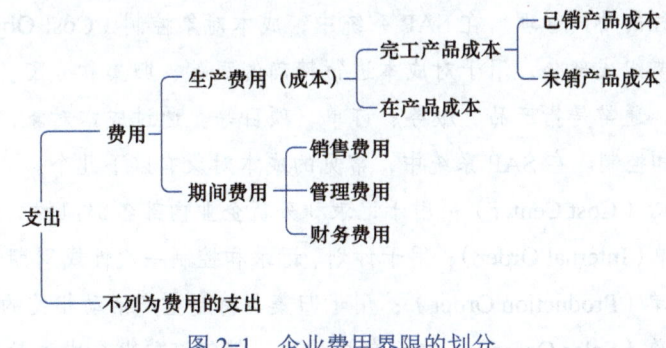

图 2-1　企业费用界限的划分

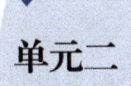

单元二　成本核算的科目设置及账务处理程序

一、成本核算的一般程序

成本核算的一般程序是指对企业在生产经营过程中发生的各项生产费用

算"谁"的成本

和期间费用，按照成本核算的要求，逐步进行归集和分配，最后计算出各种产品的生产成本和各项期间费用的基本过程。成本核算的一般程序归纳如下。

1. 确定成本计算对象

成本计算对象，就是生产费用归集的具体对象，即费用的承担者，通俗地说，就是计算"谁"的成本。实际核算中通常以产品的品种、批别、生产步骤等作为成本计算对象。

以产品的品种作为成本计算对象就是以产品的种类（如甲产品）作为费用的归集对象。其产品成本计算方法称为品种法。

以产品的批别作为成本计算对象就是以产品生产的批次（如订单）作为费用的归集对象。其产品成本计算方法称为分批法。

以产品的生产步骤作为成本计算对象就是以产品生产的工序或步骤作为费用的归集对象。例如，棉布的生产包括纺线、织布两个步骤，成本计算可以分别将这两个步骤作为费用的归集对象。其产品成本计算方法称为分步法。

> **知识拓展**
>
> 成本计算对象的选择——以 SAP 系统为例
>
> SAP（Systems，Applications and Products in Data Processing）是全球领先的企业资源计划（ERP）系统，其核心价值在于通过高度集成的数字化平台，实现企业财务、生产、供应链等核心业务流程的协同管理。在 SAP 系统中，成本对象控制（Cost Object Controlling）是成本管理的重要组成部分，用于对成本进行精确的跟踪、归集和分配。成本对象是成本核算的基本单位，通常是指产品、服务、订单、项目等。通过成本对象，企业可以实现对成本的精确跟踪和控制。在 SAP 系统中，常见的成本对象有以下几个。
>
> （1）成本中心（Cost Center）：用于记录和分析企业内部各部门的成本。
>
> （2）内部订单（Internal Order）：用于计划、记录和控制一次性或周期性的成本和收益。
>
> （3）生产订单（Production Order）：用于归集与特定生产活动相关的成本。
>
> （4）销售订单（Sales Order）：在销售模块中，销售订单也是成本对象之一。
>
> （5）成本收集器（Cost Collector）：用于重复制造场景，归集产品生产过程中的实际成本。

2. 根据成本开支范围规定审核生产费用支出

根据成本开支范围规定，对各项费用支出进行严格审核，确定应计入产品成本的费用和不应计入产品成本的期间费用。

3. 分配各项生产要素费用

成本会计需要编制各类要素费用分配表，对发生的生产要素费用进行汇总、分配。例如：对生产中产品所耗费的材料，可以根据领料凭证等编制"材料耗费分配表"；对发生的人工费用，可根据产量通知单等编制"职工薪酬分配表"。之后，根据各类要素分配表，将生产要素费用分配到各成本、费用明细科目。属于能确认由某一成本计算对象直接耗用的费用，如直接材料、直接人工等，应直接记入"生产成本——基本生产成本"各明细科目；属于不能确认是由某一成本计算对象直接耗用的，则应按其发生的地点或用途进行归集分配，分别记入"制造费用""生产成本——辅助生产成本"和"废品损失"等科目。

4. 分配辅助生产费用

归集在"生产成本——辅助生产成本"科目的费用，除对完工入库的自制工具等产品的成本转为存货成本外，应根据受益对象所耗用的劳务数量，编制"辅助生产费用分配表"，分配至"生产成本——基本生产成本""制造费用""管理费用"等科目。

5. 分配制造费用

各基本生产车间的制造费用归集后，应分别于月终编制"制造费用分配表"，分配计入本车间的产品成本中，即记入"生产成本——基本生产成本"各明细科目。

6. 废品损失的分配

企业如果单独设置"废品损失"科目的，月终需要将废品净损失转入"基本生产成本"科目。

7. 完工产品成本的确定和结转

经过以上费用分配，各成本计算对象应负担的生产费用已全部记入有关的产品成本明细账。如果当月产品全部完工，所归集的生产费用即为完工产品成本；如果全部未完工，则所归集的生产费用均为期末在产品成本；如果只有部分完工，则需要采用一定的方法将生产费用在完工产品与期末在产品之间进行分配，以确定本期完工产品成本，并将完工验收入库的产成品成本从"基本生产成本"科目及其明细科目结转至"库存商品"科目及有关明细科目。

二、生产费用的科目设置

为了将生产费用计入各成本计算对象，计算出各成本计算对象的成本，要设置"生产成本"一级科目。为了分别核算基本生产成本和辅助生产成本，还应在该一级科目下，分别设置"基本生产成本"和"辅助生产成本"两个二级科目。为了简化会计核算手续，企业根据需要，也可以将"生产成本"科目分设为"基本生产成本"和"辅助生产成本"两个一级科目。本书是按分设两个一级科目"基本生产成本"和"辅助生产成本"进行阐述的。

1. "基本生产成本"总账科目及其明细账的设立

基本生产是指企业为完成其主要生产目的而进行的产品生产。"基本生产成本"总账科目是为了归集基本生产过程中所发生的各项生产费用和计算基本生产产品成本而设立的。"基本生产成本"科目借方登记进行基本生产所发生的各项费用，贷方登记完工入库的产品成本，余额为月末在产品成本。该科目应按产品品种等成本计算对象分设产品成本明细账（或成本计算单），账内按成本项目分设专栏，用来登记各产品的月初在产品成本、本月生产费用、本月完工产品成本和月末在产品成本。其格式见表 2-1 和表 2-2。

表 2-1 基本生产成本明细账(格式 1)

车间名称:一车间　　　　　　　产品名称:甲产品　　　　　　　　　　　　单位:元

月	日	摘要	产量(件)	成本项目			成本合计
				直接材料	直接人工	制造费用	
5	1	月初在产品成本		38 000	5 000	6 000	49 000
5	31	本月生产费用		92 000	11 000	14 000	117 000
5	31	生产费用累计		130 000	16 000	20 000	166 000
5	31	本月完工产品成本		77 000	8 500	11 400	96 900
5	31	完工产品单位成本	500	154	17	22.8	193.8
5	31	月末在产品成本		53 000	7 500	8 600	69 100

表 2-2 基本生产成本明细账(格式 2)

车间名称:一车间　　××年5月　　产品名称:甲产品　　产量:500件　　单位:元

成本项目	月初在产品成本	本月生产费用	生产费用累计	本月完工产品成本		月末在产品成本
				总成本	单位成本	
直接材料	38 000	92 000	130 000	77 000	154	53 000
直接人工	5 000	11 000	16 000	8 500	17	7 500
制造费用	6 000	14 000	20 000	11 400	22.8	8 600
合计	49 000	117 000	166 000	96 900	193.8	69 100

上述基本生产成本明细账中虽然没有标注借方、贷方和余额,但其基本结构不外乎这几个部分:月初在产品成本(系上月所记,为月初借方余额)、本月生产费用(为本月借方发生额,根据本月各种费用分配表登记)、本月完工产品成本(为贷方发生额)、月末在产品成本(为月末借方余额)。

2. "辅助生产成本"总账科目及其明细账的设立

辅助生产是指主要为基本生产车间、企业行政管理部门等单位服务而进行的产品生产和劳务供应,如工具、模具、修理用备件等产品的生产和修理、运输、供电、供水等劳务的供应等。辅助生产提供的产品生产和劳务供应有时也对外销售和服务,但这不是它的主要目的。为了归集辅助生产部门所发生的辅助生产费用,应设置"辅助生产成本"或"生产成本——辅助生产成本"科目,按辅助生产车间及其生产的产品、劳务的种类进行明细核算。

3. "制造费用"总账科目及其明细账的设立

制造费用是指制造业企业为生产产品(或提供劳务)而发生的,应计入产品成本但没有专设成本项目的各项间接生产费用。该科目核算企业生产车间(部门)为生产产品和提供劳务而发生的各项间接生产费用，以及虽然直接用于产品生产但管理上不要求或不便于单独核算的生产费用。企业可按不同的生产车间、部门和费用项目进行明细核算。期末，将共同负担的制造费用按照一定的标准分配计入各成本计算对象，除季节性生产外，该科目期末应无余额。

> **知识拓展**
>
> **ERP 系统下成本科目的设置——以用友 U8 为例**
>
> 在用友 U8 系统中，大量大批单步骤生产的情况下，我们采用品种法来计算产品成本。首先，选定某一产品品种作为成本计算的目标，然后通过"管理会计"→"成本管理"→"设置"→"选项"→"成本核算方法"→"品种法或分步法"，具体操作如图 2-2 所示。
>
>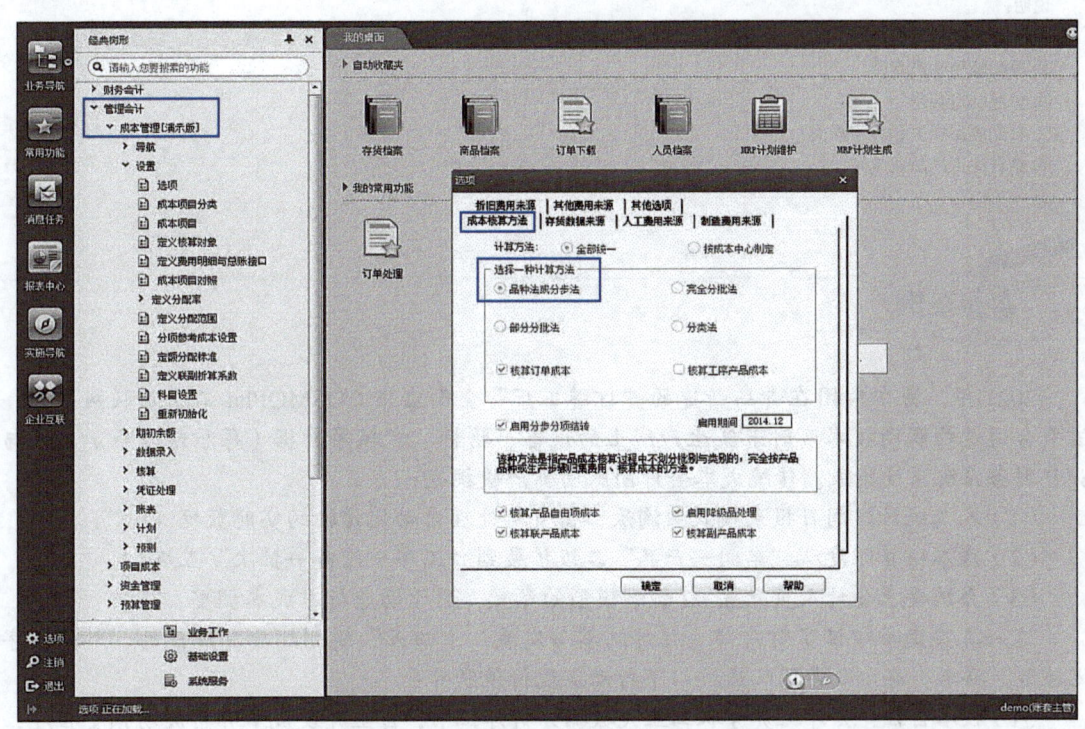
>
> 图 2-2　选择成本计算对象和成本计算方法
>
> 每月核算产品成本前，打开"管理会计"→"成本管理"→"设置"→"定义核算对象"→"刷新成本对象"，刷新本月需要进行成本核算的单据。

三、产品成本核算的账务处理程序

成本核算的账务处理程序，实质上表现为整个产品成本形成过程的会计核算步骤，内容非常广泛，因而需要在讲述成本核算时具体阐述。在讲述成本核算之前，应对成本核算的一般程序先有一个总的了解，图 2-3 即为产品成本核算的账务处理程序。

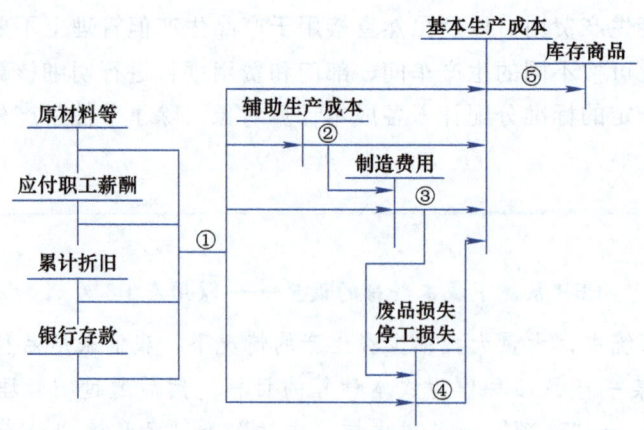

图 2-3 产品成本核算的账务处理程序图

说明：
① 各项要素费用的分配。
② 分配辅助生产费用。
③ 分配制造费用。
④ 分配废品损失和停工损失。
⑤ 结转完工产品成本。

素养案例

2021 年，海尔集团在青岛新建的"灯塔工厂"全面启用 COSMOPlat 工业互联网平台。该平台通过物联网技术实时采集生产线上的设备、物料、能耗等数据（每秒超万条），并与 SAP 财务系统深度集成。传统成本会计团队面临严峻挑战：

（1）人工统计车间日报表模式被淘汰，需直接处理自动化传输的实时数据流。

（2）成本核算维度从"车间—产品"二级扩展到"工序—设备—批次"五级。

（3）系统要求会计人员配置 AI 预测模型的参数，用于动态标准成本调整。

这一真实变革印证了财政部《会计改革与发展"十四五"规划纲要》提出的"财务数字化转型"要求。海尔财务团队通过以下行动实现价值跃升：

（1）技术自强：会计人员考取工业大数据分析师证书，自主开发成本异常波动预警程序，获 2022 年度优秀数字化管理会计创新大奖。

（2）管理创新：将碳排放数据纳入作业成本法核算体系，助力工厂获评"国家级绿色工厂"。

一、单项选择题

1. 下列各项中，属于产品生产成本项目的是（　　）。
   A．外购动力费用　　　　　　　　B．直接材料

C. 工资费用　　　　　　　　　　D. 折旧费用
2. 下列各项中，不计入产品成本费用的是（　　）。
   A. 直接材料费用　　　　　　　B. 辅助车间管理人员工资
   C. 车间厂房折旧费　　　　　　D. 厂部办公楼折旧费
3. 制造费用应分配记入（　　）科目。
   A. "基本生产成本"和"辅助生产成本"
   B. "基本生产成本"和"期间费用"
   C. "生产成本"和"管理费用"
   D. "财务费用"和"管理费用"
4. 正确计算产品成本，应该做好的基础工作是（　　）。
   A. 正确划分各种费用界限　　　B. 确定成本计算对象
   C. 建立和健全原始记录工作　　D. 各种费用的分配
5. 下列各项中，不应计入产品成本的是（　　）。
   A. 直接材料成本　　　　　　　B. 直接人工成本
   C. 生产车间管理人员的工资　　D. 与销售机构相关的固定资产修理费用

二、多项选择题

1. 管理费用属于（　　）。
   A. 应计入生产经营管理费用的费用
   B. 生产费用
   C. 不计入产品成本的费用
   D. 同产品的生产没有直接关系，但与发生的期间相配比，直接扣减当期收益的费用
2. 下列各项中，属于制造企业设置的成本项目有（　　）。
   A. 制造费用　　B. 燃料及动力　　C. 直接人工　　D. 直接材料
3. 下列属于按经济用途分类的费用项目有（　　）。
   A. 制造费用　　B. 固定费用　　　C. 直接材料　　D. 间接费用

三、判断题

1. "辅助生产成本"科目期末应无余额。（　　）
2. 直接生产费用既可能是直接计入费用，也可能是间接计入费用。（　　）
3. "基本生产成本"科目应该按成本计算对象设置明细分类账，账内按成本项目分设专栏。（　　）
4. 为了正确计算产品成本，应该绝对正确地划分完工产品与在产品的费用界限。（　　）

模块三

生产要素费用的分配

学习目标

知识目标
➤ 理解生产要素费用各种分配方法的优缺点和适用范围。

能力目标
➤ 掌握各要素费用的分配方法以及费用分配表的编制方法,能够进行相关的账务处理。

素养目标
➤ 在智能制造的背景下,新技术的应用可能涉及复杂的多环节成本分摊问题。成本会计人员必须遵循《企业会计准则》,确保要素费用分配的公正性和透明度,以防止因主观判断导致的成本核算不准确。

单元一 材料和燃料费用的分配

企业在生产经营过程中会耗用各种材料,如原料及主要材料、辅助材料、半成品、低值易耗品、包装物、修理用备件等。企业在生产活动中耗用的材料费用,应根据领退料凭证,按照材料的用途归集和分配。

生产费用的归集

对于直接用于产品生产、构成产品实体的材料费用,一般分产品领用,直接计入有关产品的成本,即"基本生产成本"各明细科目的"直接材料"成本项目;对于不能分产品领用的材料,如化工生产中为几种产品共同耗用的材料,需要采用适当的分配方法,分配计入各相关产品成本的"直接材料"成本项目;对于生产车间中用于维护生产设备和管理生产的各种材料,如机物料等,属于间接生产费用,应按照发生地点归集,记入"制造费用"科目;对于不应计入产品成本而属于期间费用的材料费用,应记入"管理费用""销售费用"科目;对于用于购建固定资产、其他资产的材料费用,应计入有关的资产价值,不得列入产品成本或期间费用。

一、材料费用的分配

对于不能分产品领用的原材料，需要采用适当的分配方法，分配计入各相关产品成本的"直接材料"成本项目。分配标准的选择可依据材料消耗与产品的关系，对于材料、燃料耗用量与产品重量、体积有关的，按其重量或体积分配，如以生铁为原材料生产各种铁铸件，应以生产的铁铸件的重量比例为分配依据。在消耗定额比较准确的情况下，原材料、燃料也可按照产品的材料定额消耗量比例或材料定额费用比例进行分配。

1. 材料定额耗用量比例法

计算分配步骤：

第一，计算各种产品原材料定额消耗量。

第二，计算原材料消耗量分配率。

第三，计算出各种产品应分配的原材料实际消耗量。

第四，计算出各种产品应分配的原材料实际费用。

具体计算公式如下：

某种产品原材料定额消耗量 = 该种产品实际产量 × 单位产品原材料定额消耗量

原材料消耗量分配率 = 原材料实际消耗总量 ÷ 各种产品原材料定额消耗量之和

某种产品应分配的原材料实际消耗量 = 该种产品的原材料定额消耗量 × 原材料消耗量分配率

某种产品应分配的实际原材料费用 = 该种产品应分配的原材料实际消耗量 × 材料单价

> **例 3-1** 甲工厂 5 月生产 A、B 两种产品领用某材料 5 500 千克，每千克 20 元。本月投产的 A 产品为 200 件，B 产品为 250 件。A 产品的材料消耗定额为 15 千克/件，B 产品的材料消耗定额为 10 千克/件。
>
> A 产品的材料定额消耗量 =200×15=3 000（千克）
> B 产品的材料定额消耗量 =250×10=2 500（千克）
> 原材料消耗量分配率 =5 500÷（3 000+2 500）=1
> A 产品分配负担的材料费用 =3 000×1×20=60 000（元）
> B 产品分配负担的材料费用 =2 500×1×20=50 000（元）
> A、B 产品材料费用合计 =60 000+50 000=110 000（元）

2. 材料定额费用比例法

计算分配步骤：

第一，计算各种产品原材料定额费用。

第二，计算原材料费用分配率。

第三，计算出各种产品应分配的原材料实际费用。

计算公式如下：

某种产品原材料定额费用 = 该种产品实际产量 × 单位产品原材料费用定额

原材料费用分配率 = 各种产品原材料实际费用总额 ÷ 各种产品原材料定额费用总额

某种产品应分配的实际原材料费用 = 该种产品原材料定额费用 × 原材料费用分配率

3. 材料费用分配的实务处理

在实际工作中,材料费用的分配一般是通过"材料费用分配表"进行的,该分配表应该根据领退料凭证和有关资料编制。如果材料按计划成本核算,还应分配材料成本差异。

例 3-2 绿源公司 8 月份发料情况见表 3-1。

表 3-1 发出材料明细表

××年8月　　　　　　　　　　　　　金额单位：元

材料类型	发料数量	单位成本	用途
原材料 A	200 千克	600	甲产品生产用
原材料 B	126 千克	1 000	甲、乙两种产品共用
原材料 C	120 千克	60	锅炉车间领用 100 千克,机修车间领用 20 千克
原材料 D	20 千克	60	基本生产车间用
原材料 E	10 千克	60	管理部门用
原材料 F	200 千克	40	基本生产车间用
原材料 G	50 千克	6	基本生产车间用

该企业投产甲产品 140 件、乙产品 140 件,单位产品原材料 B 的消耗定额分别为 2.5 千克、3.5 千克,据此编制"原材料费用分配表"见表 3-2。

表 3-2 材料费用分配表

××年8月　　　　　　　　　　　　　金额单位：元

应借科目		成本或费用项目	间接计入			直接计入	合计
			定额材料费用	分配率	分配额		
基本生产成本	甲产品	直接材料	350		52 500	120 000	172 500
	乙产品	直接材料	490		73 500		73 500
	小计		840	150	126 000		246 000
辅助生产成本	锅炉车间	材料费				6 000	6 000
	机修车间	材料费				1 200	1 200
	小计					7 200	7 200
制造费用	基本生产车间	物料消耗				9 500	9 500
管理费用		物料消耗				600	600
合计					126 000	137 300	263 300

根据"材料费用分配表"编制会计分录,据以登记有关的总账和明细账。会计分录如下:

借:基本生产成本——甲产品　　　　　　　　　　　　　　172 500
　　　　　　　　——乙产品　　　　　　　　　　　　　　 73 500
　　辅助生产成本——锅炉车间　　　　　　　　　　　　　 6 000
　　　　　　　　——机修车间　　　　　　　　　　　　　 1 200
　　制造费用——基本生产车间　　　　　　　　　　　　　 9 500
　　管理费用——物料消耗　　　　　　　　　　　　　　　 600
　贷:原材料　　　　　　　　　　　　　　　　　　　　　263 300

二、燃料费用的分配

燃料也属于原材料，可以设置"原材料——燃料"二级明细科目进行核算。假如企业在生产产品的过程中消耗的燃料数量较多，也可以单独设置"燃料"总账科目进行核算，同时在基本生产成本各明细账中单独设置"燃料及动力"成本项目，用以归集和分配所发生的燃料费用。

和材料费用一样，燃料费用也是按用途进行分配的：直接用于产品生产的燃料费用计入各种产品成本明细账的"燃料及动力"成本项目。假如是生产一种产品发生的燃料费用，可直接计入该产品成本明细账的"燃料及动力"成本项目，此时的燃料费用属于直接计入费用；假如是生产几种产品共同发生的燃料费用，可分配计入各种产品成本明细账的"燃料及动力"成本项目，此时的燃料费用属于间接计入费用。

间接计入的燃料费用在各种产品之间的分配可以采用燃料定额耗用量比例分配法、燃料定额费用比例分配法、重量分配法、实际产量分配法、产品体积分配法等。

例 3-3 绿源公司 8 月份生产的甲、乙两种产品本月共发生燃料费用 40 000 元，共生产甲产品 2 000 件、乙产品 6 000 件，甲产品燃料费用定额为 8 元/件，乙产品燃料费用定额为 4 元/件。

按燃料定额费用分配计算甲、乙产品应负担的燃料费用如下：

① 燃料费用分配率 =40 000÷（2 000×8+6 000×4）=1
② 甲产品应分摊的燃料费用 =2 000×8×1=16 000（元）
③ 乙产品应分摊的燃料费用 =6 000×4×1=24 000（元）

另外，辅助生产车间耗用燃料 3 800 元，其中锅炉车间耗用 2 800 元，机修车间耗用 1 000 元，则编制的"燃料费用分配表"见表 3-3。

表 3-3 燃料费用分配表

××年 8 月　　　　　　　　　　　　　　　　　　金额单位：元

应借科目		成本或费用项目	间接计入			直接计入	合计
			耗用材料（千克）	分配率	分配额（元）		
基本生产成本	甲产品	燃料及动力	16 000		16 000		16 000
	乙产品	燃料及动力	24 000		24 000		24 000
	小计		40 000	1	40 000		40 000
辅助生产成本	锅炉车间	燃料				2 800	2 800
	机修车间	燃料				1 000	1 000
	小计					3 800	3 800
合计					40 000	3 800	43 800

根据燃料费用分配表编制会计分录，据以登记有关的总账和明细账。会计分录如下：

借：基本生产成本——甲产品　　　　　　　　　　　　16 000
　　　　　　　　——乙产品　　　　　　　　　　　　24 000
　　辅助生产成本——锅炉车间　　　　　　　　　　　　2 800
　　　　　　　　——机修车间　　　　　　　　　　　　1 000
　　贷：燃料　　　　　　　　　　　　　　　　　　　43 800

单元二 外购动力费用的分配

外购动力费用的分配

外购动力是指企业在生产经营、管理过程中耗用的从外单位购进的各种动力,如电力、蒸汽、热力等,本企业自产的动力不包括在内。外购动力有的直接用于产品生产,如生产工艺动力用电;有的间接用于产品生产,如生产车间照明用电;有的则用于经营管理,如企业行政管理部门照明以及办公设备用电等。

外购动力费用应按用途和使用部门分配,在有仪表记录的情况下,应根据仪表所示耗用动力的数量以及动力的单价计算;在没有仪表的情况下,可按生产工时比例、机器工时比例、定额耗电量比例分配。

外购动力费用分配时,可编制"动力费用分配表",据以进行明细核算和总分类核算。直接用于产品生产的动力费用,列入"燃料和动力"成本项目,记入"基本生产成本"科目及其明细账;属于照明、取暖等用途的动力费用,则按其使用部门分别记入"制造费用""管理费用"等科目。

例 3-4 绿源公司 8 月份耗用外购电力 72 500 度,每度电 1.2 元。其中,基本生产车间生产甲、乙产品耗电 40 000 度,锅炉车间耗电 20 000 度,机修车间耗电 10 000 度,基本生产车间照明用电 1 000 度,管理部门用电 1 500 度。绿源公司对产品生产用电按机器功率时数在两种产品间进行分配,甲、乙两种产品的机器功率时数分别为 7 000 小时和 3 000 小时。根据上述资料编制"外购动力费用分配表"见表 3-4。

表 3-4 外购动力费用分配表

××年8月　　　　　　　　　　　　　　　　金额单位:元

应借科目		成本或费用项目	耗用电量分配			每度电费	合计
			机器功率时数(小时)	分配率	分配量(度)		
基本生产成本	甲产品	燃料及动力	7 000		28 000		33 600
	乙产品	燃料及动力	3 000		12 000		14 400
	小计		10 000	4	40 000		48 000
辅助生产成本	锅炉车间	动力费			20 000		24 000
	机修车间	动力费			10 000		12 000
	小计				30 000		36 000
制造费用	基本生产车间	水电费			1 000		1 200
管理费用		水电费			1 500		1 800
合计					72 500	1.2	87 000

根据外购动力费用分配表编制会计分录,据以登记有关的总账和明细账。会计分录如下:

借：基本生产成本——甲产品	33 600
——乙产品	14 400
辅助生产成本——锅炉车间	24 000
——机修车间	12 000
制造费用——基本生产车间	1 200
管理费用	1 800
贷：应付账款——电力公司	87 000

单元三　职工薪酬费用的分配

职工薪酬是企业在生产产品或提供劳务活动过程中所发生的各种直接和间接人工费用的总和。对于职工薪酬的分配，实务中通常有两种处理方法：一是按本月应付金额分配本月职工薪酬费用，该方法适用于月份之间职工薪酬差别较大的情况；二是按本月支付职工薪酬金额分配本月职工薪酬费用，该方法适用于月份之间职工薪酬差别不大的情况。本书采用第一种方法进行举例。

一、职工薪酬费用的分配去向

职工薪酬的归集，必须有一定的原始记录作为依据：计时工资，以考勤记录中的工作时间记录为依据；计件工资，以产量记录中的产品数量和质量记录为依据；计时工资和计件工资以外的各种奖金、津贴、补贴等，按照国家和企业的有关规定计算。

企业将应付给职工的薪酬，按照职工的工作岗位，分配给有关的受益对象。其中，从事产品生产的工人薪酬，计入相关成本核算对象的生产成本；车间管理人员的薪酬，先记入"制造费用"科目，月末再分配计入该车间生产产品的成本；企业行政管理人员的薪酬，记入"管理费用"科目；从事辅助生产的工人薪酬，记入"辅助生产成本"科目；工程建设人员的薪酬计入工程成本，即记入"在建工程"科目等。

二、职工薪酬费用的分配方法

1. 计时工资形式下的工资分配

如果车间只生产一种产品，则生产该产品的工人工资可直接计入该产品成本；如果车间生产多种产品，则生产工人工资应按一定的分配标准分配计入各种产品成本。通常采用生产工时（实际或定额）作为分配标准。

例 3-5　绿源公司 8 月份为生产甲、乙两种产品支付生产工人工资 25 000 元，锅炉车间生产工人工资 7 800 元，机修车间生产工人工资 4 600 元，基本生产车间管理人员工资 6 200 元，企业行政管理部门人员工资 10 400 元。绿源公司对生产工人工资按照甲、乙两种产品的生产工时比例进行分配，甲、乙两种产品的生产工时分别为 3 200 小时和 1 800 小时。根据上述资料编制"工资费用分配表"见表 3-5。

人工费用的核算

表 3-5 工资费用分配表

××年8月　　　　　　　　　　　　　　　　　　　　金额单位：元

应借科目		成本或费用项目	间接计入			直接计入	合计
			生产工时（小时）	分配率	分配额（元）		
基本生产成本	甲产品	直接人工	3 200		16 000		16 000
	乙产品	直接人工	1 800		9 000		9 000
	小计		5 000	5	25 000		25 000
辅助生产成本	锅炉车间	人工费				7 800	7 800
	机修车间	人工费				4 600	4 600
	小计					12 400	12 400
制造费用	基本生产车间	人工费				6 200	6 200
管理费用		人工费				10 400	10 400
合计					25 000	29 000	54 000

根据工资费用分配表编制会计分录，据以登记有关的总账和明细账。会计分录如下：

```
借：基本生产成本——甲产品                16 000
            ——乙产品                 9 000
    辅助生产成本——锅炉车间              7 800
            ——机修车间              4 600
    制造费用                         6 200
    管理费用                        10 400
    贷：应付职工薪酬——工资            54 000
```

2. 计件工资形式下的工资分配

在计件工资形式下，生产工人的计件工资可直接计入产品成本，而其他工资项目也要按上述办法分配计入各种产品成本。

3. 其他职工薪酬的分配

对于具有明确计提标准的其他职工薪酬，企业应当按照规定的计提标准，计量企业承担的职工薪酬义务和计入成本费用的职工薪酬，如医疗保险费、养老保险费、失业保险费、工伤保险费、住房公积金、工会经费和职工教育经费等。

单元四　固定资产折旧费的分配

固定资产在长期使用过程中保持实物形态不变，但其价值随着固定资产的损耗而逐渐减少，这部分由于损耗而减少的价值应该以折旧费用的形式计入产品成本或期间费用。折旧费用，按它的经济用途和使用地点计入相关成本费用。例如：基本生产车间所使用的固定资产折旧费用，应计入"制造费用"科目各明细账中的折旧费项目；辅助生产车间（如未设置"制造费用"科目）所使用的固定资产折旧费用，应计入"辅助生产成本"科目各明细账中的折旧费项目；企业行政管理部门所使用的固定资产折旧费，应计入"管理费用"科目中的折旧费项目；销售部门所使用的固定资产折旧费，应计入"销售费用"科目中的折旧费项目。各部门折旧费用的分配，通常是采用折旧费用分配表的形式进行的。其格式如表 3-6 所示。

例 3-6　绿源公司 ×× 年 8 月份固定资产折旧费用有关资料及各有关部门分配的折旧费用见表 3-6。

表 3-6　固定资产折旧费用分配表

×× 年 8 月　　　　　　　　　　　　　　　　　　　　单位：元

应借科目	部门	上月计提折旧额	上月增加折旧额	上月减少折旧额	本月折旧额
制造费用	基本生产车间	8 000	2 000	1 200	8 800
辅助生产成本	锅炉车间	1 850	160	110	1 900
	机修车间	2 475	100	500	2 075
	小计	4 325	260	610	3 975
管理费用	行政管理部门	2 800	340	140	3 000
合计		15 125	2 600	1 950	15 775

据此编制会计分录如下：

借：制造费用　　　　　　　　　　　　　　　　　　　8 800
　　辅助生产成本——锅炉车间　　　　　　　　　　　1 900
　　　　　　　　——机修车间　　　　　　　　　　　2 075
　　管理费用　　　　　　　　　　　　　　　　　　　3 000
　　贷：累计折旧　　　　　　　　　　　　　　　　　15 775

从空间范围看，除已提足折旧仍继续使用的固定资产、单独计价入账的土地不计提折旧外，企业应当对所有固定资产计提折旧。

从时间范围看，当月增加的固定资产，当月不计提折旧，从下月起计提折旧；当月减少的固定资产，当月仍计提折旧，从下月起不计提折旧。固定资产提足折旧后，不论能否继续使用，均不再计提折旧；提前报废的固定资产，也不再补提折旧。已达到预定可使用状态但尚未办理竣工决算的固定资产，应当按照估计价值确定其成本，并计提折旧；待办理竣工决算后，再按实际成本调整原来的暂估价值，但不需要调整原已计提的折旧额。

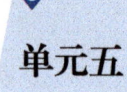

单元五　其他费用的核算

广义的其他费用是指除了本模块以上所述的各成本费用以外的要素费用，具体包括邮电费、租赁费、印刷费、图书报纸杂志资料费、办公费、试验检验费、保险费等。这些费用有的是产品成本的组成部分,有的则应计入期间费用等,即使是应计入产品成本的,也没有专门设置相应的成本项目。因此,在发生这些费用时,应根据有关的付款凭证等,分别记入"制造费用""辅助生产成本""管理费用""财务费用"以及"销售费用"等科目。

例 3-7 绿源公司 8 月份以银行存款支付有关费用如下:基本生产车间办公费 860 元、保险费 6 442 元,锅炉车间劳保费 3 830 元,机修车间劳保费 2 498 元,行政管理部门办公费 3 640 元、保险费 8 127 元。与上述各项费用相关的可抵扣增值税进项税额为 3 301.61 元。据此编制会计分录如下:

```
借:制造费用——基本生产车间                         7 302
    辅助生产成本——锅炉车间                         3 830
              ——机修车间                         2 498
    管理费用                                     11 767
    应交税费——应交增值税(进项税额)              3 301.61
  贷:银行存款                                   28 698.61
```

知识拓展

ERP 系统下生产要素费用的分配

采用 ERP 系统的企业,其产品成本核算的基本步骤如下:首先,生产管理部门依据销售部门提供的客户原始订单,在 ERP 系统中创建内部生产订单;接着,成本会计负责核算每个内部订单的生产成本,即将直接材料、直接人工、制造费用等成本项目汇总至相应的内部订单;最后,计算并结转完工产品成本。

一、直接材料的分配

生产管理部门创建内部生产订单后,会将内部生产订单进一步分拆成生产工单分派至各生产车间,生产车间根据生产工单及产品物料清单(BOM 表)制作领料单向仓库领用原材料。

例如,某公司连接器组件产品生产过程中主要材料为五金材料和塑胶料,投料方式为原材料在生产开始时一次性投入,ERP 系统按工单对材料进行归集,各工单直接材料成本=材料全月一次加权平均单价×实际耗用量。同时,由于公司产品体积小、精密度高,五金材料冲压生产过程中会产生较多的边角料,故公司在编制产品 BOM 表时已经将单位产品标准边角料重量计入 BOM 表,分配材料成本。连接器组件产品直接材料成本=总材料成本−废料成本=材料全月一次加权平均单价×实际耗用量−废料成本,记入"生产成本——直接材料(某工单)"科目。

二、直接人工的分配

生产人员的人工成本按成本中心进行归集后分配,公司共设立 6 个成本中心,包括模具部、冲压部、注塑部、组装部、CAGE 部、CAGE 冲压部,不同成本中心负责不同类型产品工艺流程的不同阶段。

生产人员工资和绩效通过所在成本中心进行统计归集,当月各个成本中心的人工成本按照该成本中心完工产品的实际工时分摊对应的人工成本。产品人工成本计算公式如下：

直接人工成本分配率＝该成本中心人工成本÷（∑该成本中心单个产品实际工时×入库数量）

产品人工成本＝直接人工成本分配率×产品实际工时×入库数量

三、制造费用的分配

公司制造费用主要包括车间管理部门人工成本、折旧摊销费用、生产工具（低值易耗品）耗用、水电费用等项目，核算过程中按各成本中心的实际耗用进行归集，期末按照该成本中心完工产品的实际工时分摊制造费用。相关计算公式如下：

制造费用分配率＝该成本中心制造费用÷（∑该成本中心单个产品实际工时×入库数量）

产品制造费用＝制造费用分配率×产品实际工时×入库数量

四、结转完工产品成本

产品生产完工后经过品质部门检验，按工单对完工的良品、不良品和五金废料进行入库。财务部门依据完工产品入库单，以该批完工产品对应的直接材料成本、人工成本、制造费用转入库存商品成本入账。

素养案例

数字化智能化改造——成本降下来，效率提上去

福建××纺织科技股份有限公司成立于20世纪80年代。然而在发展中，和不少劳动密集型的纺织企业一样，由于长期依赖低成本扩张，依旧使用较为低端的生产设备，面临产品质量不稳定、产能过剩、利润率下降、用工难和用工贵等发展瓶颈。

借助智能化的改造，这家传统纺织企业成功释放了新的活力。在智能化的立体仓库中，企业的新潜能被激发。自动堆垛机在巷道中穿梭，从20多米高的货架上精准地取出装有500千克成品布匹的铁筐，然后缓缓地将其放置在有轨穿梭小车上。随着绿灯的闪烁，小车装载着铁筐在轨道上迅速滑向出库口。

仓库主任回忆道："过去，我们需带领搬运工在仓库内逐个货架搜寻布匹，一匹匹地搬入筐中，再用拖车将它们运出。一旦订单量增多，便难以跟上节奏。而现在，只需使用掌上电脑逐一扫描布匹上的条码，轻触屏幕，便完成了货物的出库操作。智能仓储系统的辅助使得出入库流程既迅速又准确，同时显著减少了对人力的需求。"

随着福建省相关智能化改造支持政策陆续出台，企业管理层动了心。"智能化改造要全盘考虑，突出重点。印染生产中，物料流转速度决定了生产效率，能耗在生产成本中占比约25%，公司决定从仓储系统和能耗监测入手。"为精准满足生产需求，企业与智能化改造服务供应商就仓储系统沟通设计了100多个工作流程，设计方案修改100多稿。改造后工厂生产效率大幅提高，仓储用工成本降低50%，染色工序能源成本降低30%，中水回用率达50%，每年至少节省1.5万吨标煤，节省2 000万元成本。

智能化改造不仅减少了该公司对人力资源的依赖，降低了直接劳动成本，而且通过优化物料流转、精准能耗管理，显著降低了能源消耗和资源浪费，实现了环境效益与经济效益的双赢。企业得以在确保产品质量的同时，有效控制并降低产品成本，增强了市场竞争力，为传统纺织行业乃至整个制造业的转型升级提供了宝贵经验和示范样本。

（资料来源：数字化智能化改造深入推进 传统产业升级升链升活力，中国政府网）

同步测试题

一、单项选择题

1. 能直接记入"基本生产成本"科目的材料费用是（　　）。
   A．生产产品领用的外购材料　　　　B．生产车间管理领用的材料
   C．辅助生产领用的材料　　　　　　D．行政管理部门领用的材料
2. 几种产品共同耗用的原材料费用，可以采用的分配方法是（　　）。
   A．计划成本分配法　　　　　　　　B．材料定额费用比例分配法
   C．工时比例分配法　　　　　　　　D．代数分配法

二、多项选择题

1. 计入产品成本的材料成本包括生产过程中耗用的（　　）。
   A．原料及主要材料　B．外购半成品　C．辅助材料　D．低值易耗品
   E．包装物
2. 最终应计入产品成本的各种材料费用，按照其用途应记入（　　）科目的借方。
   A．"管理费用"　B．"制造费用"　C．"生产成本"　D．"销售费用"
3. 最终应计入产品成本的职工薪酬费用包括（　　）。
   A．生产工人的工资　　　　　　　　B．生产部门管理人员的工资
   C．企业计提的生产工人工会经费　　D．由企业承担的生产工人住房公积金
4. 下列固定资产中应提折旧的有（　　）。
   A．未使用的建筑物　　　　　　　　B．已提足折旧的固定资产
   C．当月减少的固定资产　　　　　　D．提前报废的固定资产

三、判断题

1. 车间领用的材料在产品完工时，如有余料，应填制退料凭证及时退回仓库。对于下月需要继续耗用的材料，为了简化领料、退料手续，可以办理"假退料"手续。（　　）
2. 月末，企业分配外购动力费用时，可以通过"应付账款"科目核算。（　　）
3. 多种产品共同耗用的原材料费用，可以按"材料定额耗用量比例"与"材料定额费用比例"分配，由于分配率不同，其分配结果也不相同。（　　）
4. 企业生产耗用的外购动力和燃料量不大，占产品成本的比例较小时，可以不单独设置"燃料及动力"成本项目，而直接计入"直接材料"成本项目（燃料）或"制造费用"成本项目（动力）核算。（　　）

模块四

辅助生产费用的归集与分配

学习目标

知识目标
➢ 了解辅助生产费用的核算程序；理解辅助生产费用各种分配方法的优、缺点和适用范围。

能力目标
➢ 掌握辅助生产费用各种分配方法的具体运用。

素养目标
➢ 成本会计人员应增强能源意识，做好自制燃动力（辅助生产费用）的核算与分析，帮助企业管理层节能减排，进而降低产品成本，促进绿色生产。

单元一　辅助生产费用的归集

一、辅助生产费用的内容

制造业企业的辅助生产，是为企业基本生产和经营管理服务而进行的产品生产和劳务供应。对于耗用这些产品或劳务的车间、部门而言，这些辅助生产的产品构成了企业基本生产的产品成本和经营管理费用的一项内容，合理地归集和分配辅助生产费用是企业正确进行成本费用核算必不可少的一个重要环节。

辅助生产车间按其提供劳务、作业和生产产品的种类多少，可分为单品种和多品种两种类型。单品种辅助生产车间是只生产一种产品或只提供一种劳务的辅助生产车间，如供电车间、供水车间、供汽车间、运输车间等。多品种辅助生产车间是指生产两种或两种以上产品的辅助生产车间，如机械制造企业设立的模具车间，生产基本生产车间所需要的各种工具、模型、备件等。由于辅助生产部门的主要生产任务是为企业基本生产和内部管理提供内部服务，很少有产品或劳务直接对外出售，因此其产品或劳务的成本（即辅助生产费用）必须由耗用这些产品或劳务的基本生产、内部管理、专职销售等部门来承担。辅助生产产品和劳务成本的高低，会影响企业产品成本和期间费用的水平，因此将企业一定时期内发生的各项辅助生产费用采用合理的方法分配给相关耗用部门，是企业准确计算产品成本和各项期间费用的前提。

二、辅助生产费用的归集

为了归集所发生的辅助生产费用，应设置"辅助生产成本"或"生产成本——辅助生产成本"科目，按辅助生产车间及其生产的产品、劳务的种类进行明细核算。

在只生产一种产品或只提供一种劳务的辅助生产车间，应按车间分别设置"辅助生产成本"明细账，在账内按规定的成本项目设置专栏；在生产多种产品或提供多种劳务的辅助生产车间，除了要按车间分别设置"辅助生产成本"明细账外，还应按各种产品或劳务分别开设"成本计算单"。辅助生产车间当月发生的直接材料、直接人工等直接成本项目的费用，应分别根据"材料费用分配表""职工薪酬分配表"和有关凭证，记入"辅助生产成本"科目及其明细账的借方。

其他费用可在"制造费用——××辅助生产车间"明细账中进行核算，月末再转入"辅助生产成本"科目，并采用适当的分配标准，分配计入有关产品或劳务的成本计算单中。一般来说，如果辅助生产车间规模较小，制造费用很少，而且辅助生产车间不对外提供产品或劳务时，为了简化核算工作，辅助生产车间的制造费用也可以不通过"制造费用"账户单独归集，而直接记入"辅助生产成本"科目。模块三各单元中，绿源公司例子就是采用这种方法。现将前述绿源公司例子中辅助生产成本归集到明细账中的具体数据列表，见表4-1和表4-2。

表4-1 辅助生产成本明细账

车间名称：锅炉车间　　　　　　　　　　　　　　　　　　　　　金额单位：元

××年		凭证号数	摘要	材料费	燃料及动力	人工费	折旧费	办公费	保险费	机物料消耗	其他	合计
月	日											
8	31	略	材料费用分配表	6 000								6 000
	31		燃料费用分配表		2 800							2 800
	31		低值易耗品费用分配表							878		878
	31		外购动力费用分配表		24 000							24 000
	31		职工薪酬费用分配表			8 892						8 892
	31		折旧费用分配表				1 900					1 900
	31		其他费用分配表					420	1 210		2 200	3 830
	31		待分配费用合计									48 300

表4-2 辅助生产成本明细账

车间名称：机修车间　　　　　　　　　　　　　　　　　　　　　金额单位：元

××年		凭证号数	摘要	材料费	燃料及动力	人工费	折旧费	办公费	保险费	机物料消耗	其他	合计
月	日											
8	31	略	材料费用分配表	1 200								1 200
	31		燃料费用分配表		1 000							1 000
	31		低值易耗品费用分配表							383		383
	31		外购动力费用分配表		12 000							12 000
	31		职工薪酬费用分配表			5 244						5 244
	31		折旧费用分配表				2 075					2 075
	31		其他费用分配表					328	462		1 708	2 498
	31		待分配费用合计									24 400

单元二　辅助生产费用的分配

归集在"辅助生产成本"科目及其明细账借方的辅助生产费用，由于所生产的产品和提供的劳务不同，其所发生的费用分配转出的程序方法也不一样。所提供的产品，如制造工具、模具、修理用备件等产品成本，应在产品完工时，作为自制工具或材料入库，从"辅助生产成本"科目的贷方转入"周转材料"或"原材料"科目的借方；提供水、电、气和运输、修理等劳务所发生的辅助生产费用，一般按照受益单位耗用的劳务数量在各单位之间进行分配，分配时，借记"基本生产成本""制造费用""管理费用""销售费用"等科目，贷记"辅助生产成本"科目。

辅助生产费用的分配

辅助生产提供的产品和劳务，主要是为基本生产车间和管理部门使用和服务的。但在某些辅助生产车间之间也有相互提供产品和劳务的情况。例如，锅炉车间为供电车间供气取暖，供电车间也为锅炉车间提供电力。这样，为了计算供气成本，就要确定供电成本；为了计算供电成本，又要确定供气成本。这里就存在一个辅助生产费用在各辅助生产车间交互分配的问题。辅助生产费用的分配通常采用直接分配法、交互分配法、计划成本分配法、代数分配法和顺序分配法等。

一、直接分配法

采用直接分配法，不考虑辅助生产车间内部相互提供的劳务量，即不经过辅助生产费用的交互分配，直接将各辅助生产车间发生的费用分配给辅助生产以外的各个受益单位或产品。分配计算公式如下：

辅助生产的单位成本（分配率）＝辅助生产费用总额÷辅助生产的产品或劳务总量（不包括对辅助生产各车间提供的产品或劳务量）

各受益对象应分配的费用＝辅助生产的单位成本×该受益对象的耗用量

例 4-1　绿源公司的锅炉车间、机修车间成本总额分别为 48 300 元和 24 400 元（见表 4-1 和表 4-2）。假定这两个辅助生产车间××年 8 月份供应的对象和数量见表 4-3。

表 4-3　辅助生产车间提供劳务量汇总表

项目		锅炉车间	机修车间
待分配费用		48 300 元	24 400 元
供应劳务数量		16 000 吨	2 180 工时
各部门耗用劳务量	锅炉车间		180 工时
	机修车间	1 000 吨	
	基本生产车间（一般耗用）	9 000 吨	1 250 工时
	行政管理部门	6 000 吨	750 工时

根据上述资料，用直接分配法计算各辅助生产车间的费用分配率如下：

锅炉车间费用分配率 =48 300÷15 000=3.22

机修车间费用分配率 =24 400÷2 000=12.2

根据费用分配率计算的各受益对象应负担的辅助生产成本，用辅助生产费用分配表列示，见表 4-4。

表 4-4 辅助生产费用分配表（直接分配表）

××年 8 月　　　　　　　　　　　　　　　　金额单位：元

辅助生产车间名称		锅炉车间	机修车间	合计
待分配的费用		48 300	24 400	72 700
对外供应劳务数量		15 000	2 000	
单位成本（分配率）		3.22	12.2	
基本生产车间	耗用数量	9 000	1 250	
	分配金额	28 980	15 250	44 230
行政管理部门	耗用数量	6 000	750	
	分配金额	19 320	9 150	28 470
合计		48 300	24 400	72 700

根据辅助生产费用分配表编制会计分录如下：

借：制造费用——基本生产车间　　　　　　　　　　　44 230
　　管理费用　　　　　　　　　　　　　　　　　　　28 470
　贷：辅助生产成本——锅炉车间　　　　　　　　　　48 300
　　　　　　　　　——机修车间　　　　　　　　　　24 400

由于直接分配法将各辅助生产车间发生的费用，直接分配给辅助生产以外的各受益单位，辅助生产车间之间相互提供的产品和劳务，不互相分配费用，因此计算工作简便。但当辅助生产车间相互提供产品或劳务量差异较大时，分配结果不够准确，只适用于在辅助生产车间内部相互提供的劳务不多、不进行劳务的交互分配对辅助生产费用和产品生产费用影响不大的情况下采用。

二、交互分配法

交互分配法是指辅助生产车间的费用分为两个阶段进行分配。第一阶段将各辅助生产车间互相提供的服务量按交互分配前的单位成本（对内分配率），在辅助生产车间之间进行第一次交互分配；第二阶段再将各辅助生产车间交互分配后的费用（即原归集的辅助生产费用加上交互分配转入的费用，减去交互分配转出的费用），按其提供给基本生产车间和其他部门的服务量和交互分配后的单位成本（对外分配率），在辅助生产车间以外的各受益单位之间进行分配。

例 4-2 承例 4-1，编制交互分配法的辅助生产费用分配表见表 4-5。

表 4-5 辅助生产费用分配表（交互分配表）

××年8月　　　　　　　　　　　　　　　金额单位：元

项目		交互分配		对外分配		
辅助生产车间名称		锅炉	机修	锅炉	机修	合计
待分配的费用		48 300	24 400	47 295.89	25 404.11	72 700
供应劳务数量		16 000	2 180	15 000	2 000	
单位成本（分配率）		3.018 8	11.192 7	3.153 1	12.702 1	
辅助生产车间	锅炉 耗用数量		180			
	锅炉 分配金额		2 014.69			
	机修 耗用数量	1 000				
	机修 分配金额	3 018.80				
基本生产车间	耗用数量			9 000	1 250	
	分配金额			28 377.9	15 877.63	44 255.53
行政管理部门	耗用数量			6 000	750	
	分配金额			18 917.99	9 526.48	28 444.47*
合计		3 018.80	2 014.69	47 295.89	25 404.11	72 700

* 该行数据为倒挤求得。

根据辅助生产费用分配表编制会计分录如下：

第一次，交互分配分录：

借：辅助生产成本——锅炉车间　　　　　　　　　2 014.69
　　贷：辅助生产成本——机修车间　　　　　　　　2 014.69
借：辅助生产成本——机修车间　　　　　　　　　3 018.80
　　贷：辅助生产成本——锅炉车间　　　　　　　　3 018.80

第二次，对外分配分录：

借：制造费用——基本生产车间　　　　　　　　　44 255.53
　　管理费用　　　　　　　　　　　　　　　　　28 444.47
　　贷：辅助生产成本——锅炉车间　　　　　　　　47 295.89
　　　　　　　　　　——机修车间　　　　　　　　25 404.11

交互分配法在辅助生产车间内部进行了交互分配，提高了分配结果的客观性和准确性。但由于要进行交互分配和对外分配两次分配，因而增加了计算工作量。另外，由于交互分配的分配率是根据交互分配前的待分配费用计算的，不是各辅助生产车间的实际单位成本，因此分配结果也并非完全反映客观实际。这种方法一般适用于各辅助生产车间之间相互提供劳务较多的企业。

> **问题与思考**
>
> 建兴公司的主要业务是生产空调，该公司设有4个生产部门：零配件生产车间、装配车间、供电车间和维修车间。其中，供电车间和维修车间不对外提供劳务，主要针对公司内部提供劳务；同时供电车间和维修车间之间也相互提供劳务。小王和小李是该公司的两名会计人员，小王提出为了简化核算工作，供电车间和维修车间之间相互提供的劳务可以不予以考虑；小李则认为供电车间和维修车间之间提供的劳务，如果完全不考虑会影响计算的准确性，应该将供电车间和维修车间之间提供的劳务先进行交互分配，再统一对外进行分配。
>
> **思考**：假如你是这家公司的会计主管，在选择辅助生产费用的分配方法时，应考虑哪些因素？

三、计划成本分配法

计划成本分配法是按照计划单位成本计算、分配辅助生产费用的一种方法。其内容也是进行两次分配，先是按照各辅助生产车间产品或劳务的计划单位成本分配辅助生产车间为各受益单位（包括其他辅助生产车间）提供的费用，然后再计算各辅助生产车间实际生产费用与对外分配计划成本的"成本差异"，将差异再向辅助生产车间以外的受益单位追加分配。在实际工作中，为了简化核算，也可以将成本差异直接记入"管理费用"科目。

计划成本分配法计算公式如下：

某辅助生产车间分配给某受益单位辅助生产费用 = 该受益单位耗用辅助生产车间产品或劳务数量 × 计划单位成本

某辅助生产车间成本差异 = 该辅助生产车间实际总成本 − 该辅助生产车间计划总成本

辅助生产车间实际成本 = 该辅助生产车间归集入账的费用 + 该辅助生产车间耗用其他辅助生产车间产品或劳务数量 × 其他辅助生产车间计划单位成本

辅助生产车间计划成本 = 该辅助生产车间提供产品或劳务总数 × 该辅助生产车间的计划单位成本

例 4-3 仍以例 4-1 为基础，假设绿源公司按计划成本法分配辅助生产费用，计划单位成本如下：锅炉车间的蒸汽每吨 3 元，机修车间每小时 12.5 元。则编制计划成本分配法的辅助生产费用分配表见表 4-6。

表 4-6 辅助生产费用分配表（计划成本分配法）

××年8月   金额单位：元

项目			锅炉车间		机修车间		合计
劳务供应			数量/吨	费用	数量/小时	费用	
待分配的费用			16 000	48 300	2 180	24 400	72 700
计划单位成本				3		12.5	
计划成本分配	应借科目	辅助生产成本 锅炉车间			180	2 250	2 250
		辅助生产成本 机修车间	1 000	3 000			3 000
		小计		3 000		2 250	5 250
		制造费用 基本生产车间	9 000	27 000	1 250	15 625	42 625
		管理费用	6 000	18 000	750	9 375	27 375
按计划成本分配合计				48 000		27 250	75 250

（续）

项目			锅炉车间		机修车间		合计
劳务供应			数量/吨	费用	数量/小时	费用	
辅助生产实际成本				50 550		27 400	77 950
成本差异分配	待分配成本差异额			2 550		150	2 700
	分配率			0.17		0.075	
	应借科目	制造费用 基本生产车间	9 000	1 530	1 250	93.75	1 623.75
		管理费用	6 000	1 020	750	56.25	1 076.25
	成本差异分配合计			2 550		150	2 700

根据辅助生产费用分配表编制会计分录如下：

借：辅助生产成本——锅炉车间　　　　　　　　　　2 250
　　　　　　　　——机修车间　　　　　　　　　　3 000
　　制造费用——基本生产车间　　　　　　　　　　42 625
　　管理费用　　　　　　　　　　　　　　　　　　27 375
　贷：辅助生产成本——锅炉车间　　　　　　　　　　48 000
　　　　　　　　——机修车间　　　　　　　　　　27 250

成本差异分配的分录：

借：制造费用——基本生产车间　　　　　　　　　　1 623.75
　　管理费用　　　　　　　　　　　　　　　　　　1 076.25
　贷：辅助生产成本——锅炉车间　　　　　　　　　　2 550
　　　　　　　　——机修车间　　　　　　　　　　150

第二步差异分配，如简化核算，也可以将差异全部记入"管理费用"科目，分录如下：

借：管理费用　　　　　　　　　　　　　　　　　　2 700
　贷：辅助生产成本——锅炉车间　　　　　　　　　　2 550
　　　　　　　　——机修车间　　　　　　　　　　150

采用计划成本分配法，尽管也经过了两次分配，但由于第一次分配时，计划单位成本有现成资料，不需另外计算，只需按照各受益单位实际耗用数量进行分配即可，从而简化了计算工作；同时，采用计划成本分配法分配辅助生产费用，不是在辅助生产车间的实际费用结算后再进行，计算比较及时，还能反映和考核辅助生产费用计划的执行情况。但采用这种分配方法的前提条件是，辅助生产产品或劳务的计划单位成本比较准确，否则就会影响分配结果的正确性。

四、代数分配法

代数分配法是运用代数中的多元一次联立方程计算辅助生产劳务的单位成本，然后再根据受益单位耗用劳务的数量分配辅助生产费用的方法。并且在求解过程中，各辅助生产车间耗用其他辅助生产车间的产品或劳务而应当负担的辅助生产费用也是按各辅助生产车间的实际单位成本计算的。因此，代数分配法的分配结果最准确，最能体现受益原则（即各受益单位应负担的辅助生产费用与该受益单位的受益量成正比）。其基本计算步骤如下：

（1）设未知数，并根据辅助生产车间之间交互服务关系建立多元一次方程组。

（2）解方程组，算出各种产品或劳务的单位成本。

（3）用各单位成本乘以各受益部门的耗用量，求出各受益部门应分配计入的辅助生产费用。

例 4-4 仍以例 4-1 为基础，设绿源公司锅炉车间的蒸汽每吨 x 元，机修车间每小时 y 元，则联立方程式为：

$$\begin{cases} 48\,300+180y=16\,000x & (4.1) \\ 24\,400+1\,000x=2\,180y & (4.2) \end{cases}$$

将式（4.1）式移项得：

$$180y=16\,000x-48\,300$$

$$y=(16\,000x-48\,300)\div 180 \qquad (4.3)$$

将式（4.3）式代入式（4.2）得：

$$24\,400+1\,000x=2\,180\times(16\,000x-48\,300)\div 180$$

$$x=3.161\,0$$

将 $x=3.161$ 代入式（4.2）式得：

$$y=12.642\,7$$

编制计划成本分配法的辅助生产费用分配表见表 4-7。

表 4-7 辅助生产费用分配表（代数分配法）

××年8月　　　　　　　　　　　　　　　　　金额单位：元

辅助生产部门名称			锅炉车间	机修车间	合计
待分配的费用			48 300	24 400	72 700
劳务供应总量			16 000	2 180	
用代数分配法算出实际单位成本			3.161 0	12.642 7	
应借科目	辅助生产成本	锅炉车间	耗用数量		180	
			分配金额		2 275.69	2 275.69
		机修车间	耗用数量	1 000		
			分配金额	3 161.00		3 161.00
	分配金额小计		3 161.00	2 275.69	5 436.69
	制造费用	基本生产车间	耗用数量	9 000	1 250	
			分配金额	28 449.00	15 803.38	44 252.38
	管理费用		耗用数量	6 000	750	
			分配金额	18 965.69	9 481.93	28 447.62①
分配金额小计			50 575.69	27 561.00	78 136.69

① 此行数据为倒挤得出。

根据辅助生产费用分配表编制会计分录如下：

借：辅助生产成本——锅炉车间　　　　　　　　　　　2 275.69
　　　　　　　　——机修车间　　　　　　　　　　　3 161.00
　　制造费用——基本生产车间　　　　　　　　　　　44 252.38
　　管理费用　　　　　　　　　　　　　　　　　　　28 447.62
　贷：辅助生产成本——锅炉车间　　　　　　　　　　50 575.69
　　　　　　　　　——机修车间　　　　　　　　　　27 561.00

采用代数分配法分配辅助生产费用，分配结果最准确，但在辅助生产车间较多的情况下，未知数较多，计算比较复杂，因而这种分配方法适宜在计算工作已经实现电算化的企业中采用。

五、顺序分配法

顺序分配法又称梯形分配法，是在各辅助生产车间分配费用时，按照各辅助生产车间受益多少的顺序排列，并逐一将其费用分配给其他车间（包括排在后面的辅助生产车间）、部门。受益少的辅助生产车间排在前面，受益多的辅助生产车间排在后面，并依次序向后面各车间、部门分配，后面的辅助生产车间费用不再对前面的辅助生产车间进行分配。

例 4-5 仍以例 4-1 为基础，假定绿源公司的两个辅助生产车间相互提供劳务，经过计算得出，锅炉车间耗用机修车间的修理劳务较少，机修车间耗用锅炉车间的蒸汽劳务较多，所以分配顺序为：锅炉车间排在前面，机修车间排在后面。具体计算如下：

锅炉车间耗用机修车间劳务 =180×（24 400÷2 180）=2 014.68（元）

机修车间耗用锅炉车间劳务 =1 000×（48 300÷16 000）=3 018.80（元）

根据这一顺序编制辅助生产费用分配表见表 4-8。

表 4-8　辅助生产费用分配表（顺序分配法）

××年8月　　　　　　　金额单位：元

供应单位	应借账户	辅助生产成本		制造费用	管理费用	合计
		锅炉车间	机修车间			
锅炉车间	供应数量		1 000	9 000	6 000	16 000
	待分配费用					48 300
	分配率					3.018 8
	分配金额		3 018.8	27 169.2	18 112	48 300
机修车间	供应数量			1 250	750	2 000
	直接费用					24 400
	待分配费用					27 418.8*
	分配率					13.709 4
	分配金额			17 136.75	10 282.05	27 418.8
分配金额合计		3 018.8		44 305.95	28 394.05	75 718.8

* 机修车间待分配费用 = 直接费用 + 分配转入费用 =24 400+3 018.8=27 418.8

据此编制会计分录如下：

借：辅助生产成本——机修车间　　　　　　　3 018.80
　　制造费用——基本生产车间　　　　　　　44 305.95
　　管理费用　　　　　　　　　　　　　　　28 394.05
　　贷：辅助生产成本——锅炉车间　　　　　　48 300
　　　　　　　　　　——机修车间　　　　　　27 418.8

采用顺序分配法，在一定程度上考虑了辅助生产车间互相提供劳务因素，计算工作有所简化。但由于排列在前的辅助生产车间不负担排列在后的辅助生产车间的费用，因而分配结果的正确性会受到一定的影响。所以，这种方法仅适用于各辅助生产车间之间相互受益程序有明显顺序的企业采用。

单元三　用友 U8 系统下辅助生产费用的分配

假设某企业只有一个辅助生产车间——供水车间，我们首先增加一个成本中心，如图 4-1 所示。

成本中心档案

打印 输出 刷新 引入 插行 删行 保存 放弃 辅助 全选 全消 帮助 退出

选择	成本中心编码	成本中心名称	生产属性	分摊属性	备注
	1	一车间	基本生产	按主计量产量分摊公共料费	
	2	二车间	基本生产	按主计量产量分摊公共料费	
	3	三车间	基本生产	按主计量产量分摊公共料费	
	4	辅助车间（供水车间）	辅助生产	按主计量产量分摊公共料费	

图 4-1　增加成本中心

根据各种费用分配表，归集辅助生产车间发生的费用，如材料费用、人工费用、燃料及动力费用、折旧费用等。

月末，进行辅助生产费用的分配。假设当月归集的辅助生产费用合计 12 000 元，基本生产车间共生产普通自行车和电动自行车两种产品，数量分别为 20 万辆和 10 万辆，当月全部入库，月初、月末均无在产品，则不同的辅助费用分配率下（两种产品分摊的辅助生产费用也不同）：

1. 按产品产量分配辅助生产费用

普通自行车分摊的辅助费用 =12 000÷（10+20）×20=8 000（元）

电动自行车分摊的辅助费用 =12 000÷（10+20）×10=4 000（元）

系统自动化分层核算成本（卷积）后查看产品投入产出汇总表，如图 4-2 所示。

产品投入产出汇总表

>>" 进行高级查询！

产品名称	本期投入（一）								本期完工（一）						
	本期投入共同材料	本期投入专用材料	本期投入材料费用	本期投入人工费用	本期投入辅助费用	本期投入制造费用	本期投入其他费用	本期投入合计	本期完工产量	本期完工材料费用	本期完工人工费用	本期完工辅助费用	本期完工制造费用	本期完工其他费用	本期完工合计
自行车	0.00	6 000.00	6 000.00	6 000.00	8 000.00	8 000.00	0.00	28 000.00	20.00	6 000.00	6 000.00	8 000.00	8 000.00	0.00	28 000.00
电动自行车	0.00	5 000.00	5 000.00	3 000.00	4 000.00	4 000.00	0.00	16 000.00	10.00	5 000.00	3 000.00	4 000.00	4 000.00	0.00	16 000.00
	0.00	11 000.00	11 000.00	9 000.00	12 000.00	2 000.00	0.00	44 000.00	30.00	11 000.00	9 000.00	12 000.00	12 000.00	0.00	44 000.00

图 4-2　按产量分配的产品投入产出汇总表

2. 按产品权重系数分配辅助生产费用

每月月末,按照"管理会计"→"成本管理"→"设置"→"定义分配率"→"辅助费用分配率"的路径,手动维护产品权重系数,并进行分配。假设普通自行车的权重系数为2,电动自行车的权重系数为3,操作过程如图4-3所示。

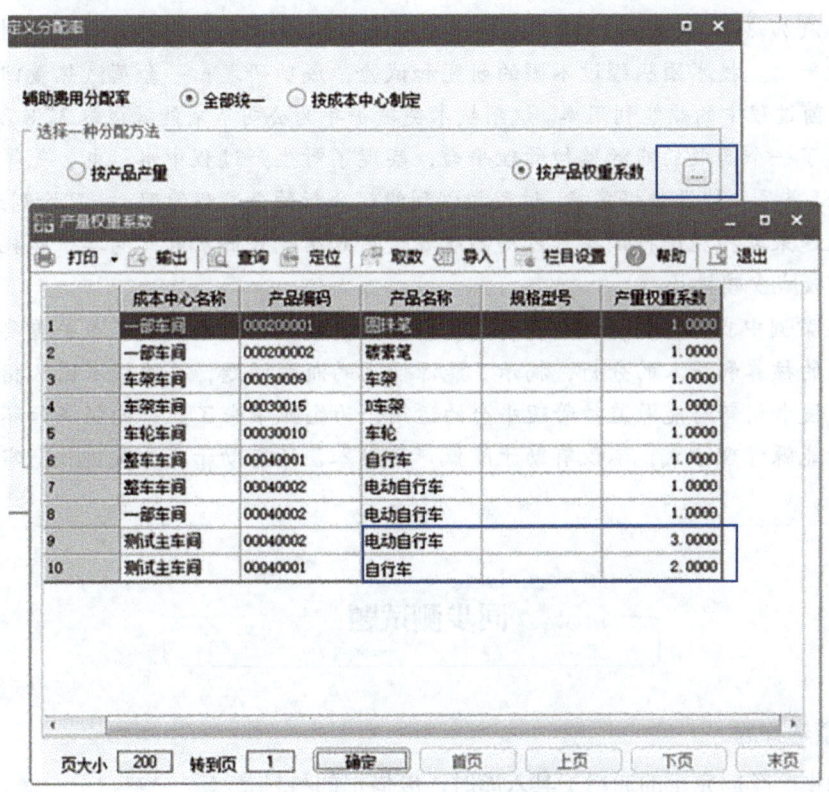

图4-3 按产品权重系数分配辅助生产费用

计算公式如下:

$$分配率 = 待分摊的辅助生产费用 \div \sum(各产品产量 \times 权重系数)$$

$$某产品应负担的辅助生产费用金额 = 分配率 \times (该产品产量 \times 权重系数)$$

普通自行车分摊的金额 =12 000÷(20×2+10×3)×(20×2)=6 857.14(元)

电动自行车分摊的金额 =12 000-6 857.14=5 142.86(元)

3. 按实际工时分配辅助生产费用

系统操作如下:假设普通自行车实际工时40小时,电动自行车实际工时60小时,在"数据录入"→"工时日报表"中维护相关工时数据,然后按照上面的步骤进行分配。

4. 按其他分配标准分摊辅助生产费用

(1)按照实际耗用量分配,路径为"数据录入"→"辅助费用耗用表"。

(2)按定额工时分配,路径为"设置"→"定额分配标准"→"定额人工工时"。

(3)平均分配的路径与按照产品权重系数分配的路径类似,为"设置"→"定义分配率"→"辅助费用分配率"→"平均分配"。

素养案例

经过深入的成本分析，WHH集团旗下的子公司注意到，其罐头生产过程中所使用的杀菌锅设备在蒸汽加热环节耗费了大量能源。因此，该企业将技术创新的重心转移到了杀菌锅的蒸汽排放效率上。技术团队经过不懈的研究和试验，成功研发出一套蒸汽热量回收系统，显著提升了杀菌过程中的热能利用率。这项技术突破每年为公司节省能源成本37.8万元。此外，公司还构建了一个高效的能源监控管理平台，实现了对生产过程中水、电、气等能源消耗的集中监控，涵盖了从能源数据采集、过程控制到能耗分析的全流程管理。一旦检测到数据异常，公司便会迅速采取措施进行调整，以提高能源使用效率，降低水电气的单位能耗，减少产品成本，并有效减少碳排放。

从上述案例中我们看到，成本会计人员在推动节能减排方面扮演了至关重要的角色。他们通过精确的核算和深入的分析，揭示了能源使用的瓶颈问题，并为技术团队指明了优化路径。同时，技术创新与能源监控管理平台的运用，为企业带来了显著的经济和环境效益。这种全流程的能源管理方式，不仅有助于降低产品成本，还有助于减少碳排放，实现企业的绿色生产目标。

一、单项选择题

1. 辅助生产车间完工的通用工具入库时，应借记的科目是（　　）。
    A．"低值易耗品"　　　　　　　　B．"基本生产成本"
    C．"辅助生产成本"　　　　　　　D．"原材料"
2. 交互分配法是将辅助生产费用先在（　　）之间进行交互分配，然后进行对外分配。
    A．企业各车间、部门　　　　　　B．辅助生产车间与基本生产车间
    C．各辅助生产车间　　　　　　　D．企业内部各车间
3. 辅助生产费用的分配方法有（　　）。
    A．约当产量法　　　　　　　　　B．直接分配法
    C．定额耗用量比例分配法　　　　D．生产工时比例法
4. 辅助生产费用的归集和分配是通过（　　）科目进行的。
    A．"辅助生产费用"　　　　　　　B．"生产成本——基本生产成本"
    C．"生产成本——辅助生产成本"　D．"基本生产费用"
5. 如果辅助生产车间的规模不大、制造费用不多，为了简化核算工作，可将其制造费用直接计入（　　）科目。
    A．辅助生产成本　　　　　　　　B．基本生产成本
    C．制造费用　　　　　　　　　　D．财务费用

6. 直接分配法的特点是辅助生产费用（   ）。
   A．直接记入"辅助生产成本"科目
   B．直接分配给所有受益的车间部门
   C．直接分配给辅助生产以外的各受益单位
   D．直接分配给辅助生产内部各受益单位
7. 采用计划成本法分配辅助生产费用时，辅助生产车间实际发生的费用应该是（   ）。
   A．该车间待分配费用加上分配转入的费用减去分配转出的费用
   B．该车间待分配费用加上分配转入的费用
   C．该车间待分配费用减去分配转出的费用
   D．该车间待分配费用加上分配转出的费用减去分配转入的费用

二、多项选择题

1. 辅助生产费用的分配方法，主要包括（   ）。
   A．交互分配法   B．直接分配法
   C．按计划成本分配法   D．代数分配法
   E．顺序分配法
2. 辅助生产车间不设"制造费用"科目核算是因为（   ）。
   A．辅助生产车间数量较少   B．辅助生产车间制造费用较少
   C．辅助生产车间不对外提供商品 D．辅助生产车间规模较小
   E．为了简化核算工作
3. 采用代数分配法分配辅助生产费用（   ）。
   A．能够提供正确的分配计算结果 B．能够简化费用的分配计算工作
   C．适用于实现电算化的企业   D．便于分析考核各受益单位的成本
   E．核算结果不准确
4. 辅助生产车间发生的固定资产折旧费，可能借记的科目有（   ）。
   A．"制造费用"   B．"辅助生产成本"
   C．"基本生产成本"   D．"管理费用"

三、判断题

1. 辅助生产费用的分配，应遵循"谁受益、谁负担"的原则，分配方法力求简便、合理、易行。（   ）
2. 机修车间提供的劳务或产品，要在各受益单位之间按照所耗数量或者其他比例进行分配。（   ）
3. 辅助生产部门发生的各项费用，在会计核算上均应直接记入"辅助生产成本"科目。（   ）
4. 直接分配法计算工作简便，但分配结果不够准确，只适用于辅助生产内部相互提供的劳务不多的情况。（   ）
5. 交互分配法经过两次分配，因此分配结果最准确。（   ）

模块五

制造费用的归集与分配

学习目标

知识目标
➢ 明确制造费用核算的内容；理解制造费用各种分配方法的适用范围。

能力目标
➢ 掌握制造费用归集和分配方法；掌握在各种系统中设置制造费用自动结转凭证的方法。

素养目标
➢ 在"智能制造"和"科技创新"等现代化生产背景下，制造费用的构成变得更加复杂。因此，成本会计人员必须提升自身技能，掌握如何在 ERP 系统以及共享服务平台等环境中进行制造费用的合理分配。

单元一　制造费用的归集

制造费用是制造业企业为生产产品（或提供劳务）而发生的，应计入产品或劳务成本但没有专设成本项目的各项间接生产费用。

一、制造费用的内容

制造费用中大部分是间接用于产品生产的费用，也包括一些直接用于产品生产，但很难区分其产品归属且管理上不要求单独设置成本项目的费用。主要包括：各生产单位发生的机物料消耗、车间管理人员的工资及其他薪酬、机器设备等固定资产的折旧费、租赁费、水电费、低值易耗品的摊销、差旅费、办公费、运输费、保险费、设计制图费、试验检验费、劳动保护费、季节性修理期间的停工损失以及其他制造费用等。以下简要介绍部分制造费用项目所包含的内容。

机物料消耗是指各车间、生产单位为维护生产设备等而消耗的各种材料，不包括修理材料和劳动保护用的材料。

职工薪酬是指生产单位的管理人员和其他辅助人员的薪酬。

固定资产的折旧费是指生产单位的房屋、机器设备等固定资产按照规定的折旧方法计算的折旧费用。

水电费是指各生产单位管理上耗用的水、电费用。各生产单位生产性消耗的水电费应计入生产成本。

低值易耗品摊销是指生产单位使用的各种低值易耗品的摊销费用。

差旅费是指生产单位人员因公出差发生的各项差旅费、交通费。

劳动保护费是指生产单位为了保护职工安全而发生的各种劳动用品费用，如发放工作服、手套等。

停工损失是指生产单位因季节性、修理期间停工而发生的各项损失费用。

其他制造费用是指各生产单位应计入产品成本的其他费用。

因为制造费用的内容比较复杂，为了减少费用项目，简化核算工作，可将性质相同的费用合并设立相应的费用项目，如将用于产品生产的固定资产的折旧费合并设立"折旧费"项目；也可根据费用比重大小和管理上的要求另行设立制造费用项目。但是，为了使各期成本、费用资料可比，制造费用项目一经确定，不应任意变更。

二、制造费用的科目设置

制造费用一般是间接生产费用，在发生时无法直接计入产品成本，需按费用发生的地点先行归集，月终时再采用一定的方法在各成本计算对象间进行分配。企业应设置"制造费用"科目进行总分类核算，该科目按照不同的生产单位，如车间、部门、分厂等设立明细账，账内按照费用项目设立专栏或专户。

制造费用发生时，根据有关的付款凭证、转账凭证和前述各种分配表，借记"制造费用"科目，贷记"原材料""应付职工薪酬""累计折旧""银行存款"等科目；月末，归集在基本生产车间"制造费用"科目借方的各项费用，按照一定的分配标准分配转入"基本生产成本"科目，借记"基本生产成本"各明细科目，贷记"制造费用"科目。除季节性生产企业以外，"制造费用"账户月末应无余额。

需要指出的是，如果辅助生产车间的制造费用是通过"制造费用"科目单独核算的，月末也需转入"辅助生产成本"科目；如果辅助生产车间的制造费用没有单独设置"制造费用"科目核算，对发生的各项制造费用，也可以不通过"制造费用"科目核算，直接记入"辅助生产成本"科目。制造费用明细账示例见表 5-1。

表 5-1 制造费用明细账

车间名称：一车间　　　　　　　　　　　　　　　　　　　　　　　　金额单位：元

××年		凭证号数	摘要	职工薪酬	水电费	机物料消耗	修理费	动力费	办公费	保险费	折旧费	其他	合计
月	日												
8	31	略	材料费用分配表										
	31		外购动力费用分配表										
	31		职工薪酬费用分配表										
	31		折旧费用分配表										

(续)

××年		凭证号数	摘要	职工薪酬	水电费	机物料消耗	修理费	动力费	办公费	保险费	折旧费	其他	合计
月	日												
	31		其他费用分配表										
	31		辅助生产分配表										
	31		制造费用分配表										
	31		本月合计										

单元二　制造费用的分配

在制造费用按发生地点和用途归集之后，月末终了就应将制造费用明细账中所归集的费用总额，按照一定的标准和方法在本车间所生产的各种产品之间进行分配，而不得将各车间的制造费用统一在整个企业范围内分配。如果某个车间只生产一种产品，制造费用可以直接计入该种产品的成本；如果某个车间生产多种产品，制造费用应采用适当的分配方法计入该车间各种产品的成本。制造业企业可以根据自身经营管理特点和条件，利用现代信息技术，采用作业成本法对不能直接归属于成本核算对象的成本进行归集和分配。

制造费用的分配

企业应当根据制造费用的性质，合理选择分配方法。也就是说，企业所选择的制造费用分配方法，必须与制造费用的发生具有比较密切的相关性，并且使分配到每种产品上的制造费用金额基本合理，同时还应适当考虑计算手续的简便。制造费用分配方法很多，通常采用生产工人工时比例分配法（或生产工时比例分配法）、生产工人工资比例分配法（或生产工资比例分配法）、机器工时比例分配法和年度计划分配率分配法等。企业具体选用哪种分配方法，由企业自行决定。分配方法一经确定，不得随意变更。如需变更，应当在附注中予以说明。

一、生产工人工时比例分配法

生产工人工时比例分配法是按各种产品所耗生产工人工时的比例分配制造费用的一种方法。其计算公式如下：

制造费用分配率＝制造费用总额÷车间各产品生产工时总额

某产品应分配的制造费用＝该种产品生产工时×制造费用分配率

上述公式中的生产工时总额，一般是指实际生产工时，但如果企业产品的定额工时比较准确，也可以使用定额工时计算。

例 5-1　假定绿源食品有限公司第一生产车间生产 250 千克牛奶饼干和 250 千克巧克力饼干两种产品，生产工人工时分别为 3 200 小时和 1 800 小时，本月归集的制造费用为 79 500 元，按生产工人的实际生产工时比例分配制造费用如下：

制造费用分配率 =79 500÷（3 200+1 800）=15.9（元/小时）
250 千克牛奶饼干应分配的制造费用 =3 200×15.9=50 880（元）
250 千克巧克力饼干应分配的制造费用 =1 800×15.9=28 620（元）

在实际工作中，制造费用分配一般通过编制制造费用分配表进行。制造费用分配表的格式见表 5-2。

表 5-2 制造费用分配表

××年×月 金额单位：元

产品名称	生产工时（小时）	分配率（元/小时）	分配额
250 千克牛奶饼干	3 200		50 880
250 千克巧克力饼干	1 800		28 620
合计	5 000	15.9	79 500

根据上述制造费用分配表，编制会计分录如下：
借：基本生产成本——250 千克牛奶饼干　　　　　　　　50 880
　　　　　　　　——250 千克巧克力饼干　　　　　　　28 620
　贷：制造费用——第一生产车间　　　　　　　　　　　79 500

按生产工人工时比例分配制造费用，能将劳动生产率与产品负担的制造费用结合起来，分配结果比较合理。采用这种分配方法，平时需要做好产品生产工时的记录和核算等基础工作，以保证生产工时的准确、可靠。生产工人工时比例分配法主要适用于各种产品机械化程度大致相同的情况，否则，就会出现机械化程度越低，负担制造费用越多的不合理现象。

二、生产工人工资比例分配法

生产工人工资比例分配法是按照计入各种产品成本的生产工人工资比例分配制造费用的一种方法。其计算公式如下：

制造费用分配率 = 制造费用总额÷车间各产品生产工人工资总额
某产品应分配的制造费用 = 该种产品生产工人工资×制造费用分配率

由于职工薪酬分配表可以直接提供生产工人工资资料，因而采用这种分配方法核算工作比较简便。但采用这一方法的前提是各种产品生产机械化的程度应该大致相同，否则机械化程度低的产品所用工资费用多，负担的制造费用也要多，而机械化程度高的产品则负担的制造费用较少，从而影响费用分配的合理性。此外，还要说明的是，如果生产工人工资是按照生产工时比例分配计入各种产品成本的，那么按照生产工人工资比例分配制造费用，实际上也就是按照生产工人工时比例分配制造费用。

三、机器工时比例分配法

机器工时比例分配法是按照生产各种产品所用机器设备运转时间的比例分配制造费用的方法。其计算公式如下：

制造费用分配率 = 制造费用总额÷车间各产品所用机器工时总数
某产品应分配的制造费用 = 该种产品机器工时数×制造费用分配率

这一方法适用于生产机械化程度较高的产品，因为这类产品的机器设备使用、维修费用大小与机器运转的时间有密切联系。采用这一方法的前提条件是必须具备各种产品所耗机器工时的完整的原始记录。

例 5-2 假定某公司第一车间所生产 C15S、C16S 两种型号的产品按机器工时比例分配制造费用，已知 C15S 产品的机器工时为 300 小时，C16S 产品的机器工时为 200 小时，制造费用借方发生额为 50 000 元，则制造费用分配如下：

制造费用分配率 =50 000÷（300+200）=100（元/小时）
C15S 产品应分配的制造费用 =300×100=30 000（元）
C16S 产品应分配的制造费用 =200×100=20 000（元）

编制制造费用分配表见表 5-3。

表 5-3 制造费用分配表

××年×月　　　　　　　　　　　　　　　金额单位：元

产品名称	机器工时（小时）	分配率（元/小时）	分配额
C15S 产品	300		30 000
C16S 产品	200		20 000
合计	500	100	50 000

根据上述制造费用分配表，编制会计分录如下：

借：基本生产成本——C15S 产品　　　　　　　　　30 000
　　　　　　　　——C16S 产品　　　　　　　　　20 000
　贷：制造费用——第一车间　　　　　　　　　　　50 000

四、年度计划分配率分配法

为了简化制造费用的分配，对于计划管理水平较高的企业，还可以采用年度计划分配率分配法进行制造费用的分配。年度计划分配率分配法是按照年度开始前确定的全年度适用的计划分配率进行费用分配的一种方法。采用这种方法，不管各月实际发生的制造费用是多少，每月各种产品中的制造费用都按年度计划分配率分配。若年度内制造费用实际数和产品实际产量与计划分配率计算的分配额之间出现差额时，可在年末时调整计入 12 月份的产品成本（借记"基本生产成本"科目，贷记"制造费用"科目）。如果年内分配的计划数与实际数差额较大时，应及时调整计划分配率。该方法特别适用于季节性生产企业。

例 5-3 小卢是北方某城市的一名在校大学生，12 月随同老师到本市热电企业参观学习。该热电企业一般只在每年的 11 月到次年 4 月提供供热服务，其余期间供热设备处在停工状态。在查看制造费用账簿时，小卢发现该公司的制造费用每月月末都有余额。小卢不禁疑惑，"制造费用"科目月末不是没有余额吗？为什么该公司的制造费用每个月末都有余额，而且有时在借方，有时在贷方呢？

解答：该热电公司属于季节性生产企业，制造费用的分配采用了年度计划分配率分配法，所以才导致月末有余额；若是采用其他方法分配制造费用，就不会产生余额。年度计划分配率分配法有关计算公式如下：

$$\text{某车间制造费用年度计划分配率} = \frac{\text{该车间年度制造费用计划总额}}{\text{年度各种产品计划产量的定额工时总数}}$$

某月某种产品应分摊的制造费用 = 年度计划分配率 × 当月该产品实际产量的定额工时数

在这种分配方法下,"制造费用"科目平时各月份可能有余额,余额可能在借方,也可能在贷方。年末将其余额按已分配的比例进行一次再分配,计入各产品成本中。

例 5-4 假定绿源公司某车间全年制造费用计划为 800 000 元,该车间全年甲、乙两种产品的计划产量分别为 6 000 件和 4 000 件,单位产品的工时定额甲产品为 6 小时,乙产品为 3.5 小时,则:

该车间制造费用年度计划分配率 =800 000÷(6 000×6+4 000×3.5)=16(元/小时)

假定绿源公司 8 月份的实际产量为甲产品 580 件,乙产品 420 件,该月实际发生制造费用 79 500 元,则:

甲产品应分配的制造费用 =16×580×6=55 680(元)

乙产品应分配的制造费用 =16×420×3.5=23 520(元)

该月实际分配的制造费用为 79 200 元(55 680+23 520),因而 8 月份出现差异额 300 元(79 500-79 200),即绿源公司该车间 8 月份出现制造费用借方余额 300 元,这 300 元的借方余额平时不分配。到年底时如果"制造费用"科目仍然有余额,就是全年制造费用的实际发生额与计划发生额的差异,那么就要进行一次再分配,予以调整,使之余额为 0。

> **问题与思考**
>
> 假定 8 月初,该车间"制造费用"科目有借方余额 300 元,请登记 8 月份该车间"制造费用"的丁字型账户。

例 5-5 仍以绿源公司为例,假定绿源公司某车间全年共发生制造费用 801 600 元,到年底按年度计划分配率分配制造费用 800 700 元,其中甲产品为 533 800 元,乙产品为 266 900 元,年末"制造费用"科目借方余额为 900 元,则甲、乙两种产品应再分配制造费用如下:

甲产品应再分配数 =533 800×(900÷800 700)=600(元)

乙产品应再分配数 =266 900×(900÷800 700)=300(元)

年末据此编制会计分录如下:

借:基本生产成本——甲产品　　　　　　　　　　600
　　　　　　　　　——乙产品　　　　　　　　　　300
　　贷:制造费用——××车间　　　　　　　　　　900

上例年末"制造费用"科目出现借方余额,是全年制造费用实际发生额大于计划分配额的情况,如果年末"制造费用"科目出现贷方余额,实际发生额小于计划分配额,则做相反的分录,即借记"制造费用"科目,贷记"基本生产成本"科目。

采用年度计划分配率分配法,不论各月实际发生的制造费用是多少,每月各种产品成本中的制造费用都是按年度计划确定的计划分配率分配。年度内如果发现全年制造费用的实际数和产品的实际产量与计划数发生较大的差额,应及时调整计划分配率。

年度计划分配率分配法,分配手续简便,年内各月产品成本负担均衡,便于进行成本分析和产品成本的日常控制。但采用这种方法必须有较高的计划管理水平,否则会影响制造费用分配的正确性。因此,这种方法尤为适用于季节性生产的企业,因为在季节性生产企业中,淡季和旺季产量相差悬殊,如果按实际费用分配,各月单位产品成本中所包含的制造费用将随之忽高忽低,不便于进行成本分析。

单元三 制造费用分配在 ERP 系统中的具体操作

一、自动转账凭证的设置

使用"自定义转账"中的公式结转功能,依次单击"总账"→"期末"→"转账生成"→"自定义转账"→"转账设置"→"新增"→"公式结转",设置自动转账凭证"借:生产成本,贷:制造费用"。其中,贷方的"制造费用"金额公式,使用期末余额函数 QM,公式为:QM("5101","RMB"," 年 "," 月 ")。选择后单击"确定",生成凭证即可。凭证需先记账再结转,如未记账结转可勾选"包含未记账凭证"方式(仅支持发生额和期末余额函数),具体操作如图 5-1 所示。

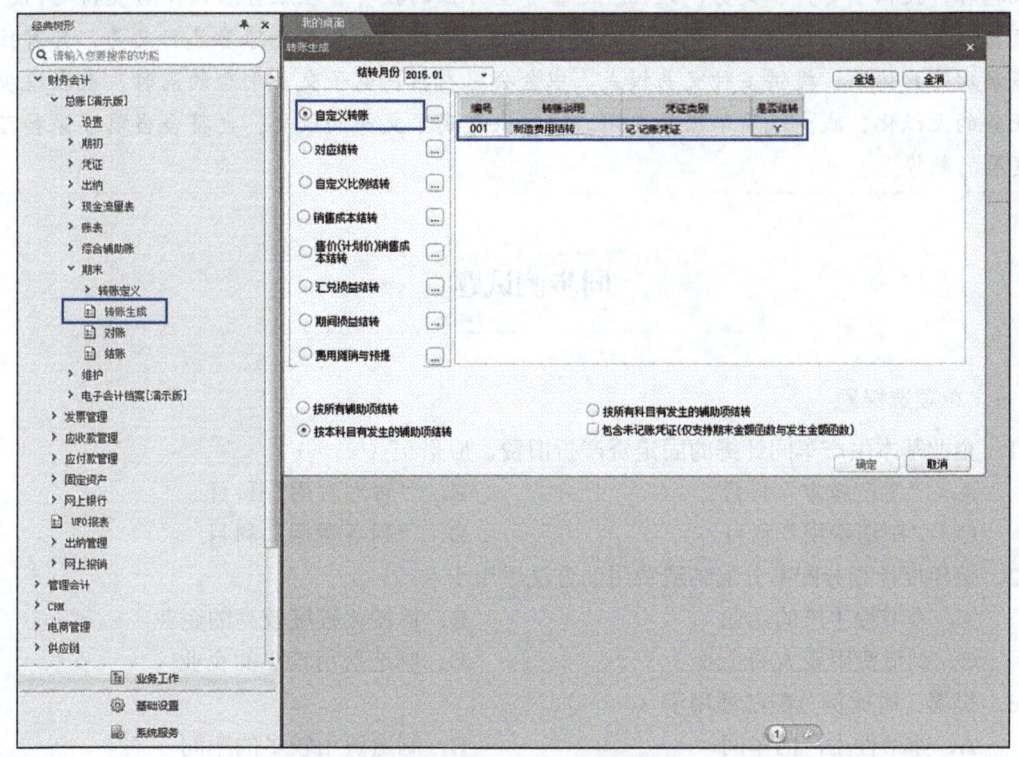

图 5-1 制造费用结转自动转账凭证的生成

如果制造费用下有二级科目，需分行逐一选择要结转的科目，方向就是生成凭证后的方向，公式使用 QM 函数。注意，各明细科目的代码不要写错，如果本月有新增制造费用明细科目时，还需要在结转之前修改自动转账凭证的公式。

二、自动转账凭证的生成

自动转账凭证设置完成以后，每月月末结账时，打开"自定义转账"界面，选择此行转账设置记录，单击"生成凭证"，就会将制造费用的余额结转至生产成本中。结转完成以后，打开制造费用明细账，仔细核对制造费用的每一个明细科目的余额是否均等于 0，如不等于 0 则需要返回修改，原因很有可能是本月新增了明细科目而自动转账凭证没有及时修改。

众所周知，传统金融业务模式多以线下办理为主，使用大量纸质单据，存在诸多诟病：客户体验差，纸质资料申请单繁杂，手动填写时间多，业务办理时间长；运营成本高，纸质单据的耗材成本、仓储管理成本较高；风险把控不严格，数据流转不连贯，单据、印章、签名易伪造，存在潜在操作风险，影响银行声誉，不利于持续发展。于是，越来越多的金融机构开始利用多媒体设备实现业务办理的无纸化操作。中金公司通过自主研发的客户服务平台，为机构客户提供了资产、交易、风控、运营等全方位的投资管理服务。该平台支持场内、场外交易业务，包括A股股票、期权、两融、期货、港股、美股等全球多品种交易，具有独特的多层次账户体系，提供多种交易模式。中金公司在推广电子交易平台的同时，也在逐步实现业务的无纸化，减少纸质单据的使用。这不仅提高了交易的效率，也符合当前环保和可持续发展的趋势。

一、单项选择题

1. 企业基本生产车间计提的固定资产折旧费，应借记（   ）。
   A．"生产成本"科目　　　　　　　　B．"管理费用"科目
   C．"制造费用"科目　　　　　　　　D．"财务费用"科目
2. 按年度计划分配率分配制造费用的方法适用于（   ）。
   A．季节性生产的企业　　　　　　　B．机械化程度较高的企业
   C．制造费用较大的企业　　　　　　D．制造费用较小的企业
3. 机器工时比例分配法适用于（   ）。
   A．季节性生产的车间　　　　　　　B．制造费用较多的车间
   C．机械化大致相同的各种产品　　　D．机械化程度较高的车间

4. 下列属于制造费用分配方法的是（　　）。
   A. 品种法　　　　　　　　　　　B. 定额比例法
   C. 约当产量法　　　　　　　　　D. 生产工人工时比例分配法
5. 除了按年度计划分配率分配制造费用以外，"制造费用"账户月末（　　）。
   A. 一定有借方余额　　　　　　　B. 有借方或贷方余额
   C. 一定有贷方余额　　　　　　　D. 没有余额
6. 某基本生产车间甲产品的生产工时为12 000小时，乙产品的生产工时为8 000小时，"制造费用"科目借方发生额为21 000元，那么甲产品应分配的制造费用是（　　）元。
   A. 12 600　　　　B. 8 400　　　　C. 9 600　　　　D. 15 800
7. （　　）是指企业各个生产单位（分厂、基本生产车间）为组织和管理生产活动而发生的各项费用。
   A. 生产成本　　　　　　　　　　B. 制造费用
   C. 基本生产成本　　　　　　　　D. 辅助生产成本
8. 各生产单位的制造费用最终都必须分配计入（　　）。
   A. 生产成本　　B. 制造费用　　C. 管理费用　　D. 本年利润
9. （　　）分配标准能将劳动生产率和产品分摊的制造费用紧密联系起来，正确地体现劳动生产率和产品成本的关系。
   A. 生产工人工时比例分配法　　　B. 机器工时比例分配法
   C. 生产工人工资比例分配法　　　D. 年度计划分配率分配法
10. 机器工时比例分配法适用于机械化程度较（　　），制造费用中的折旧费、动力费、修理费等与机器设备的使用密切相关，而且在制造费用中所占的比重较（　　）的生产车间。
    A. 高、小　　　B. 高、大　　　C. 低、小　　　D. 低、大

二、多项选择题

1. 制造费用的分配方法有（　　）。
   A. 生产工人工时比例分配法　　　B. 机器工时比例分配法
   C. 年度计划分配率分配法　　　　D. 生产工人工资比例分配法
2. 下列项目中，属于制造费用所属项目的有（　　）。
   A. 生产车间的保险费　　　　　　B. 厂部办公楼折旧
   C. 在产品盘亏、毁损　　　　　　D. 生产车间低值易耗品摊销
3. 制造费用最终结转进入（　　）。
   A. 辅助生产成本　　B. 管理费用　　C. 本年利润　　D. 基本生产成本
4. 下列应该计入制造费用的是（　　）。
   A. 车间机器设备的折旧费　　　　B. 车间生产用照明
   C. 车间机物料消耗　　　　　　　D. 车间管理人员工资
5. 以下关于"制造费用"科目的说法中正确的有（　　）。
   A. "制造费用"科目属集合分配类的科目
   B. 由于不同行业、不同企业的制造费用构成各不相同，各生产企业应根据本行业、本企业的生产经营的特点和成本管理的需要，设置不同的"制造费用"明细科目

C. "制造费用"账户借方反映当期发生的全部制造费用，贷方反映月末的分配结转，月末一定没有余额
D. 为便于同行业的比较分析，应力争同行业设置相同的"制造费用"明细科目

6. 以下属于生产工人工时比例分配法的优点的是（　　）。
   A. 这种分配方法能将劳动生产率和产品分摊的制造费用紧密联系起来，正确地体现劳动生产率和产品成本的关系
   B. 适合各产品机械化程度接近、加工工艺区别不大的情况
   C. 适用于机械化程度较高的车间
   D. 各单位都有生产工人工时的统计结果，分配资料的获取较容易

7. 按年度计划分配率计算分配的制造费用和实际发生的制造费用的差额的处理方法有（　　）。
   A. 年末追加调整，多退少补
   B. 不做任何调整
   C. 将差额并入 12 月的制造费用并改按生产工人工时比例分配法进行分配
   D. 差额很大时调整，差额很小时不调整

三、判断题

1. 由于制造费用和直接材料、直接人工共同构成生产成本，而且制造费用往往在生产成本中占有较大比重，所以制造费用的正确归集、分配是一项非常重要的工作。（　　）
2. "制造费用"科目属集合分配类科目。（　　）
3. 用年度计划分配率分配法分配制造费用时，月末"制造费用"科目可能出现借方余额，也可能出现贷方余额。（　　）
4. 无论采用哪一种制造费用的分配方法，"制造费用"科目月末都没有余额。（　　）
5. 生产工人工时比例分配法能将劳动生产率和产品分摊的制造费用紧密联系起来，正确地体现劳动生产率和产品成本的关系。（　　）

模块六

生产损失的归集与分配

学习目标

知识目标
➢ 了解废品损失和停工损失的含义、主要内容；明确废品损失的开支范围。

能力目标
➢ 掌握"废品损失"和"停工损失"科目的设置、结构、用途；掌握"废品损失"和"停工损失"的计算和账务处理方法，会编制生产损失计算表。

素养目标
➢ 成本会计人员应增强节约意识，协助企业控制废品损失的发生，逐步降低不良品率，避免浪费。

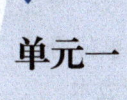 **废品损失的核算**

一、废品及废品损失的含义

（一）废品

废品是指不符合规定的技术标准，不能按照原定用途使用，或者需要加工修理后才能使用的在产品、半成品或产成品，包括生产过程中发现的废品和入库后发现（由于生产加工过程造成）的废品。废品损失是指在生产过程中发现的、入库后发现的不可修复废品的生产成本，以及可修复废品的修复费用，扣除回收的残料价值和应收赔偿款以后的净损失。废品损失不包括以下三类：

（1）经检验部门鉴定不需要返修而可以降价出售的不合格品，不属于废品，其成本与合格品相同，其售价低于合格品售价所发生的损失，体现在产品销售损益之中。

（2）质检合格的产成品，入库后由于保管不善、运输不当等原因造成的损坏变质损失，这些问题属于管理上的问题，所产生的损失应作为管理费用处理。

（3）实行包修、包退、包换的产品出售后发现的损失，记入"销售费用"科目。

废品分为可修复废品和不可修复废品两种。可修复废品是指经过修理可以使用，而且所花费的修复费用在经济上合算的废品；不可修复废品则是指不能修复，或者所花费的修复费用在经济上不合算的废品。

（二）废品损失

为单独核算废品损失，企业应增设"废品损失"科目，在成本项目中增设"废品损失"项目。废品损失也可不单独核算，相应费用等体现在"基本生产成本""原材料"等科目中。辅助生产一般不单独核算废品损失。假如企业废品损失较少，也可以不单独核算废品损失，而只在废品残料入库时做如下分录即可：借记"原材料"科目，贷记"基本生产成本"科目。

二、不可修复废品损失的归集与分配

不可修复废品损失即不可修复废品的生产成本，扣除回收的残料价值和应收赔款以后的净损失。

不可修复废品的成本与同品种合格产品成本同时发生，并已记入该种产品的生产成本明细账中。为了归集和分配不可修复废品损失，必须首先计算废品的成本，并将其从该种产品总成本中剥离出来。

不可修复废品的生产成本，可按废品所耗实际费用计算，也可按废品所耗定额费用计算。

（一）按废品所耗实际费用计算

废品损失采用按废品所耗实际费用计算时，要将废品报废前与合格品在一起计算的各项费用，采用适当的分配方法（见生产费用在完工产品和在产品之间的分配）在合格品与废品之间进行分配，计算出废品的实际成本，从"生产成本——基本生产成本"科目贷方转入"废品损失"科目借方。如果废品是在完工以后发现的，单位废品负担的各项生产费用应与单位合格产品完全相同，可按合格品产量和废品的数量比例分配各项生产费用，计算废品的实际成本。

例 6-1 绿源公司机加工车间生产 M 型零部件 160 件，生产过程中发现其中有 16 件为不可修复废品。这 160 件产品在生产过程中发生费用为：直接材料费用 200 000 元，直接人工费用 80 600 元，制造费用 395 200 元，合计 675 800 元。其中原材料在生产开始时一次性投入，故材料费用按照产量比例进行分配；其他费用按照生产工时比例进行分配。产品的生产工时分别为：合格品 2 408 小时，废品 192 小时，废品残料回收价值 240 元。根据上述资料，编制不可修复废品损失计算表，见表 6-1。

表 6-1　不可修复废品损失计算表（按实际费用计算）

车间名称：机加工车间
产品名称：M 型零部件　　　　　　　　　　　　　　　　　　金额单位：元

项目	数量/件	直接材料	生产工时	直接人工	制造费用	成本合计
合格品和废品生产费用	160	200 000	2 600	80 600	395 200	675 800
费用分配率		1 250①		31④	152	

（续）

项目	数量/件	直接材料	生产工时	直接人工	制造费用	成本合计
废品生产成本	16	20 000②	192	5 952⑤	29 184	55 136
减：残料价值	—	240	—	—	—	240
废品损失		19 760③		5 952	29 184	54 896

① 200 000÷160=1 250。
② 1 250×16=20 000。
③ 20 000-240=19 760。
④ 80 600÷2 600=31。
⑤ 192×31=5 952；制造费用计算方法和直接人工相同，其他数据题中已经给出，或者通过加总得到。

根据表 6-1 编制与废品损失有关的分录。

（1）结转废品的实际生产成本。

借：废品损失——M 型零部件　　　　　　　　　　　　55 136
　　贷：基本生产成本——M 型零部件　　　　　　　　　　55 136

（2）回收废品残料入库价值。

借：原材料　　　　　　　　　　　　　　　　　　　　240
　　贷：废品损失——M 型零部件　　　　　　　　　　　　240

（3）将废品净损失转入该种合格产品成本。

借：基本生产成本——M 型零部件　　　　　　　　　　54 896
　　贷：废品损失——M 型零部件　　　　　　　　　　　54 896

经过上述会计处理，废品的生产成本先从"基本生产成本"科目转入"废品损失"科目，处理后废品净损失又从"废品损失"科目转回到"基本生产成本"科目的"废品损失"成本项目。

（二）按废品所耗定额费用计算

废品损失采用按废品所耗定额费用计算时，就是按不可修复废品的数量和各项费用定额计算废品的定额成本，不需要考虑废品实际发生的生产费用。

例 6-2　宏源管道设备有限公司质检部门 6 月在对铸造车间生产的产品质检中，发现 2 件法兰出现裂纹。经技术部门鉴定系工人铸造操作失误所致，该法兰虽可以在技术上修复，但花费大，在经济上不合算，应予报废。废品的直接材料成本定额 7 522 元，工时定额 70 小时，每小时定额直接人工为 8 元，每小时定额制造费用为 10 元；责成废品责任人赔偿损失 400 元。废品回收残料入库 11 730 元。要求归集与分配上述不可修复废品的损失。

（1）计算并结转不可修复废品的生产成本。

废品的直接材料定额成本：7 522×2=15 044（元）

废品的直接人工定额成本：70×2×8=1 120（元）

废品的定额制造费用：70×2×10=1 400（元）

借：废品损失——铸造车间——法兰		17 564
贷：基本生产成本——法兰		17 564

（2）回收废品残料入库以及责任人赔偿。

借：原材料		11 730
其他应收款		400
贷：废品损失——铸造车间——法兰		12 130

（3）将废品净损失转入该种合格产品成本。

废品净损失＝报废成本－残料价值－责任人赔偿＝5 434（元）

借：基本生产成本——法兰		5 434
贷：废品损失——铸造车间——法兰		5 434

不可修复废品成本按定额费用计算，因耗费定额已事先确定，所以计算工作比较简便、及时，有利于考核和分析废品损失和产品成本。但采用该方法必须具备比较准确的定额成本资料，否则会影响成本计算的准确性。

三、可修复废品损失的归集与分配

可修复废品损失是指可修复废品返修发生的修复费用（包括修复废品发生的材料费、人工费和应分摊的制造费用），扣除回收的残料价值和应收赔款以后的净损失。

例 6-3　绿源公司机加工车间生产 M 型零部件。6 月份，在产品验收入库时发现可修复废品 30 件。为修复废品，发生修复费用为：材料费 400 元，人工费 300 元，承担制造费用 600 元。废品残料计价 100 元作为辅助材料入库。应由责任人员赔偿 200 元。

（1）归集可修复废品的修复费用。

借：废品损失——M 型零部件		1 300
贷：原材料		400
应付职工薪酬		300
制造费用		600

（2）废品残料入库。

借：原材料		100
贷：废品损失——M 型零部件		100

（3）登记应收赔款。

借：其他应收款		200
贷：废品损失——M 型零部件		200

（4）结转废品净损失。

借：基本生产成本——M 型零部件		1 000
贷：废品损失——M 型零部件		1 000

综上，上述不可修复废品与可修复废品损失的账务处理程序如图 6-1 所示。

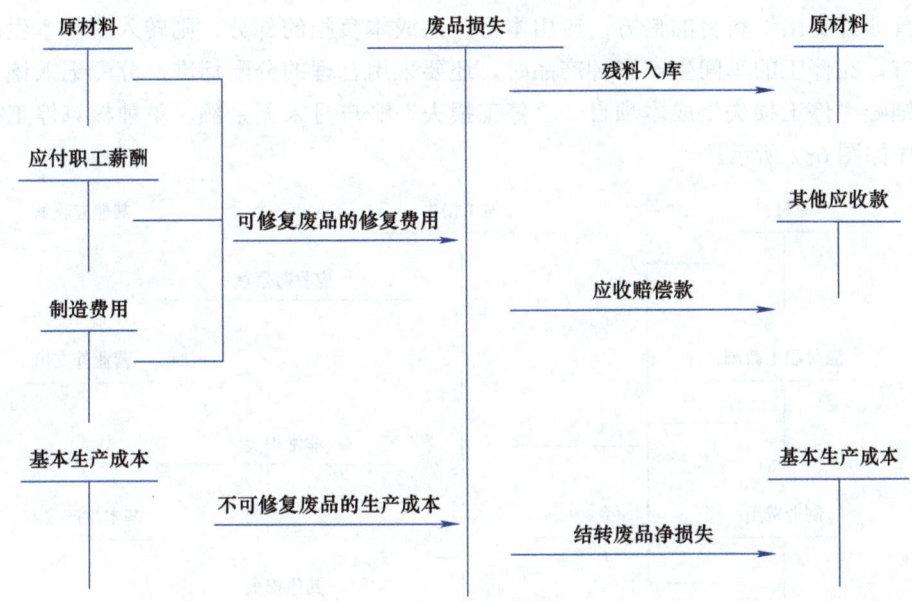

图 6-1　废品损失的账务处理程序

单元二　停工损失的核算

一、停工损失的含义

停工损失是指生产车间或车间内某个班组在停工期间发生的各项生产费用，包括停工期间发生的原材料费用、人工费用和制造费用等。应由过失单位或保险公司负担的赔款，应从停工损失中扣除。不满1个工作日的停工，一般不计算停工损失。企业的停工可以分为正常停工和非正常停工。正常停工包括季节性停工、正常生产周期内的修理期间的停工、计划内减产停工等；非正常停工包括原材料或工具等短缺停工、设备故障停工、电力中断停工、自然灾害停工等。季节性停工、修理期间的正常停工费用在产品成本核算范围内，应计入产品成本。非正常停工费用应计入企业当期损益。

二、停工损失的核算

单独核算停工损失的企业，则应增设"停工损失"科目，该科目按车间设立明细账。同时，在"基本生产成本"各明细账成本项目中应增设"停工损失"项目。根据停工报告单和各种费用分配表、分配汇总表等有关凭证，将停工期内发生、应列作停工损失的费用记入"停工损失"科目的借方进行归集；应由过失单位及过失人员或保险公司负担的赔款，应从该科目的贷方转入"其他应收款"等科目的借方。期末，将停工净损失从该科目贷方转出，属于自然灾害部分转入"营业外支出"科目的借方；应由本月产品成本负担的部分，则转入"基本生产成本"科目的借方，在停工的车间生产多种产品时，还要采用合理的分配标准，分配记入该车间各产品成本明细账"停工损失"成本项目。"停工损失"账户月末无余额。单独核算停工损失的账务处理程序如图6-2所示。

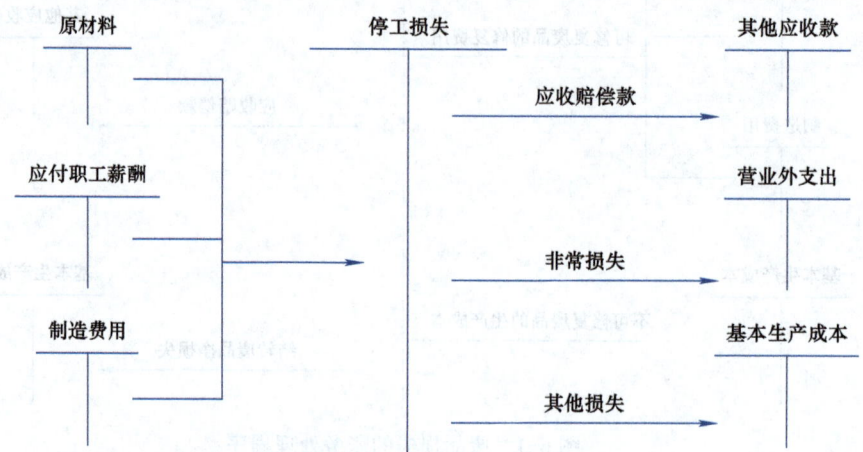

图 6-2 单独核算停工损失的账务处理程序

不单独核算停工损失的企业，不设置"停工损失"科目，直接反映在"制造费用"或"营业外支出"等科目中。辅助生产一般不单独核算停工损失。

季节性生产企业在停工期间发生的制造费用，应当在开工期间进行合理分摊，连同开工期间发生的制造费用，一并计入产品的生产成本。

单元三　用友 U8 系统中不良品成本核算流程的报废处理

一、部分不良品报废

生产订单中如果有部分不良品报废，则要求将报废产品的成本记入该订单合格品的成本中，即前面所讲的"不可修复废品的成本由该产品合格品成本承担"。具体操作流程如下：

1. 形成产品报检单

依次选择"供应链"→"质量管理"→"产品检验"→"产品报检单"→"增加"，选择相应的订单报检，如图6-3所示。

2. 产品报检单审核

选择不良品处理原因，录入不良品数量，处理方式选择"报废"，之后进行审核，如图6-4所示。

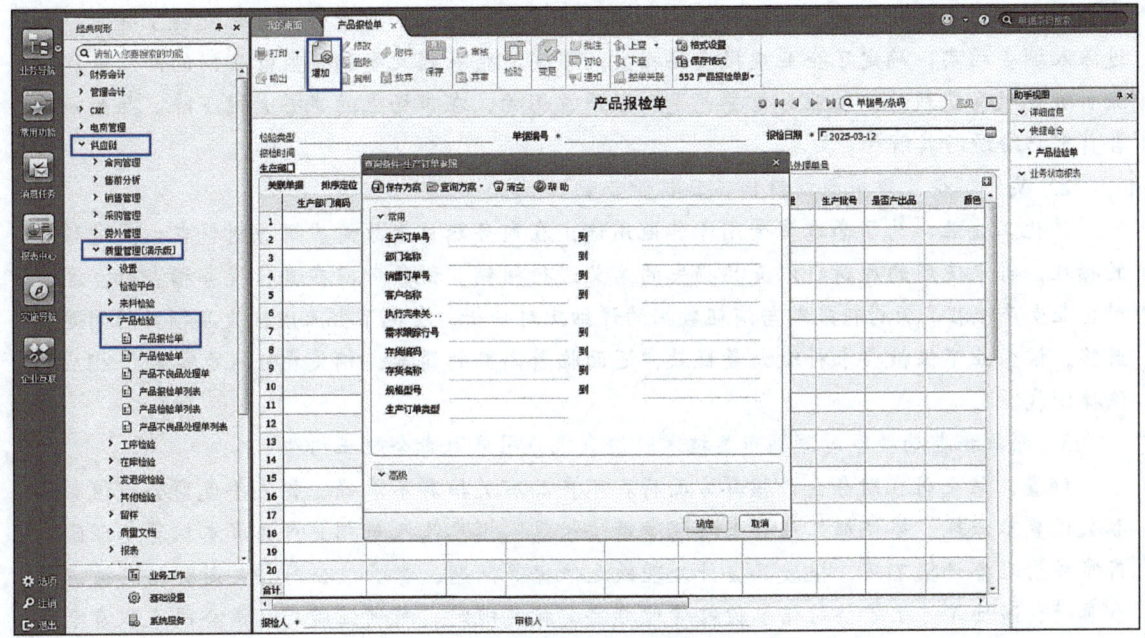

图 6-3　形成产品报检单

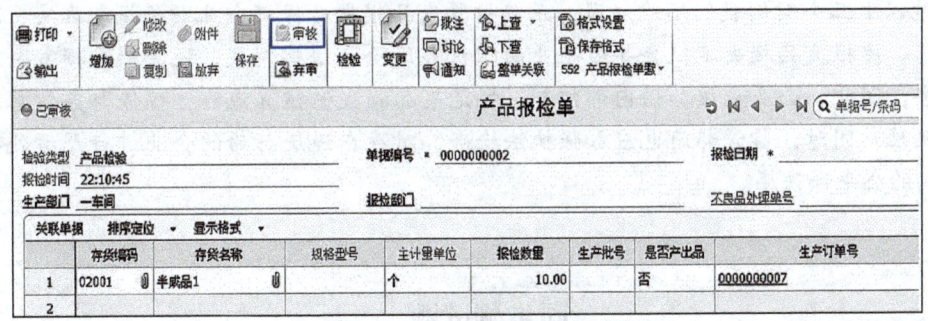

图 6-4　产品报检单审核

处理完成以后，完工产品日报表从库存取数，会将废品数量取到"废品"列。若有正常产品入库单，则用废品数量加入库数量的和，回填"完工产量"。成本计算按净产量计算，相当于提高了产品单位成本。

二、不良品全部报废

若不良品全部报废，则净产量为零，勾选成本选项"产品完全报废按制造费用摊销"即可。

素养案例

1. 某电子厂虚报电子元件废品损失案

某电子厂在生产电子产品过程中，为了降低利润从而少缴税款，虚报电子元件的废品损失。该厂将一些本可以正常使用或者经过简单维修就能使用的电子元件，谎称为无法修复的废品，并在财务报表中加大废品损失的金额。审计部门在对企业进行审计时发现了异常，经过深入调查核实，确定了企业虚报废品损失的事实。企业因此受到了监管部门的严厉处罚，除补缴税款和罚款外，企业的信誉也受到了严重影响，在市场上的声誉大幅下降，导致一些合作客户纷纷与其解约。

2. 某化工企业虚报原材料损耗套取资金案

某化工企业，为了套取资金用于其他用途，在财务账目上故意虚报原材料在生产过程中的损耗，将未使用的原材料以废品损失的名义进行核销。税务部门在进行税务稽查时，通过对企业生产流程、原材料采购与消耗数据的详细比对分析，发现了企业虚报废品损失的问题。最终，该企业不仅被要求补缴大量税款，还面临着高额的罚款，相关责任人也受到了相应的法律制裁。

3. 深圳证监局关于对深圳市某技术股份有限公司采取责令改正措施

经查，该公司在财务会计核算方面存在不良品有关核算不准确、相关年度商誉减值测试参数设置不合理、委托加工业务未按照净额法核算、模具收入与相关产品成本核算不匹配、存货跌价准备计提不足、报废品会计处理缺乏依据等问题，影响该公司相关财务信息披露的准确性，违反了《上市公司信息披露管理办法》相关规定。深圳证监局对该公司采取责令改正的行政监管措施。

通过以上三个案例我们不难发现，正确核算废品损失是保证企业财务报表真实、准确的重要环节。虚报废品损失不仅会导致企业面临税务风险和法律制裁，还会严重损害企业的信誉和声誉。因此，企业应该加强内部控制，规范废品损失的核算流程，确保财务信息的真实性和准确性。同时，监管部门也应加强执法检查，对存在违规行为的企业进行严厉处罚，以维护市场的公平和秩序。

同步测试题

一、单项选择题

1. 工业企业发生的废品损失，最终应计入（　　）。
   A. 管理费用　　　B. 制造费用　　　C. 基本生产成本　　　D. 辅助生产成本

2. 产成品入库后，由于保管不善等原因，使产品不符合规定的技术标准，这种损失在财务上应作为（　　）处理。
   A. 废品损失　　　B. 制造费用　　　C. 管理费用　　　D. 基本生产成本

3. 实行包退、包修、包换的企业，在产品出售以后发现的废品所发生的一切损失，在财务上应计入（　　）。
   A. 废品损失　　　B. 营业外支出　　　C. 销售费用　　　D. 基本生产成本

4. 经过质量检验部门鉴定不需要返修，可以降价出售的不合格品，其降价损失应作为（　　）。
   A. 废品损失　　　　　　　　　　　B. 销售费用
   C. 管理费用　　　　　　　　　　　D. 不作会计处理，体现为销售损益

5. 以下关于停工损失的表述，正确的是（　　）。
   A．停工损失均可索赔　　　　　　　B．停工损失均可计入营业外支出
   C．停工损失均应计入产品成本　　　D．以上三项均不正确
6. 单独核算停工损失时，应记入"基本生产成本"科目的停工损失是（　　）。
   A．由于暴雨造成的停工损失　　　　B．由于地震造成的停工损失
   C．可以向保险公司赔偿的停工损失　D．固定资产修理期间的停工损失
7. 不单独核算停工损失时，季节性停工期间的停工损失应记入（　　）科目。
   A．"营业外支出"　　　　　　　　　B．"基本生产成本"
   C．"制造费用"　　　　　　　　　　D．"其他应收款"

二、多项选择题

1. 与"废品损失"科目贷方对应的科目可能有（　　）。
   A．"原材料"　　　　　　　　　　　B．"其他应收款"
   C．"基本生产成本"　　　　　　　　D．"制造费用"
   E．"营业外支出"
2. 与"废品损失"科目借方对应的科目可能有（　　）。
   A．"原材料"　　　　　　　　　　　B．"其他应收款"
   C．"制造费用"　　　　　　　　　　D．"基本生产成本"
   E．"应付职工薪酬"
3. 可修复废品的确认，必须满足的条件有（　　）。
   A．经过修理仍不能使用　　　　　　B．所花费的修复费用在经济上合算
   C．经过修理可以使用　　　　　　　D．所花费的修复费用在经济上不合算
   E．不经过修理也可以使用
4. 与"停工损失"科目贷方对应的科目可能有（　　）。
   A．"其他应收款"　　　　　　　　　B．"营业外支出"
   C．"基本生产成本"　　　　　　　　D．"制造费用"
   E．"管理费用"
5. 停工损失应包括生产车间（　　）。
   A．停工期间发生的原材料、工资费用　B．停工期间发生的制造费用
   C．保险公司的赔款　　　　　　　　D．季节性和固定资产修理期间的停工损失
   E．自然灾害引起的非正常停工损失

三、判断题

1. 可修复废品是指技术上可以修复的废品。　　　　　　　　　　　　　　　　（　　）
2. 经过修理虽可使用，但所花费的修复费用在经济上不合算的废品，属于不可修复废品。
　　　　　　　　　　　　　　　　　　　　　　　　　　　　　　　　　　　（　　）
3. 不单独核算停工损失的企业，停工期间发生的属于停工损失的各项费用，应直接记入"基本生产成本"科目。　　　　　　　　　　　　　　　　　　　　　　　　　　　（　　）

模块七

生产费用在完工产品成本与在产品之间的分配

学习目标

知识目标
➢ 明确在产品的具体内容和在产品的计量方法。

能力目标
➢ 在不同的生产情况下,掌握生产费用在完工产品与在产品之间的分配方法;能够自主设计编制生产费用分配表进行分配。

素养目标
➢ 通过研究上市公司的案例,培养诚信和客观公正的价值观,在分配生产成本时避免人为操纵,坚持实事求是的原则。

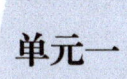 **在产品的概念及其数量的确定**

通过前面的归集与分配,本月所耗生产费用已经记入各种产品的"基本生产成本"明细账,最后一步就是计算并结转完工产品的成本。到了月末,如果所有产品均已完工,那么归集的成本都是完工产品的成本;如果所有产品均未完工,那么归集的成本则都是在产品成本,完工产品的成本为零。在现实生活中,以上两种情况都不多见,经常碰到的是到了月末,既有完工产品,又有未完工产品(称为在产品),此时就需要将归集的成本在完工产品与在产品之间进行分配,本任务就此类分配方法进行介绍。

一、在产品的概念

在产品有广义和狭义之分。广义的在产品,是就整个企业来说的,指企业已经投入生产,但还没有完成全部生产过程、不能作为商品销售的产品,包括正在车间中加工的在产品、已经完成一个或几个生产步骤但还需要继续加工的半成品、未经验收入库的产品、正在返修的废品和等待返修的废品等。对外销售的自制半成品，属于商品，验收入库后不应列入在产品之内。狭义的在产品，是就某一车间或某一生产步骤来说的，只包括本车间或本生产步骤正在加工中的那部分在产品，车间或生产步骤已完工入库的半成品不包括在内。简而言之，广义在产品指未完成整个企业生产步骤的产品，狭义在产品则指未完成某一车间或某一生产步骤的产品。本单元指的是狭义在产品。

二、在产品数量的确定

为了准确核算在产品数量，通常有两种方法，通过账面资料核算或者通过实地盘点。需要通过账面资料核算在产品数量的企业，要求设置"在产品收发存账簿"，也叫"在产品台账"，格式一般见表 7-1。

表 7-1 在产品台账

生产单位：　　　　生产工序：　　　　在产品名称：　　　　计量单位：

日期	摘要	收入		转出			结存		
		凭证	数量	凭证	合格品	废品	已完工	未完工	废品
	合计								

在实际工作中，确定在产品数量的两种方法往往同时使用。一方面，要根据领料凭证、在产品内部转移凭证、产成品检验凭证和产品交库凭证等做好在产品收发结存的记录工作；另一方面，要对在产品进行定期盘点，随时掌握在产品的变化，确保在产品数量的准确性。

三、在产品清查及清查结果的账务处理

为了核实在产品的数量，确保账实相符，需要对在产品进行定期清查，或不定期进行轮流清查。实地盘点的结果，应填制"在产品盘点表"，并与"在产品台账"核对。如有不符，还需填制"在产品盘盈盘亏报告单"。对盘点结果，会计人员应认真审核并经有关部门和领导审批后，进行相应的账务处理。

1. 盘盈

（1）发现盘盈时。

借：基本生产成本
　　贷：待处理财产损溢——待处理流动资产损溢

（2）批准后处理。

借：待处理财产损溢——待处理流动资产损溢
　　贷：制造费用

2. 盘亏

（1）发现盘亏时。

借：待处理财产损溢——待处理流动资产损溢
　　贷：基本生产成本
　　　　应交税费——应交增值税（进项税额转出）

（非自然灾害造成的在产品盘亏需要做进项税额转出，自然灾害造成的在产品盘亏相应进项税额仍可抵扣）

（2）批准后处理。

借：原材料　　　　　　　（残料价值）
　　其他应收款　　　　　（应由过失人或保险公司赔偿的损失）
　　营业外支出　　　　　（自然灾害造成的非常净损失）
　　制造费用
　　贷：待处理财产损溢——待处理流动资产损溢

单元二　计算并结转完工产品成本

计算并结转完工产品成本

区分完工产品和月末在产品之后，下面就是将生产费用在本月完工产品与月末在产品之间进行分配。月初在产品成本、本月生产费用、完工产品成本和月末在产品成本四者之间的关系，可以用公式表示为：

月初在产品成本 + 本月生产费用 = 本月完工产品成本 + 月末在产品成本　　（7-1）

上式中，前两项即生产费用之和在完工产品与月末在产品之间进行分配的方式一般有两种：

第一种方式是将前两项之和在完工产品与月末在产品之间按照一定的比例进行分配，同时计算出完工产品成本和月末在产品成本。在这种方式下，一旦确定分配标准和比例，完工产品成本和月末在产品成本计算没有先后顺序。

第二种方式是采用一定的方法（如定额成本法、计划成本法等）先确定月末在产品成本，然后从前两项之和中减去月末在产品成本，计算出本月完工产品成本。在这种方式下，完工产品和月末在产品成本计算有先后顺序，必须采用一定的方法先确定月末在产品成本，然后才可能倒轧出本月完工产品成本。

生产费用在完工产品与月末在产品之间的分配，在成本计算工作中是一个重要而比较复杂的问题。企业应当考虑管理要求和自身条件，再结合月末在产品的数量多少、变化大小，各项费用比重的大小，以及企业定额管理基础的好坏等具体条件，选择既合理又简便的方法分配完工产品成本与月末在产品成本。常见的分配方法有以下 7 种：在产品不计算成本法、在产品按年初固定成本计价法、在产品按所耗直接材料成本计价法、约当产量比例法、在产品按完工产品计价法、在产品按定额成本计价法和定额比例法。

单元三  在产品成本结转的核算

一、在产品不计算成本法

采用这种分配方法，虽然月末有在产品，但在产品数量很少。从公式（7-1）可以看出，假如各月月末在产品数量很少，那么月初和月末在产品费用就很小，两者的差额也很小，是否计算在产品成本对本月完工产品成本影响不大。出于简化计算工作的考虑，可以不计算在产品成本。此时，每月完工产品成本也就是每月生产费用之和。这种方法适用于各月月末在产品数量很少的产品。

二、在产品按年初固定成本计价法

采用这种分配方法，各月末在产品的成本固定不变。这种方法适用于月末在产品数量较小或在产品数量虽大，但各月间变化不大的产品。因为每月在产品数量很少或者变化很小，那么月初与月末在产品成本之间的差额就很小。同样从公式（7-1）可以看出，本月完工产品成本与本月生产费用相差不多，也是出于简化计算工作的考虑，可以将月初和月末在产品都按照固定成本计价。在这种分配方法下，每月生产费用之和也就是每月完工产品成本，但要注意的是 12 月份除外。为了避免相隔时间过长，在产品数量变化较大，通常在每年年末，需要实际盘点在产品的数量，具体计算在产品成本和 12 月份完工产品成本，而盘点计算后的在产品成本将作为下一个年度各月固定的在产品成本。如炼铁企业和化工企业，一般采用此种方法。

三、在产品按所耗直接材料成本计价法

采用这种分配方法，月末在产品只计算其所耗用的直接材料费用，不计算直接人工和制造费用等加工费用。这种方法适用于各月末在产品数量较大，各月在产品数量变化也较大，但直接材料费用在成本中所占比重较大的产品，如造纸、酿酒等行业的产品。因为月末在产品数量较大，且各月在产品数量变化也较大，因此前两种方法均不适用，需要具体计算在产品成本。由于直接材料费用在产品成本中所占比重较大，直接人工、制造费用在产品成本中所占比重较小，从公式（7-1）可以看出，假如月末在产品成本中只计算直接材料费用，本月直接人工、制造费用将全部由完工产品成本承担，既可以简化计算，对本月完工产品成本的影响也很小。假设材料在生产开始时一次性投入，则这种方法的计算步骤如下：

$$直接材料费用分配率 = \frac{月初在产品所负担的直接材料费用 + 本月发生直接材料费用}{完工产品数量 + 月末在产品数量}$$

$$完工产品成本 = 完工产品数量 \times 直接材料费用分配率 + 其他费用$$

$$月末在产品成本 = 月末在产品数量 \times 直接材料费用分配率$$

> **例 7-1** 某企业生产甲产品,原材料在生产开始时一次性投入。月初在产品费用为 40 000 元,本月发生费用 120 000 元,其中直接材料费用 90 000 元,直接人工和制造费用 30 000 元。本月完工产品 700 件,月末在产品 600 件。计算完工产品成本和月末在产品成本。根据上述步骤,计算过程如下:
>
> 直接材料费用分配率 =(40 000+90 000)÷(700+600)=100
> 月末在产品成本 =600×100=60 000(元)
> 完工产品成本 =700×100+30 000=100 000(元)

四、约当产量比例法

采用约当产量比例法,应将月末在产品数量按其完工程度折算为相当于完工产品的产量,即约当产量,然后将产品应负担的全部成本按照完工产品产量与月末在产品约当产量的比例分配计算完工产品成本和月末在产品成本。这种方法适用于产品数量较多,各月在产品数量变化也较大,且生产成本中直接材料成本和直接人工等加工成本的比重相差不大的产品。其计算步骤如下:

第一步,计算在产品约当产量:

在产品约当产量 = 在产品数量 × 完工程度(投料程度或加工程度)

第二步,计算某项费用分配率:

某项费用分配率 = 该项费用总额 ÷(完工产品数量 + 在产品约当产量)

第三步,计算完工产品该项费用:

完工产品该项费用 = 完工产品产量 × 该项费用分配率

第四步,计算在产品该项费用:

在产品该项费用 = 在产品约当产量 × 该项费用分配率 = 该项费用总额 − 完工产品该项费用

第五步,计算完工产品成本和月末在产品成本:

完工产品成本 = 各项费用之和;月末在产品成本 = 各项费用之和

采用这种分配方法,确定在产品的约当产量是关键,根据各类费用的不同投入方式,有不同的计算方法。

(1)分配直接材料费用时,计算约当产量的方法有三种情况:

1)原材料在生产开始时一次性投入,则上述计算第一步中完工程度为 100%。

2)原材料在每道工序开始时一次性投入,则上述计算第一步中完工程度为

[(前面各道工序原材料消耗定额之和 + 本道工序原材料消耗定额)]÷

产品原材料消耗总定额 ×100%

3)原材料在每道工序中随着生产进度陆续投入,则上述计算第一步中完工程度为

[(前面各道工序原材料消耗定额之和 + 本道工序原材料消耗定额 ×50%)]÷

产品原材料消耗总定额 ×100%

(2)直接人工、制造费用等其他费用计算约当产量时,上述计算第一步中完工程度为

[(前面各道工序工时定额之和 + 本工序工时定额 ×50%)]÷ 产品工时总定额 ×100%

例 7-2 某企业经由两道工序生产甲产品,月初在产品生产费用 400 元,其中直接材料费用 100 元,其他费用 300 元。本月发生费用 600 元,其中直接材料费用 200 元,其他费用 400 元。月末,完工产品 10 件,在产品 20 件,其中第一道工序在产品 8 件,第二道工序在产品 12 件。生产产品的工时定额:第一道工序为 3 小时,第二道工序为 7 小时。

(1) 假如原材料在生产开始时一次性投入,计算本月完工产品成本和月末在产品成本过程如下:

1) 分配直接材料费用。

在产品约当产量 =8+12=20(件)

直接材料费用分配率 =(100+200)÷(10+20)=10

本月完工产品直接材料费用 =10×10=100(元)

月末在产品直接材料费用 =20×10=200(元)

2) 分配其他费用。

第一道工序在产品约当产量 =8×[3×50%÷(3+7)]×100%=1.2(件)

第二道工序在产品约当产量 =12×[(3+7×50%)÷(3+7)]×100%=7.8(件)

在产品的约当产量 =1.2+7.8=9(件)

其他费用分配率 =(300+400)÷(10+9)≈36.84

本月完工产品其他费用 =36.84×10=368.4(元)

月末在产品其他费用 =(300+400)−368.4=331.6(元)(倒挤)

本月完工产品成本 =100+368.4=468.4(元)

月末在产品成本 =200+331.6=531.6(元)

(2) 假如原材料在每道工序中随着生产进度陆续投入。已知生产产品的材料消耗定额:第一道工序为 6 千克,第二道工序为 10 千克。计算本月完工产品成本和月末在产品成本过程如下所列。

1) 分配原材料费用。

第一道工序在产品约当产量 =8×[6×50%÷(6+10)]×100%=1.5(件)

第二道工序在产品约当产量 =12×[(6+10×50%)÷(6+10)]×100%=8.25(件)

在产品的约当产量 =1.5+8.25=9.75(件)

材料费用分配率 =(100+200)÷(10+9.75)≈15.19

本月完工产品原材料费用 =10×15.19=151.9(元)

月末在产品原材料费用 =100+200−151.9=148.1(元)

2) 分配其他费用。

第一道工序在产品约当产量 =8×[(3×50%)÷(3+7)]×100%=1.2(件)

第二道工序在产品约当产量 =12×[(3+7×50%)÷(3+7)]×100%=7.8(件)

在产品的约当产量 =1.2+7.8=9(件)

其他费用分配率 =(300+400)÷(10+9)≈36.84

本月完工产品其他费用 =10×36.84=368.4（元）

月末在产品其他费用 =300+400−368.4=331.6（元）

本月完工产品成本 =151.9+368.4=520.3（元）

月末在产品成本 =148.1+331.6=479.7（元）

（3）假如原材料在每道工序开始时一次性投入。已知生产产品的材料消耗定额：第一道工序为 6 千克，第二道工序为 10 千克。计算本月完工产品成本和月末在产品成本过程如下所列。

1）分配原材料费用。

第一道工序在产品约当产量 =8×[6÷（6+10）]×100%=3（件）

第二道工序在产品约当产量 =12×[（6+10）÷（6+10）]×100%=12（件）

在产品的约当产量 =3+12=15（件）

材料费用分配率 =（100+200）÷（10+15）=12

本月完工产品原材料费用 =10×12=120（元）

月末在产品原材料费用 =100+200−120=180（元）

2）分配其他费用。

第一道工序在产品约当产量 =8×[（3×50%）÷（3+7）]×100%=1.2（件）

第二道工序在产品约当产量 =12×[（3+7×50%）÷（3+7）]×100%=7.8（件）

在产品的约当产量 =1.2+7.8=9（件）

其他费用分配率 =（300+400）÷（10+9）≈36.84

本月完工产品其他费用 =10×36.84=368.4（元）

月末在产品其他费用 =300+400−368.4=331.6（元）

本月完工产品成本 =120+368.4=488.4（元）

月末在产品成本 =180+331.6=511.6（元）

五、在产品按完工产品计价法

采用这种分配方法时，在产品视同完工产品分配费用。这种方法适用于月末在产品已经接近完工或已经完工，只是尚未验收入库的产品。因为在这种情况下的在产品已经基本加工完毕或已经加工完毕，在产品的成本和完工产品的成本基本相等或相等，为了简化计算，可以将在产品按完工产品计价。

六、在产品按定额成本计价法

采用这种分配方法时，月末在产品的各项费用按各费用定额计算，亦即月末在产品成本按其数量和单位定额成本计算。这种方法适用于定额管理基础较好，各项消耗定额或费用定额比较准确、稳定，而且月末在产品数量变动不大的产品。这种方法的计算步骤如下：

月末在产品成本 = 月末在产品数量 × 在产品单位定额成本

本月完工产品成本 = 月初在产品成本 + 本月发生的生产费用 − 月末在产品成本

> **例 7-3** 某企业生产甲产品，某月份月初在产品成本和本月发生的生产费用共计 1 000 万元，其中原材料费用 500 万元，工资费用 200 万元，制造费用 300 万元。本月完工产品 30 件，月末在产品 5 件。该产品原材料在生产开始时一次性投入，月末在产品完成定额总工时 10 万小时。该产品的定额资料如下：材料费用定额 10 万元 / 件，人工费用定额 2 元 / 小时，制造费用定额 3 元 / 小时。计算本月完工产品与月末在产品成本步骤如下：
>
> 月末在产品成本 =5×10+10×2+10×3=100（万元）
>
> 本月完工产品成本 =1 000−100=900（万元）

七、定额比例法

采用这种分配方法时，其生产费用按完工产品与月末在产品定额消耗量或定额费用的比例进行分配。这种方法适用于定额管理基础较好，各项消耗定额或费用定额比较准确、稳定，但各月末在产品数量变动较大的产品。因为各月末在产品数量变化较大，即使消耗定额或费用定额准确、稳定，两者脱离费用定额差异的差额仍会较大，如果继续采用前述定额成本法，从前述公式（7-1）可以看出，将把较大的差额计入完工产品成本，从而影响成本的准确性，因此这时采用定额比例法，分配结果会比较合理，而且便于将实际费用与定额费用相比较，考核和分析定额的执行情况。定额比例法的计算步骤如下：

第一步，计算费用分配率：

$$\frac{某项费用}{分配率} = \frac{月初在产品实际费用 + 本月实际费用}{（本月完工产品定额消耗量 / 工时 / 费用 + 月末在产品定额消耗量 / 工时 / 费用）}$$

因为：月初在产品成本 + 本月生产费用 = 本月完工产品成本 + 月末在产品成本，所以此公式也可变为：

$$\frac{某项费用}{分配率} = \frac{月初在产品实际费用 + 本月实际费用}{（月初在产品定额消耗量 / 工时 / 费用 + 本月投入的定额消耗量 / 工时 / 费用）}$$

第二步，计算本月完工产品成本：

本月完工产品成本 = 本月完工产品定额消耗量 / 工时 / 费用 × 某项费用分配率

第三步，计算月末在产品成本：

月末在产品成本 = 月末在产品定额消耗量 / 工时 / 费用 × 某项费用分配率

> **例 7-4** 甲产品由 A、B 两种零件制成。其单位零件的原材料费用定额为：A 零件 10 元，B 零件 8 元。原材料在零件投产时一次投入。甲产品本月完工 800 台，月末在产品的盘存数量为：A 零件 480 件，B 零件 520 件，其单位工时定额分别为 4 小时、3 小时。甲产品单台原材料定额为 18 元，工时定额为 8 小时。另月初和本月发生的费用之和为：原材料费用 14 016 元，工资及福利费 7 410 元，制造费用 6 916 元，成本合计 28 342 元。按定额比例法分配甲产品的完工产品和月末在产品成本，见表 7-2。

表 7-2　完工产品与月末在产品费用分配表　　　　　单位：元

摘要		原材料	工资及福利费	制造费用[11]	成本合计
费用合计		14 016	7 410	6 916	28 342
分配率		0.6[3]	0.75[8]	0.7	—
完工产品成本	定额	14 400[1]	6 400[6]	—	—
	实际	8 640[4]	4 800[9]	4 480	17 920
月末在产品成本	定额	8 960[2]	3 480[7]	—	—
	实际	5 376[5]	2 610[10]	2 436	10 422

① 800×18=14 400。
② 480×10+520×8=8 960。
③ 14 016÷（14 400+8 960）=0.6。
④ 14 400×0.6=8 640。
⑤ 8 960×0.6=5 376。
⑥ 800×8=6 400。
⑦ 480×4+520×3=3 480。
⑧ 7 410÷（6 400+3 480）=0.75。
⑨ 6 400×0.75=4 800。
⑩ 3 480×0.75=2 610。
⑪ 制造费用计算方法和直接人工相同，其他数字题中已经给出，或者通过加总得到。

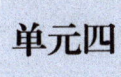

单元四　完工产品成本结转的核算

一、完工产品成本结转的账务处理

生产费用在完工产品与月末在产品之间进行分配，计算出本月完工产品的成本，并需要按照不同的成本计算对象将完工产品成本进行结转。其账务处理过程如下：

1. 基本生产车间产成品入库

借：库存商品
　　贷：基本生产成本

2. 辅助生产车间自制工具、模具、修理用备件入库

借：周转材料（自制工具、模具入库）
　　原材料（修理用备件入库）
　　贷：辅助生产成本

结转之后，"生产成本"账户的借方余额表示本月在产品成本，下月将继续加工。

二、完工产品成本结转的系统操作

在用友 U8 系统下，结转完工产品成本的操作步骤如下：

（1）产品成本的各成本项目如直接材料、直接人工、制造费用等可以按照不同的标准进行分配，用户需要自定义分配率。例如：分配直接材料时，根据"产品数量×体积"来分配。操作路径如下："管理会计"→"成本管理"→"设置"→"成本项目对照"→"定义分配率"→"共用材料分配率"→"自定义分配率"→"增加"→"体积"，把体积设置到公式中，如图 7-1 所示。

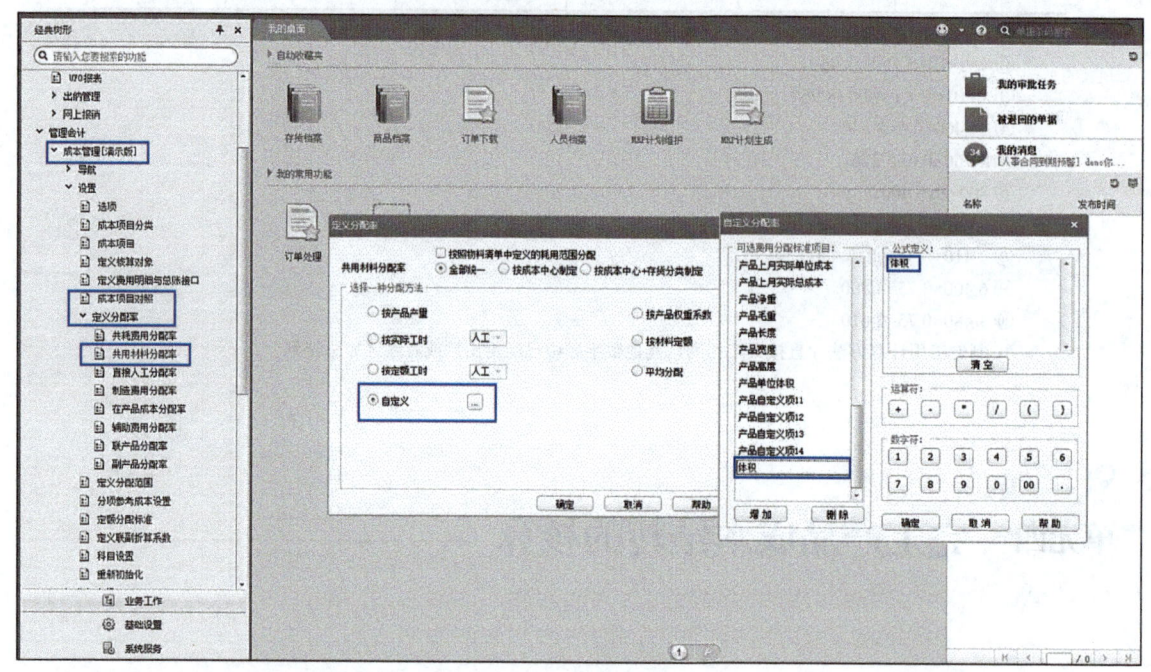

图 7-1　基础设置

打开"自定义分配标准表"→"查询条件-分配标准表"→"类别"→"料工费标准项"，如图 7-2 所示，维护或者导入"体积"数据，这样就会按照设置的产品的体积字段的比例来分配直接材料（共用材料）了。

注意，直接材料（共用材料）、人工费用和制造费用设置的自定义项目，还可以通过设置数据源来取数。

（2）完工产品和月末在产品要想根据自定义标准来分配的话，可以使用自定义分配率。例如，按照"产品产量×体积"这一标准分配，需要依次选择"管理会计"→"成本管理"→"设置"→"定义分配率"→"在产品成本分配率"→"自定义"→"体积"→"增加"，之后输入公式定义即可，如图 7-3 所示。

模块七 生产费用在完工产品成本与在产品之间的分配 ■ 075

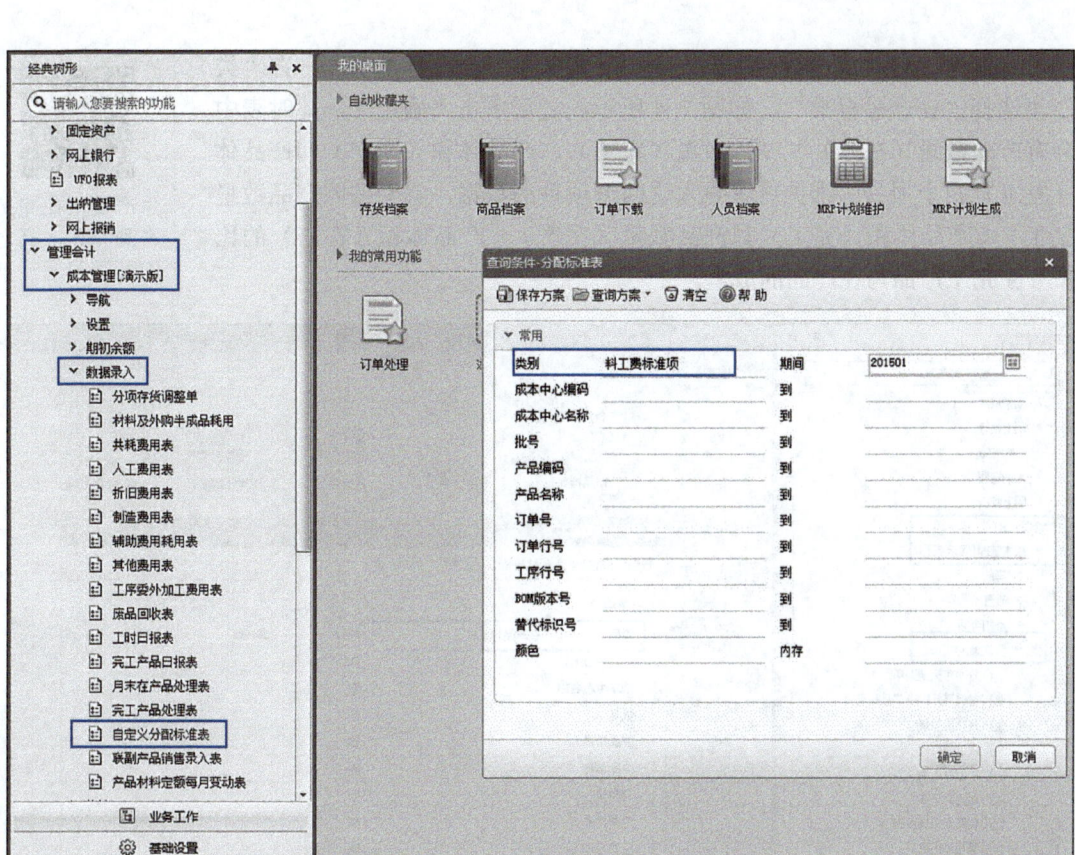

图 7-2 基础数据的维护

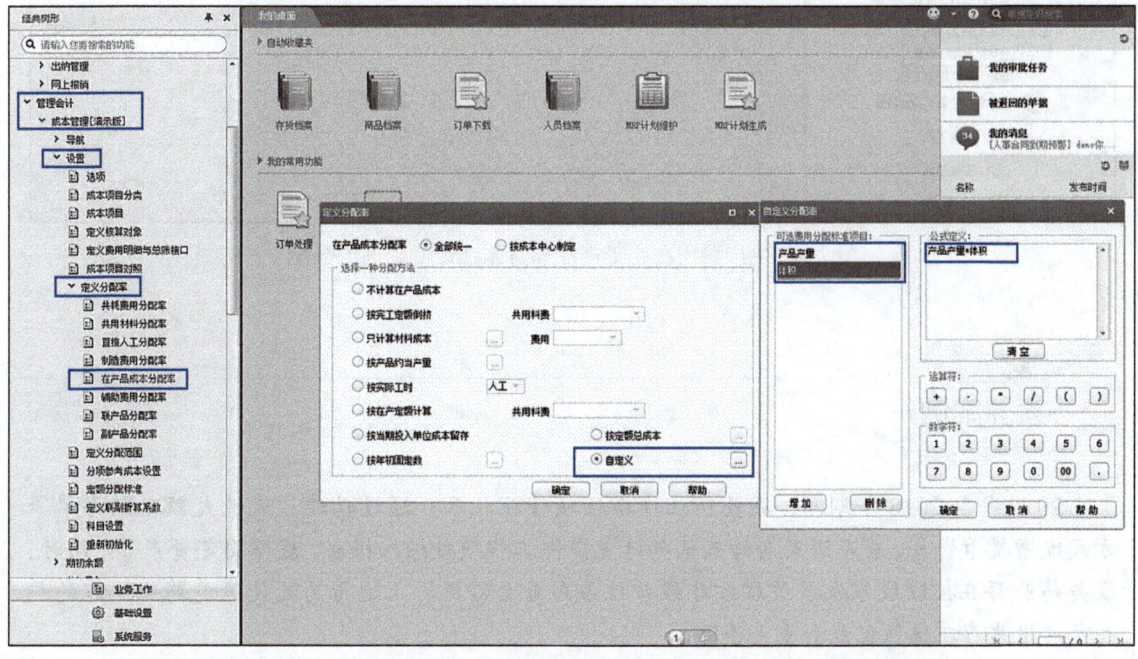

图 7-3 自定义在产品分配标准

(3)打开"自定义分配标准表"→"查询条件 - 分配标准表",在"类别"里选择"在产品标准",如图 7-4 所示,之后单击"确定",此时表中就会有产品数量(在产)、产品数量(完工)、产品体积(在产)和产品体积(完工)四个项目。维护或者导入这四个项目的数据,就会按照产品数量(完工)×产品体积(完工)与产品数量(在产)×产品体积(在产)的比例来分配完工产品与在产品的成本。

生产费用在完工产品和在产品之间分配习题演示

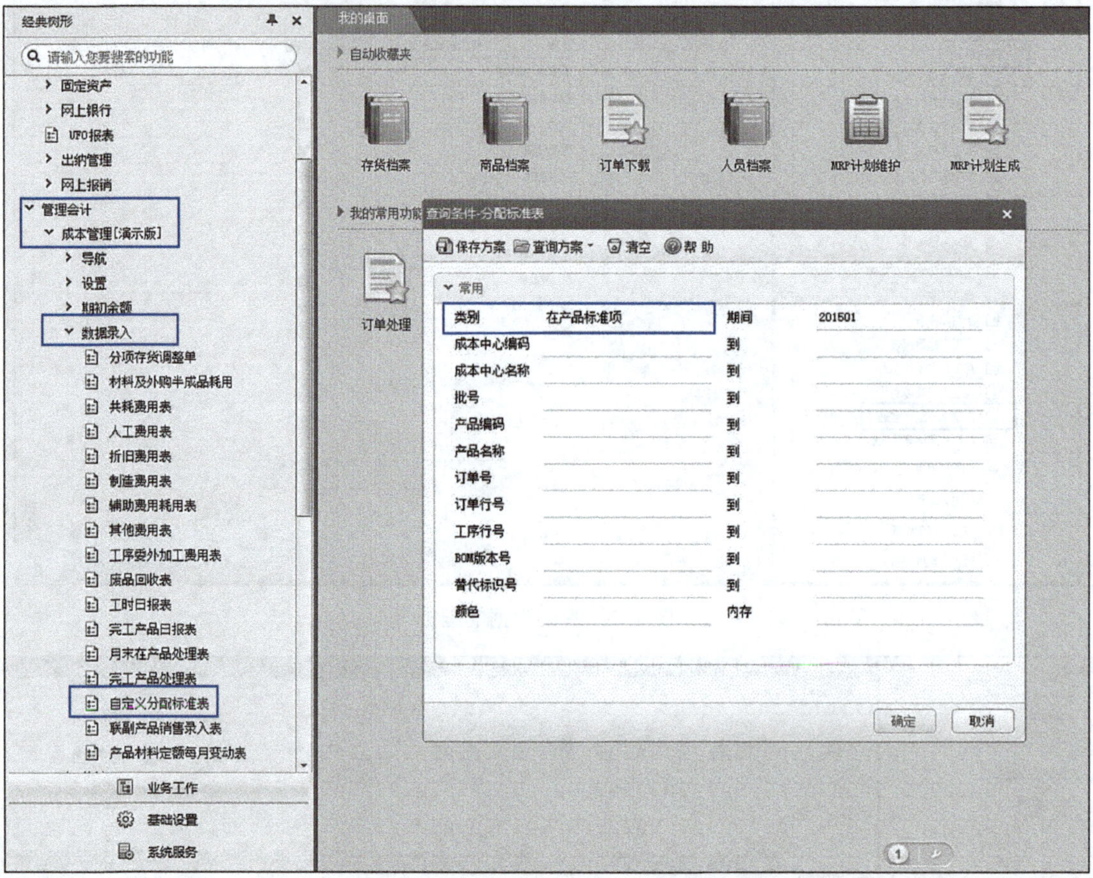

图 7-4 生产费用在完工产品和月末在产品之间的分配

 **素养案例**

2016 年至 2018 年期间,康美药业虚增巨额营业收入,通过伪造、变造大额定期存单等方式虚增货币资金,将不满足会计确认和计量条件工程项目纳入报表,虚增固定资产等。同时,康美药业存在控股股东及其关联方非经营性占用资金情况。上述行为致使康美药业披露的相关年度报告存在虚假记载和重大遗漏。

康美药业有预谋、有组织,长期、系统实施财务欺诈行为,践踏法治,对市场和投资者毫无敬畏之心，严重破坏资本市场健康生态。证监会发现案涉违法行为后，立即集中力量查办，持续公布执法进展，疫情期间通过多地远程视频会议方式召开听证会，听取当事人陈述申辩，并在坚持法治原则下从严从重从快惩处。

信息披露制度是资本市场健康发展的制度基石，依法诚信经营是最基本的市场纪律。一些上市企业无视法律和规则，实施财务造假等侵害投资者利益的恶劣行为，相关中介机构未履职尽责、勤勉从业，严重阻碍资本市场健康发展。

财务会计类专业的学生应引以为戒，培养诚信和客观公正的价值观，坚持实事求是的原则，助力资本市场服务实体经济和投资者的功能。

同步测试题

一、单项选择题

1. 某种产品经两道工序加工而成，其原材料分两道工序在每道工序开始时一次投入：第一道工序原材料消耗定额 75 千克，第二道工序原材料消耗定额 100 千克。在分配材料费用时，计算出的第二道工序在产品完工率为（　　）。

   A. 50%　　　　B. 66%　　　　C. 100%　　　　D. 80%

2. 以完工产品和月末在产品的数量比例分配计算完工产品与月末在产品的直接材料费用，必须具备的条件是（　　）。

   A. 原材料陆续投入　　　　　　　　B. 原材料在生产开始时一次投入
   C. 在产品原材料费用比重较大　　　D. 各项消耗定额比较准确、稳定

3. 狭义的在产品是指（　　）。

   A. 正在某个车间加工的在产品　　　B. 需进一步加工的半成品
   C. 对外销售的自制半成品　　　　　D. 产成品

4. 在产品按所耗直接材料费用计价法，适用于（　　）。

   A. 各月在产品数量变化较大的产品
   B. 各月末在产品数量较大的产品
   C. 原材料费用在成本中所占比重较大的产品
   D. 同时具备以上三个条件的产品

5. 各月末在产品数量较小，或者在产品数量虽大，但各月之间变化不大的产品，适用的分配方法是（　　）。

   A. 在产品按定额成本计价法　　　　B. 在产品按完工产品计价法
   C. 约当产量法　　　　　　　　　　D. 在产品按固定成本计价法

二、多项选择题

1. 广义的在产品包括（　　）。

   A. 尚在各步骤加工的在产品　　　　B. 转入各半成品库准备继续加工的半成品
   C. 对外销售的自制半成品　　　　　D. 已入库的外购半成品

E. 等待返修的废品

2. 在产品发生盘亏和毁损后，经批准进行处理时，应分别按不同原因借记的科目有（　　　　）。
   A. "基本生产成本"　　　　　　　　B. "辅助生产成本"
   C. "制造费用"　　　　　　　　　　D. "营业外支出"
   E. "其他应收款"

3. 采用定额比例法分配完工产品和在产品成本，应具备的条件有（　　　　）。
   A. 定额管理基础较好　　　　　　　B. 月末在产品数量变化较大
   C. 月末在产品数量变化较小　　　　D. 月末在产品数量较少
   E. 各项消耗定额或费用定额较准确、稳定

4. 各月份在产品数量较多而且变化也较大，在完工产品与月末在产品之间分配生产费用时，不宜采用的方法有（　　　　）。
   A. 约当产量比例法　　　　　　　　B. 在产品按固定成本计价法
   C. 在产品按定额成本计价法　　　　D. 在产品不计算成本法
   E. 定额比例法

5. 产成品和在产品的盘亏与毁损在批准处理时，可能借记（　　　　）科目，贷记"待处理财产损溢"科目。
   A. "管理费用"　　　　　　　　　　B. "制造费用"
   C. "其他应收款"　　　　　　　　　D. "营业外支出"
   E. "基本生产成本"

6. 下列适用于约当产量比例法的有（　　　　）。
   A. 月末在产品数量较大
   B. 月末在产品接近完工
   C. 各月末在产品数量变化较大
   D. 产品成本中原材料费用和工资等其他费用比重相差不大
   E. 产品成本中原材料费用和工资等其他费用比重相差较大

三、判断题

1. 各月末在产品数量变化不大的产品，可以不计算月末在产品成本。（　　）
2. 在产品按其所耗直接材料费用计价时，本月发生的其他费用全部计入完工产品成本。（　　）
3. 在产品按所耗直接材料费用计价时，都应按完工产品与月末在产品的数量比例分配它们的原材料费用。（　　）
4. 月末在产品数量较小，或者虽然月末在产品数量较大，但各月末在产品数量变化不大的企业，适合用在产品按固定成本计价法。（　　）
5. 不计算在产品成本法适用于月末没有在产品的产品。（　　）

模块八
产品成本计算方法概述

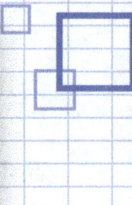

学习目标

知识目标
➢ 了解产品成本核算的各种计算方法；明确各种基本产品成本计算方法的核算原则和具体步骤。

能力目标
➢ 掌握各种基本产品成本计算方法的具体操作步骤，能根据企业情况选择不同的产品成本计算方法。

素养目标
➢ 成本会计人员必须不断提升自身的专业技能，确立严谨和负责任的职业态度，通过自身过硬的技能，选择合适的方法计算、分析产品成本，助力企业降本增效，提高管理水平。

单元一　影响产品成本计算方法的因素

在模块二讲述成本核算的一般程序时曾述及，企业进行成本核算，首先应确定成本计算对象。前面各模块讲述的产品计算程序均是以产品品种为计算对象的。实际上，生产特点不同、管理要求不同，产品成本计算对象也会有所不同。生产特点和管理要求对产品成本计算方法的影响，主要也是表现在产品成本计算对象的确定上。工业企业应该适应生产特点和管理要求来确定产品成本计算的方法。

一、企业按照生产特点的不同分类

企业的生产特点主要包括生产的工艺过程和组织方式两个方面，按照工艺过程和组织方式的不同，可以将企业分为不同的类型。

（一）按照工艺过程分类

工业企业的生产按照工艺过程划分，可以分为单步骤生产和多步骤生产两种类型。

（1）单步骤生产是指产品生产的工艺过程不能间断，或者虽能间断但不便于或不需要划分为几个步骤的产品生产，如发电、采煤等企业的生产均属于此类型。

（2）多步骤生产是指产品生产的工艺过程可以间断，可以分散在不同时间、地点进行的产品生产。多步骤生产按照产品加工方式的不同又可以分为连续式生产和平行式生产。连续式生产是指产品的加工过程是连续不断的，即将原材料投入生产后，要顺序经过若干个步骤，最终才能制成企业的产成品，如纺织、钢铁等企业的生产均属于此类型。以这种方式进行生产的企业，只有最后一个步骤的完工产品才能称为产成品，而其他步骤的完工产品只能称为半成品。平行式生产是指产品各个零部件的生产是平行进行的，即将原材料投入各个不同的生产部门，平行地生产出产成品所需的各种零部件，最后再将零部件进行组装，制成企业的产成品，如车辆、船舶等企业的生产均属于此类型。

（二）按照组织方式分类

工业企业的生产按组织方式划分，可以分为大量生产、成批生产、单件生产三种类型。

（1）大量生产是指连续不断地重复生产一种或多种产品，如面粉、食糖、化肥等的生产都属于此类型。

（2）成批生产是指按规定的产品批别和数量，定期或不定期地对某种产品重复进行的生产。成批生产又可按照批量大小，分为大批生产和小批生产。大批生产往往在一段时间内不断重复生产一种或多种产品，因而类似于大量生产，如木器生产等属于此类型。小批生产的产品批量较小，一批产品一般可以同时完工，如服装生产等属于此类型。

（3）单件生产均按件组织生产，如造船和重型机械制造生产属于此类型。同时，因为小批生产的产品批量较小，所以单件生产类似于小批生产。

以上就是企业按照工艺过程或组织方式分别进行分类的结果，实务中两者需要结合考虑。

> **问题与思考**
>
> 一般来说，企业的分类并不是独立的，结合两种分类结果，你认为工业企业可以分为哪些类型？

二、生产特点对产品成本计算方法的影响

生产特点对产品成本计算方法的影响体现在很多方面，下面主要介绍一下生产特点对成本计算对象、产品成本计算期及生产费用在完工产品和在产品之间如何分配的影响。

（一）生产特点对成本计算对象的影响

对于大量大批单步骤生产的企业来说，因为它是在重复地生产一种产品，而且工艺过程不能间断，所以只能以产品品种作为成本计算对象。对于大量大批多步骤生产的企业来说，它虽然也是在重复地生产一种产品，但为了加强各个生产步骤的成本管理，往往需要按照产品生产的步骤

计算成本。此时，企业就是以产品步骤作为成本计算对象。对于小批单件生产的企业来说，一般都是按照客户的订单，单件或按批别组织生产。因此，往往以单件或者批别作为成本计算对象。

（二）生产特点对产品成本计算期的影响

产品成本计算期是指多久计算一次产品成本。对于大量大批生产的企业来说，因为企业需要不间断地生产产品，往往生产周期很长，假如等到产品生产完再计算产品成本，就不利于企业及时掌握成本资料，因此，这种类型的企业往往需要按月计算产品成本。产品成本计算期与产品生产周期不一致，但是与会计报告期一致。对于小批单件生产的企业来说，因为企业的生产不重复或重复少，而且批量小，一般可以等到某批或某件产品生产完再计算产品成本，即产品成本计算期与产品生产周期一致，但一般与会计报告期不一致。

（三）生产特点对生产费用在完工产品和在产品之间如何分配的影响

大量大批生产的企业，由于产品成本计算期与产品生产周期不一致，往往会出现月末计算产品成本时，有些产品已经完工，而有些产品还未完工的情况。这时就需要将当月的生产费用在完工产品与在产品之间进行分配。小批单件生产的企业，由于成本计算期与产品生产周期一致，因此，在计算产品成本时产品已经全部完工，就不存在生产费用在完工产品与在产品之间分配的问题。

三、管理要求对产品成本计算方法的影响

除了生产特点对产品成本计算方法有影响，管理要求对产品成本计算方法也有影响。从成本管理上看，企业掌握的成本资料可以为企业的经营决策、制定价格、降低成本、提高效益以及员工评价等多方面提供参考，因此资料越详细越好、越充分越好。但是资料要做得细、做得多，就会使得核算工作量增加，最终导致企业成本上升。因此，成本计算方法的选择一定要适合企业的管理要求。例如，大量大批多步骤生产的企业，并不都需要分步骤核算产品成本。假如管理上需要，譬如某些步骤的自制半成品是对外销售的，需要知道自制半成品的成本以确定价格，或者企业需要加强各个生产步骤的成本管理，那么此时企业才需要以产品的生产步骤作为成本计算对象。假如企业的规模较小，管理上不要求按照生产步骤考核生产费用、计算产品成本，那么企业仍然可以以产品品种为成本计算对象。再如，小批单件生产的企业，虽然往往是按照客户订单组织生产，并以客户订单作为成本计算对象的。但有时为了达到方便、合理计算产品成本的目的，也可以对客户订单进行必要的归并或细分，然后以重新组合的产品批别作为成本计算对象。

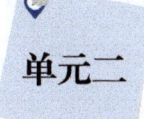

单元二　产品成本计算的方法

产品成本计算的方法有基本方法和辅助方法，其中基本方法有品种法、分批法和分步法，辅助方法有分类法和定额法。下面我们就简单介绍一下各种方法的特点、适用范围及使用情况。

一、产品成本计算的基本方法

根据以上所述，结合产品的生产工艺过程、组织方式和管理要求，产品成本计算的基本方法有三种。

（1）按照产品的品种计算产品成本，这种方法以产品品种为成本计算对象，称为品种法。

（2）按照产品的批别计算产品成本，这种方法以产品批别为成本计算对象，称为分批法。

（3）按照产品的生产步骤计算产品成本，这种方法以产品生产步骤为成本计算对象，称为分步法。

从这里可以看出，虽然生产特点对成本计算方法的影响体现在很多方面，但最主要的还是对成本计算对象的影响，因为成本计算对象是区分成本计算方法的主要标志。

以上各种成本计算方法及其适用范围可归结为表 8-1。

表 8-1 产品成本计算方法及其适用范围

成本计算方法	生产组织	工艺过程和管理要求
品种法	大量大批	单步骤生产或管理上不要求分步骤计算成本的多步骤生产
分批法	小批单件	单步骤生产或管理上不要求分步骤计算成本的多步骤生产
分步法	大量大批	管理上要求分步骤计算成本的多步骤生产

以上三种方法是计算产品实际成本必不可少的方法，因而是产品成本计算的基本方法。根据生产特点对成本计算方法的影响，我们可以看到这三种不同的成本计算方法有不同的特点，见表 8-2。

表 8-2 产品成本计算方法的特点

成本计算方法	成本计算对象	成本计算期	生产费用在完工产品与在产品之间如何分配
品种法	产品品种	按月计算，与会计报告期一致	一般需要计算
分批法	产品批别	不定期计算，与生产周期一致	一般不需计算
分步法	产品生产步骤	按月计算，与会计报告期一致	一般需要计算

> 💡 **问题与思考**
>
> 假设某企业是一家要求提供半成品资料的纺织企业，那么它应该选择哪种成本计算方法？

二、产品成本计算的辅助方法

1. 分类法

分类法是一种简便的产品成本计算方法。分类法一般在产品品种、规格繁多，但又可以按照一定要求划分为若干类别时使用。因为产品不再按照繁多的品种归集费用、计算成本，只是按照不同类别计算成本，类内再按照一定的分配方法分配计算各品种产品的成本即可，所以给成本计算工作带来了方便。

2. 定额法

定额法是一种加强成本管理的产品成本计算方法。定额法一般在定额管理工作比较好的企业使用，它将产品生产的实际成本分为按现行定额计算的定额成本、脱离现行定额的差异、原材料或半成品成本差异和月初在产品定额变动差异四个部分。通过对产品成本脱离定额差异的核算，可以及时了解产品成本的变化情况，加强成本控制。而将实际成本分为四个部分，又可以便于分析产品成本的变化原因，明确降低成本的方向。

分类法和定额法都是为了某一特定目的而采用的成本计算方法，并不是计算产品实际成本必不可少的方法，因而通常称为辅助方法。因为分类法和定额法只是为了某种特定目的所采用的辅助方法，所以它并不能单独使用，都需要与其他基本方法一起使用。

三、产品成本计算方法的运用

虽然在前面的内容中，将各种成本计算方法独立地做了介绍，但是在实际工作中，一个企业并不是只能采用一种方法。有时因为生产特点和管理要求的需要，企业往往要将各种成本计算方法进行综合应用。这种综合应用一般分为两种情况：一种是同时采用；另一种是结合运用。

几种成本计算方法同时采用是指一个企业对于不同的产品采用不同的成本计算方法。当一个企业设有多个车间时，这种情况就很容易出现。譬如某一企业既设有基本生产车间，又设有辅助生产车间，因为基本生产车间生产的是企业销售的产品，而辅助生产车间生产的是企业基本生产车间或其他部门需要的工具与劳务，不同车间需要根据各自生产产品的特点选择合适的成本计算方法，于是就出现了几种成本计算方法同时采用的情况。举个例子，假如某企业是纺织企业，一般属于大量大批生产，同时因为纺织要经过多个步骤完成，所以这一企业的基本生产车间通常采用分步法进行成本计算。而考虑到辅助生产车间提供的工具或劳务仅用来满足本企业的需要，因此一般是小批单件生产，那此时就应采用分批法计算产品成本。这样一来，此企业就同时采用了分步法和分批法。

几种成本计算方法结合运用是指一种产品同时采用不同的成本计算方法。还是刚才那个纺织企业，假如它的纺织品品种规格繁多，企业为了简化核算，还可以结合运用分类法。这样一来，这一企业在计算产品成本时就结合运用了分步法和分类法。

产品成本计算方法的使用是相当灵活的，生产同一种产品的不同企业也可能采用不同的成本计算方法，企业都是根据各自的生产特点和管理要求选择合适的成本计算方法。因此，关键是要掌握各种成本计算方法的适用范围，以后才能结合企业的实际情况选择合适的方法，做到学以致用。

💡 问题与思考

在大家周围有各种类型的工业企业，你能否结合它们的生产特点选择合适它们的成本计算方法？请举例说明。

素养案例

近年来，杭州制氧机集团股份有限公司创建多类型融合的精品工程生产管理模式，借助于 ERP、MES、PLM 以及 2019 年上线的财务共享等信息化系统，实现对物料采购、生产计划、成本核算、质量控制等各环节的有效管理，让纷繁复杂的空分设备生产过程变得井然有序，保证了产品质量与交货及时性，其财务创新《基于业财资一体化的管控服务型财务共享中心构建与实施》获"2020 年杭州市企业管理现代化创新成果一等奖"，经营规模、盈利能力持续提升，被工信部评为"制造业单项冠军示范企业"。

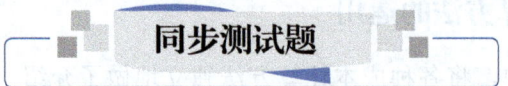

同步测试题

一、单项选择题

1. 分批法的主要特点是（　　）。
   A. 以产品批别为成本计算对象
   B. 生产费用不需要在批内完工产品与在产品之间进行分配
   C. 费用归集与分配比较简便
   D. 成本计算期长

2. 成本计算的基本方法和辅助方法之间的划分标准是（　　）。
   A. 成本计算工作的繁简
   B. 对于计算产品实际成本是否必不可少
   C. 对成本管理作用的大小
   D. 成本计算是否及时

3. 区分品种法和分批法的主要标志是（　　）。
   A. 成本计算期
   B. 间接费用的分配方法
   C. 产品成本计算对象
   D. 完工产品与在产品之间分配费用的方法

4. 生产特点和管理要求对产品成本计算的影响主要表现在（　　）上。
   A. 完工产品和月末在产品之间分配费用方法的确定
   B. 成本计算对象的确定
   C. 成本计算程序的确定
   D. 成本计算期的确定

5. 在大量大批多步骤生产的情况下，如果管理上不要求分步骤计算产品成本，其所采用的成本计算方法应是（　　）。
   A. 品种法　　B. 分类法　　C. 分步法　　D. 分批法

6. 下列方法中，属于产品成本计算辅助方法的是（　　）。
   A. 品种法　　B. 分类法　　C. 分步法　　D. 分批法

7. 品种法适用的生产组织是（　　）。
   A. 大量大批单步骤
   B. 大量大批多步骤
   C. 小批单件单步骤
   D. 小批单价多步骤

8. 分批法适用的生产组织是（　　）。
   A．大量大批单步骤　B．大量大批多步骤　C．小批单件单步骤　D．小批单价多步骤
9. 分步法适用的生产组织是（　　）。
   A．大量大批单步骤
   B．小批单件单步骤
   C．大量大批多步骤，且管理上要求不要求分步骤核算的企业
   D．大量大批多步骤，且管理上要求要求分步骤核算的企业

二、多项选择题

1. 在确定产品成本计算方法时，应适应（　　）。
   A．企业生产组织特点　　　　　B．企业生产产品种类多少
   C．企业工艺过程特点　　　　　D．月末是否有在产品
   E．成本管理要求
2. 成本计算的基本方法有（　　）。
   A．定额法　　　B．分步法　　　C．分类法　　　D．分批法
   E．品种法
3. 成本计算的辅助方法有（　　）。
   A．定额法　　　B．分步法　　　C．分类法　　　D．分批法
   E．品种法
4. 品种法适用于（　　）。
   A．大量大批单步骤生产　　　　B．小批生产
   C．要求分步计算成本的多步骤生产　　D．单件生产
   E．管理上不要求分步骤计算成本的多步骤生产
5. 将分类法和定额法归为产品计算的辅助方法，是因为这两种方法（　　）。
   A．与生产类型特点没有直接的联系　　B．不需与成本计算的基本方法结合使用
   C．对于成本管理并不重要　　　　　　D．不是计算产品实际成本必不可少的方法
   E．必须与成本计算的基本方法结合使用
6. 大量大批生产的企业，可能采用的产品成本计算的基本方法有（　　）。
   A．品种法　　　B．分批法　　　C．分步法　　　D．定额法
   E．分类法

三、判断题

1. 在生产工艺采用多步骤生产的企业，都要求按照生产步骤分步计算成本。（　　）
2. 大量大批多步骤生产的企业均应采用分步法计算产品成本。（　　）
3. 产品成本计算的基本方法是以产品计算对象为标志来确定的。（　　）
4. 产品成本计算的基本方法可以在成本计算中单独使用，也可以结合使用。（　　）
5. 产品成本计算的基本方法有品种法、分批法和分类法。（　　）
6. 品种法只适用于大量大批的单步骤生产。（　　）
7. 分批法是不分步只分批计算产品成本的方法。（　　）
8. 分步法是不分批只分步计算产品成本的方法。（　　）

模块九 品种法

学习目标

知识目标
➢ 理解品种法的特点及适用范围；明确品种法的核算原则和具体步骤。

能力目标
➢ 掌握品种法的具体操作程序；掌握各种成本分配表格的制作。

素养目标
➢ 会计专业的学生应在本模块的学习过程中培养全局观念和团队合作精神，通过小组合作的方式，将所学知识综合应用于品种法成本计算。

单元一 品种法概述

一、品种法的概念

品种法

产品成本计算的品种法，是按照产品品种计算产品成本的一种方法。它主要适用于大量大批单步骤生产，如发电等。在大量大批多步骤生产中，如果企业或车间的规模较小，或者车间是封闭式的，或者生产是按流水线组织的，管理上可以不按照步骤计算产品成本，可以采用品种法计算产品成本，如小型水泥厂、织布厂等。此外，辅助车间的供水、供气、供电等的生产也可以采用品种法。

品种法的特点是：不需要按照产品批别计算产品成本，也不需要按照产品生产步骤计算产品成本，只要求按照产品品种计算产品成本。简言之，不分批、不分步，只分品种。

二、品种法的计算程序

采用品种法计算产品成本，成本计算对象就是产品的品种，需要为每种产品设立产品成本明细账。生产过程中，只为生产一种产品的费用为直接计入费用，可以直接记入该种产品成本明细账；生产过程中，为生产多种产品的费用则为间接计入费用，需要按照一定的方法进行分配之后，才能记入各个产品的成本明细账。

按照前述方法归集生产费用之后，根据月末是否有在产品，采用不同的方法计算本月完工产品成本。如果月末没有在产品，那么产品成本明细账中归集的全部生产费用都是本月完工成品的成本；如果月末没有完工产品，那么产品成本明细账中归集的全部生产费用都是月末在产品的成本；如果月末既有完工产品又有在产品，那么产品成本明细账中归集的全部生产费用就需要按照一定的方法在完工产品和月末在产品之间进行分配。

单元二　品种法应用举例

一、企业本月有关资料

绿源食品有限公司是一家以生产休闲食品为主的企业。企业设有膨化车间和坚果车间两个基本生产车间。膨化车间主要生产糯米饼和黑米饼等产品，坚果车间主要生产袋装花生和袋装瓜子等产品。

企业设有供水、供电两个辅助生产车间，为企业的基本生产车间和其他部门提供纯净水和电力服务。

绿源食品有限公司设立了采购部、仓管部（下设材料仓库、成品仓库和备品备件仓库）、研发部、质检部、财务部、人力资源部和总经办等管理部门及专设销售机构——销售部，组织机构图如图 9-1 所示。

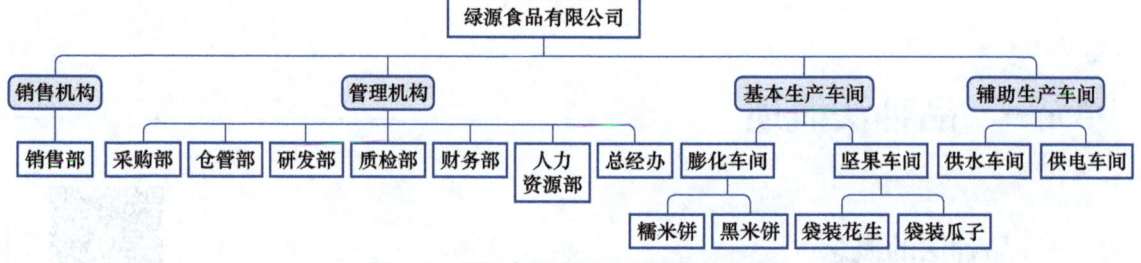

图 9-1　绿源食品有限公司组织结构图

生产情况：20×× 年 6 月，根据工时记录累计，膨化车间糯米饼的实际生产工时为 22 500 小时，黑米饼的实际生产工时为 17 500 小时；坚果车间袋装花生的实际生产工时为 20 000 小时，袋装瓜子的实际生产工时为 18 790.4 小时。糯米饼本月投产 90 万袋，本月末有 2 万袋在产品，原材料一次全部投入，加工率 90%；黑米饼本月投产 70 万袋，月末全部完工；袋装花生本月投产 60 万袋，月末全部完工；袋装瓜子本月投产 40 万袋，月末全部完工。

核算要求：该企业生产属于大量大批单步骤生产，应采用品种法核算。请计算上述产品的总成本及单位产品成本。

特别提示：为简化核算，各产品用料只列出主要材料。

二、成本计算过程

（一）分配材料费用

要求根据材料发料凭证汇总表（见表 9-1）填制材料耗费分配表（见表 9-2），并根据材料耗费分配表填制记账凭证（见表 9-3 和表 9-4）。

表 9-1　（仓库）材料发料凭证汇总表

20×× 年 6 月

领料单位	材料名称	用途	单位	数量	单价（元）	金额（元）
膨化车间	糯米	糯米饼	千克	18 000	10.00	180 000.00
膨化车间	糯米饼包装袋	糯米饼	个	900 500	0.20	180 100.00
膨化车间	黑米	黑米饼	千克	14 000	12.00	168 000.00
膨化车间	黑米饼包装袋	黑米饼	个	700 300	0.20	140 060.00
膨化车间	白糖	糯米饼、黑米饼	千克	1 600	10.00	16 000.00
膨化车间	墨水	膨化车间办公室用	箱	4	300.00	1 200.00
坚果车间	花生	袋装花生	千克	10 000	11.00	110 000.00
坚果车间	花生袋	袋装花生	个	600 100	0.20	120 020.00
坚果车间	瓜子	袋装瓜子	吨	2 000	20.00	40 000.00
坚果车间	瓜子袋	袋装瓜子	个	400 100	0.20	80 020.00
坚果车间	食盐	袋装花生、袋装瓜子	千克	1 000	10.00	10 000.00
坚果车间	墨水	坚果车间办公室用	箱	3	300.00	900.00
供电车间	打印纸	供电车间办公室用	盒	3	20.00	60.00
供电车间	脱硫剂	生产用	千克	500	4.00	2 000.00
供水车间	滤料	生产用	千克	2 000	10.00	20 000.00
供水车间	打印纸	供电车间办公室用	盒	3	20.00	60.00
销售部	打印纸	广告用	盒	2	20.00	40.00
总经办	打印纸	管理用	盒	10	20.00	200.00
合计						1 068 660.00

财务主管：刘××　　　审核：任××　　　填制：苏××　　　审核：曹××

表 9-2　材料耗费分配表

20×× 年 6 月

应借科目		成本或费用项目	直接计入（元）	分配计入			合计（元）
				产品产量（万袋）	分配率	分配金额（元）	
基本生产成本	糯米饼	直接材料	360 100.00	90.00		9 000.00	369 100.00
	黑米饼	直接材料	308 060.00	70.00		7 000.00	315 060.00
	小计		668 160.00	160.00	100.00	16 000.00	684 160.00
	袋装花生	直接材料	230 020.00	60.00		6 000.00	236 020.00
	袋装瓜子	直接材料	120 020.00	40.00		4 000.00	124 020.00
	小计		350 040.00	100.00	100.00	10 000.00	360 040.00
制造费用	膨化车间	机物料消耗	1 200.00				1 200.00
	坚果车间	机物料消耗	900.00				900.00
	小计		2 100.00				2 100.00
辅助生产成本	供电车间	物料消耗	2 060.00				2 060.00
	供水车间	物料消耗	20 060.00				20 060.00
	小计		22 120.00				22 120.00
销售费用		广告费	40.00				40.00
管理费用		办公费	200.00				200.00
合计			1 042 660.00			26 000.00	1 068 660.00

财务主管：刘××　　　记账：王××　　　审核：任××　　　填制：蒋××

表 9-3　记账凭证

20××年6月30日　　　　　　　　　　　　　　　　　　　第 100 1/2 号

摘要	总账科目	明细科目	借方金额 千 百 十 万 千 百 十 元 角 分	贷方金额 千 百 十 万 千 百 十 元 角 分	附单据
分配材料耗费	基本生产成本	糯米饼	3 6 9 1 0 0 0		1张
	基本生产成本	黑米饼	3 1 5 0 6 0 0		
	基本生产成本	袋装花生	2 3 6 2 0 0 0		
	基本生产成本	袋装瓜子	1 2 4 0 0 0 0		
	制造费用	膨化车间	1 2 0 0 0		
	制造费用	坚果车间	9 0 0 0		
合计			¥　1 0 6 2 9 0 0		

财务主管：刘×× 　　记账：项×× 　　审核：任×× 　　填制：贾××

表 9-4　记账凭证

20××年6月30日　　　　　　　　　　　　　　　　　　　第 100 2/2 号

摘要	总账科目	明细科目	借方金额 千 百 十 万 千 百 十 元 角 分	贷方金额 千 百 十 万 千 百 十 元 角 分	附单据
分配材料耗费	辅助生产成本	供电车间	2 6 0 0 0 0		1张
	辅助生产成本	供水车间	2 0 6 0 0 0		
	销售费用		4 0 0 0 0		
	管理费用		2 6 0 0 0		
	原材料			2 9 4 6 0 0 0 　　　　　　6 8 6 0 0	
合计			¥　1 0 6 2 9 0 0	¥　1 0 6 2 9 0 0	

财务主管：刘×× 　　记账：项×× 　　审核：任×× 　　填制：贾××

（二）分配燃料费用

要求根据燃料发料凭证汇总表（见表 9-5）填制燃料耗费分配表（见表 9-6），并根据燃料耗费分配表填制记账凭证（见表 9-7）。

表 9-5 燃料发料凭证汇总表

20×× 年 6 月　　　　　　　　　　　　　　　　　　单位：元

领料单位	燃料名称	用途	单位	数量	单价	金额
供电车间	无烟煤	生产	吨	40	800	32 000
管理部门	无烟煤	茶炉等	吨	2	800	1 600
合计						33 600

财务主管：刘××　　记账：项××　　审核：任××　　填制：贾××

表 9-6 燃料耗费分配表

绿源食品有限公司　　　　　20×× 年 6 月　　　　　　　　　　单位：元

应借科目	成本或费用项目	直接计入	分配计入			合计
			定额费用	分配率	分配金额	
辅助生产成本	供电车间	燃料	32 000.00			32 000.00
管理费用		其他	1 600.00			1 600.00
合计			33 600.00			33 600.00

财务主管：刘××　　记账：李××　　审核：任××　　填制：王××

表 9-7 记账凭证

20×× 年 6 月 30 日　　　　　　　　　　　　　　　　第 101 号

摘要	总账科目	明细科目	借方金额								贷方金额							
			百	十	万	千	百	十	元	角	分	百	十	万	千	百	十	元	角	分
分配燃料耗费	辅助生产成本	供电车间			3	2	0	0	0	0	0									
	管理费用	其他				1	6	0	0	0	0									
	原材料	辅助材料——燃料												3	3	6	0	0	0	0
合计			¥	3	3	6	0	0	0	0	¥	3	3	6	0	0	0	0

附单据 1 张

财务主管：刘××　　记账：项××　　审核：任××　　填制：王××

（三）分配外购动力费用

要求根据部门用电清单（见表 9-8）编制外购动力费用分配表（见表 9-9），并根据外购动力费用分配表填制记账凭证（见表 9-10）。

表 9-8 部门用电清单

20×× 年 6 月

用电单位	用途	用电量（千瓦·时）	单价（元/千瓦·时）	合计（元）
供电车间	生产用	40 000	1.00	40 000.00
供电车间	管理用	1 680	1.00	1 680.00
供水车间	生产用	20 000	1.00	20 000.00
供水车间	管理用	800	1.00	800.00

（续）

用电单位	用途	用电量（千瓦·时）	单价（元/千瓦·时）	合计（元）
销售部	照明等	260	1.00	260.00
人事部	照明等	500	1.00	500.00
研发部	照明等	300	1.00	300.00
财会部	照明等	400	1.00	400.00
仓管部	照明等	800	1.00	800.00
采购部	照明等	800	1.00	800.00
质检部	照明等	200	1.00	200.00
总经办	照明等	270	1.00	270.00
合计		66 010	1.00	66 010.00

配电室主管：鲍××   抄表员：伊××   审核：任××

表 9-9 外购动力费用分配表

绿源食品有限公司   20××年6月   单位：元

应借科目		成本或费用项目	直接计入	间接计入			合计
				分配标准	分配率	分配金额	
辅助生产成本	供电车间	水电费	41 680.00				41 680.00
辅助生产成本	供水车间	水电费	20 800.00				20 800.00
销售费用		水电费	260.00				260.00
管理费用		水电费	3 270.00				3 270.00
合计			66 010.00				66 010.00

财务主管：刘××   记账：李××   审核：任××   填制：赵××

表 9-10 记账凭证

20××年6月30日   第 102 号

摘要	总账科目	明细科目	借方金额								贷方金额								
			百	十	万	千	百	十	元	角	分	百	十	万	千	百	十	元	角	分
分配外购电力	辅助生产成本	供电车间			4	1	6	8	0	0	0									
	辅助生产成本	供水车间			2	0	8	0	0	0	0									
	销售费用	水电费					2	6	0	0	0									
	管理费用	水电费				3	2	7	0	0	0									
	应付账款	电力公司												6	6	0	1	0	0	0
合计			¥	6	6	0	1	0	0	0	¥		6	6	0	1	0	0	0

附单据 1 张

财务主管：刘××   记账：项××   审核：任××   填制：王××

（四）分配职工薪酬

要求根据职工薪酬明细表（见表 9-11）编制职工薪酬耗费分配表（见表 9-12），并根据职工薪酬耗费分配表填制记账凭证（见表 9-13 和表 9-14）。

表 9-11　职工薪酬明细表

绿源食品有限公司　　　　　　20××年6月　　　　　　　　　　单位：元

职位	姓名	应发工资					小计	社保费					公积金（10%）	职工薪酬合计
		工资明细			扣款明细			养老金（14%）	失业金（2%）	医疗保险费（12.7%）	工伤保险（0.5%）	小计（29.2%）		
		基本工资	效益工资	通信费	病假	事假								
董事长	王××	3 000	1 700	300			5 000	700	100	635	25	1 460	500	6 960
总经理	李××	2 800	1 400	300			4 500	630	90	571.5	22.5	1 314	450	6 264
总经办主任	赵××	2 000	1 300	200			3 500	490	70	444.5	17.5	1 022	350	4 872
财务部	刘××	2 000	1 300	200			3 500	490	70	444.5	17.5	1 022	350	4 872
财务部	任××	2 000	1 400	200		100	3 500	490	70	444.5	17.5	1 022	350	4 872
研发部	孙××	2 000	1 300	200			3 500	490	70	444.5	17.5	1 022	350	4 872
质检部	王××	1 000	1 000	100			2 100	294	42	266.7	10.5	613.2	210	2 923.2
人力部	朱××	1 200	1 200	100			2 500	350	50	317.5	12.5	730	250	3 480
仓管部	苏××	1 000	1 100	100			2 200	308	44	279.4	11	642.4	220	3 062.4
仓管部	王××	2 000	1 800	200			4 000	560	80	508	20	1 168	400	5 568
采购部	张××	1 200	1 100	100			2 400	336	48	304.8	12	700.8	240	3 340.8
采购部	马××	1 200	1 100	100			2 400	336	48	304.8	12	700.8	240	3 340.8
小计							39 100	5 474	782	4 965.7	195.5	11 417.2	3 910	54 427.2
销售部经理	方××	2 000	1 800	200			4 000	560	80	508	20	1 168	400	5 568
销售部	陈××	1 200	1 200	100			2 500	350	50	317.5	12.5	730	250	3 480
销售部	张××	1 200	1 200	100			2 500	350	50	317.5	12.5	730	250	3 480
销售部	林××	1 200	1 200	100			2 500	350	50	317.5	12.5	730	250	3 480
小计							11 500	1 610	230	1 460.5	57.5	3 358	1 150	16 008
供水车间主任	张××	1 200	800				2 000	280	40	254	10	584	200	2 784
供水车间	王××	1 200	800				2 000	280	40	254	10	584	200	2 784
供水车间	程××	1 200	800				2 000	280	40	254	10	584	200	2 784
小计							6 000	840	120	762	30	1 752	600	8 352
供电车间主任	张××	1 200	800				2 000	280	40	254	10	584	200	2 784
供电车间	王××	1 200	800				2 000	280	40	254	10	584	200	2 784
供电车间	程××	1 200	800				2 000	280	40	254	10	584	200	2 784
供电车间	张××	1 200	800				2 000	280	40	254	10	584	200	2 784
小计							8 000	1 120	160	1 016	40	2 336	800	11 136
膨化车间														
生产工人	黄××	1 100	1 100				2 200	308	44	279.4	11	642.4	220	3 062.4
生产工人	程××	1 100	1 100				2 200	308	44	279.4	11	642.4	220	3 062.4
生产工人	李××	1 100	1 100				2 200	308	44	279.4	11	642.4	220	3 062.4
生产工人	冉××	1 100	1 100				2 200	308	44	279.4	11	642.4	220	3 062.4
生产工人	…	19 800	19 800				396 000	55 440	7 920	50 292	1 980	115 632	39 600	551 232
小计							400 400	56 056	8 008	50 850.8	2 002	116 917	40 040	557 356.8

（续）

职位	姓名	应发工资			扣款明细		小计	社保费					公积金（10%）	职工薪酬合计
			工资明细					养老金（14%）	失业金（2%）	医疗保险费（12.7%）	工伤保险（0.5%）	小计（29.2%）		
		基本工资	效益工资	通信费	病假	事假									
坚果车间														
生产工人	屈××	1 100	1 100				2 200	308	44	279.4	11	642.4	220	3 062.4
生产工人	陈××	1 100	1 100				2 200	308	44	279.4	11	642.4	220	3 062.4
生产工人	程××	1 100	1 100				2 200	308	44	279.4	11	642.4	220	3 062.4
生产工人	叶××	1 100	1 100				2 200	308	44	279.4	11	642.4	220	3 062.4
生产工人	…	18 700	18 700				374 000	52 360	7 480	47 498	1 870	109 208	37 400	520 608
小计							378 400	52 976	7 568	48 056.8	1 892	110 493	37 840	526 732.8
膨化车间办公室														
车间主任	邵××	1 100	1 100				2 200	308	44	279.4	11	642.4	220	3 062.4
核算员	余××	1 100	1 100				2 200	308	44	279.4	11	642.4	220	3 062.4
小计							4 400	616	88	558.8	22	1 284.8	440	6 124.8
坚果车间办公室														
车间主任	黄××	1 100	1 100				2 200	308	44	279.4	11	642.4	220	3 062.4
核算员	程××	1 100	1 100				2 200	308	44	279.4	11	642.4	220	3 062.4
小计							4 400	616	88	558.8	22	1 284.8	440	6 124.8
合计							852 200	119 308	17 044	108 229.4	4 261	248 842.4	85 220	1 186 262.4

表 9-12 职工薪酬耗费分配表

绿源食品有限公司　　　　　　　　　　20××年6月

应借科目		成本或费用项目	直接计入（元）	间接计入			合计（元）
				耗用工时	分配率	分配金额（元）	
基本生产成本	糯米饼	直接人工		22 500.00		313 512.75	313 512.75
	黑米饼	直接人工		17 500.00		243 844.05	243 844.05
	小计			40 000.00	13.933 9	557 356.80	557 356.80
	袋装花生	直接人工		20 000.00		271 578.00	271 578.00
	袋装瓜子	直接人工		18 790.40		255 154.80	255 154.80
	小计			38 790.40	13.578 90	526 732.80	526 732.80
制造费用	膨化车间	职工薪酬	6 124.80				6 124.80
	坚果车间	职工薪酬	6 124.80				6 124.80
	小计		12 249.60				12 249.60
辅助生产成本	供电车间	职工薪酬	11 136.00				11 136.00
	供水车间	职工薪酬	8 352.00				8 352.00
	小计		19 488.00				19 488.00
销售费用		职工薪酬	16 008.00				16 008.00
管理费用		职工薪酬	54 427.20				54 427.20
合计			102 172.80			1 084 089.60	1 186 262.40

财务主管：刘××　　　　记账：王××　　　　审核：任××　　　　填制：吴××

表 9-13　记账凭证

20××年6月30日　　　　　　　　　　第 103 1/2 号

摘要	总账科目	明细科目	借方金额									贷方金额									
			千	百	十	万	千	百	十	元	角	分	千	百	十	万	千	百	十	元	角	分
分配职工薪酬	基本生产成本	糯米饼			3	1	3	5	1	2	7	5										
	基本生产成本	黑米饼			2	4	3	8	4	4	0	5										
	基本生产成本	袋装花生			2	7	1	5	7	8	0	0										
	基本生产成本	袋装瓜子			2	5	5	1	5	4	8	0										
	制造费用	膨化车间					6	1	2	4	8	0										
	制造费用	坚果车间					6	1	2	4	8	0										
合计																						

财务主管：刘××　　　记账：项××　　　审核：任××　　　填制：王××

附单据1张

表 9-14　记账凭证

20××年6月30日　　　　　　　　　　第 103 2/2 号

摘要	总账科目	明细科目	借方金额									贷方金额									
			千	百	十	万	千	百	十	元	角	分	千	百	十	万	千	百	十	元	角	分
	辅助生产成本	供电车间				1	1	1	3	6	0	0										
	辅助生产成本	供水车间					8	3	5	2	0	0										
	销售费用					1	6	0	0	8	0	0										
	管理费用						5	4	4	2	7	2	0									
	应付职工薪酬														1	1	8	6	2	6	2	4	0
合计			¥		1	1	8	6	2	6	2	4	0	¥		1	1	8	6	2	6	2	4	0

财务主管：刘××　　　记账：项××　　　审核：任××　　　填制：王××

附单据1张

（五）分配折旧费

要求根据固定资产折旧费计算表（见表 9-15）编制折旧费分配表（见表 9-16），并根据折旧费分配表填制记账凭证（见表 9-17 和表 9-18）。

表 9-15　固定资产折旧费计算表

20××年6月

使用部门	固定资产项目	5月折旧额	5月增加固定资产		5月减少固定资产		6月折旧额
			原值	折旧额	原值	折旧额	
膨化车间	厂房	200 000.00	—	—	—	—	200 000.00
	机器设备	6 391.00	460 000.00	4 600.00	300 000.00	1 500.00	9 491.00
	小计	206 391.00	460 000.00	4 600.00	300 000.00	1 500.00	209 491.00
坚果车间	厂房	200 000.00	—	—	—	—	200 000.00
	机器设备	7 590.00	500 000.00	5 000.00	—	—	12 590.00
	小计	207 590.00	500 000.00	5 000.00	—	—	212 590.00
供电车间	厂房	2 860.00	68 000.00	340.00	—	—	3 200.00
	机器设备	3 520.00	66 000.00	660.00	—	—	4 180.00
	小计	6 380.00	134 000.00	1 000.00	—	—	7 380.00

（续）

使用部门	固定资产项目	5月折旧额	5月增加固定资产		5月减少固定资产		6月折旧额
			原值	折旧额	原值	折旧额	
供水车间	厂房	2 420.00	—	—	—	—	2 420.00
	机器设备	5 060.00	—	—	—	—	5 060.00
	小计	7 480.00					7 480.00
销售部	房屋	605.00	—	—	—	—	605.00
	管理设备	715.00	31 000.00	310.00	—	—	1 025.00
	小计	1 320.00	31 000.00	310.00			1 630.00
厂部	房屋	6 160.00	88 000.00	440.00	—	—	6 600.00
	管理设备	5 060.00	97 000.00	970.00	—	—	6 030.00
	汽车	2 860.00	280 000.00	2 800.00	—	—	5 660.00
	小计	14 080.00	465 000.00	4 210.00			18 290.00
合计		52 811.00	1 502 000.00	15 120.00	300 000.00	1 500.00	456 861.00

表 9-16 折旧费分配表

20××年6月 单位：元

应借科目		成本或费用项目	金额							
			百	十	万	千	百	十	元	角	分
制造费用	膨化车间	折旧费			2	0	9	4	9	1	0	0
	坚果车间	折旧费			2	1	2	5	9	0	0	0
辅助生产成本	供电车间	折旧费					7	3	8	0	0	0
	供水车间	折旧费					7	4	8	0	0	0
销售费用		折旧费					1	6	3	0	0	0
管理费用		折旧费				1	8	2	9	0	0	0
合计				¥	4	5	6	8	6	1	0	0

财务主管：刘×× 记账：项×× 审核：任×× 填制：于××

表 9-17 记账凭证

20××年6月30日 第 104 1/2 号

摘要	总账科目	明细科目	借方金额									贷方金额								
			百	十	万	千	百	十	元	角	分	百	十	万	千	百	十	元	角	分
分配折旧费	制造费用	膨化车间			2	0	9	4	9	1	0	0									
	制造费用	坚果车间			2	1	2	5	9	0	0	0									
	辅助生产成本	供电车间					7	3	8	0	0	0									
	辅助生产成本	供水车间					7	4	8	0	0	0									
	销售费用						1	6	3	0	0	0									
	管理费用					1	8	2	9	0	0	0									
合计																					

附单据 1 张

财务主管：刘×× 记账：项×× 审核：任×× 填制：王××

表 9-18　记账凭证

20××年6月30日　　　　　　　　　　　　　　　　　　　第 104 2/2 号

摘要	总账科目	明细科目	借方金额								贷方金额								
			百	十	万	千	百	十	元	角	分	百	十	万	千	百	十	元	角	分
分配折旧费	累计折旧													4	5	6	8	6	1	0	0
合计			¥	4	5	6	8	6	1	0	0	¥		4	5	6	8	6	1	0	0

附单据1张

财务主管：刘×× 　　　记账：项×× 　　　审核：任×× 　　　填制：王××

（六）分配利息、税金及其他费用

要求根据货币支出明细表（见表 9-19）填制记账凭证（见表 9-20 和表 9-21）。

表 9-19　货币支出明细表

20××年6月

部门或用途	金额							
	办公费	差旅费	利息	水电费	招待费	劳保费	其他	合计
膨化车间	2 000	160	—	2 300	—	4 450	1 170	10 080
坚果车间	1 000	1 100	—	2 100	—	4 280	650	9 130
供电车间	3 320	50	—	2 300	—	200	320	6 190
供水车间	2 430	80	—	28 600	—	400	654	32 164
销售部	4 600	560	—	360	—	—	536	6 056
厂部	19 000	6 200	500	5 360	9 868	4 500	9 400	54 828
合计	32 350	8 150	500	41 020	9 868	13 830	12 730	118 448

表 9-20　记账凭证

20××年6月30日　　　　　　　　　　　　　　　　　　　第 105 1/2 号

摘要	总账科目	明细科目	借方金额									贷方金额								
			百	十	万	千	百	十	元	角	分	百	十	万	千	百	十	元	角	分
分配其他费用	制造费用	膨化车间			1	0	0	8	0	0	0									
	制造费用	坚果车间				9	1	3	0	0	0									
	辅助生产成本	供电车间				6	1	9	0	0	0									
	辅助生产成本	供水车间			3	2	1	6	4	0	0									
	销售费用					6	0	5	6	0	0									
	管理费用				5	4	3	2	8	0	0									
合计																					

附单据1张

财务主管：刘×× 　　　记账：项×× 　　　审核：任×× 　　　填制：王××

表 9-21 记账凭证

20××年 6 月 30 日　　　　　　　　　　　　　　　　　　第 105 2/2 号

摘要	总账科目	明细科目	借方金额 百	十	万	千	百	十	元	角	分	贷方金额 百	十	万	千	百	十	元	角	分	
分配其他费用	财务费用					5	0	0	0	0	0										附单据1张
	银行存款												1	1	8	4	4	8	0	0	
合计			¥	1	1	8	4	4	8	0	0	¥	1	1	8	4	4	8	0	0	

财务主管：刘××　　　记账：项××　　　审核：任××　　　填制：王××

（七）分配辅助生产成本

成本会计依据辅助生产车间提供的辅助生产产品劳务供应表（见表 9-22），编制辅助生产成本分配表（见表 9-23），并将自制动力费用分摊至各产品成本（见表 9-24 和表 9-25），最终填制记账凭证（见表 9-26 和表 9-27）。

表 9-22 辅助生产产品劳务供应表

20××年 6 月

接受产品、劳务部门		供电（千瓦·时）	供水（升）
膨化车间	生产耗用	100 000	40 000
	一般耗用	3 000	—
坚果车间	生产耗用	80 000	30 000
	一般耗用	3 500	—
供电车间	生产及一般耗用	—	200
供水车间	生产及一般耗用	1 000	—
销售部门		3 500	—
厂部		6 000	2 000
合计		197 000	72 200

主管：王××　　　审核：主××　　　制表：万××

表 9-23 辅助生产成本分配表

20××年 6 月　　　　　　　　　　　　　　　　　　　　　　　　单位：元

辅助生产车间名称			供电车间	供水车间	金额合计
	待分配费用		100 446.00	88 856.00	189 302.00
	辅助生产以外各部门受益劳务数量		196 000.00	72 000.00	—
	耗费分配率（单位成本）		0.512 50	1.234 10	—
膨化车间耗用	借"基本生产成本"科目	数量	100 000.00	40 000.00	—
		金额	51 250.00	49 364.00	100 614.00
	借"制造费用——膨化车间"科目	数量	3 000.00	0	—
		金额	1 537.50	0.00	1 537.50

（续）

辅助生产车间名称			供电车间	供水车间	金额合计
坚果车间耗用	借"基本生产成本"科目	数量	80 000.00	30 000.00	—
		金额	41 000.00	37 023.00	78 023.00
	借"制造费用——坚果车间"科目	数量	3 500.00	0.00	—
		金额	1 793.75	0.00	1 793.75
销售耗用	借"销售费用"科目	数量	3 500.00	0.00	—
		金额	1 793.75	0.00	1 793.75
厂部耗用	借"管理费用"科目	数量	6 000.00	2 000.00	—
		金额	3 071.00	2 469.00	5 540.00
合计			100 446.00	88 856.00	189 302.00

主管：王××   审核：李××   制表：万××

表 9-24   膨化车间自制动力耗费分配表

20×× 年 6 月

总账科目	明细科目	实际生产工时（小时）	分配率	分配金额
基本生产成本	糯米饼	22 500.00		56 596.50
	黑米饼	17 500.00		44 017.50
合计		40 000.00	2.515 4	100 614.00

主管：王××   审核：李××   制表：万××

表 9-25   坚果车间自制动力耗费分配表

20×× 年 6 月

总账科目	明细科目	实际生产工时（小时）	分配率	分配金额
基本生产成本	袋装花生	20 000.00		40 228.00
	袋装瓜子	18 790.40		37 795.00
合计		38 790.40	2.011 4	78 023.00

主管：王××   审核：李××   制表：万××

表 9-26   记账凭证

20×× 年 6 月 30 日   第 106 1/2 号

摘要	总账科目	明细科目	借方金额								贷方金额								
			百	十	万	千	百	十	元	角	分	百	十	万	千	百	十	元	角	分
分配自制动力	基本生产成本	糯米饼			5	6	5	9	6	5	0									
	基本生产成本	黑米饼			4	4	0	1	7	5	0									
	基本生产成本	袋装花生			4	0	2	2	8	0	0									
	基本生产成本	袋装瓜子			3	7	7	9	5	0	0									
	制造费用	膨化车间				1	5	3	7	5	0									
	制造费用	坚果车间				1	7	9	3	7	5									
合计																				

附单据 1 张

财务主管：刘××   记账：项××   审核：任××   填制：王××

表 9-27　记账凭证

20××年6月30日　　　　　　　　　　　　　　　　　　　　第 106 2/2 号

摘要	总账科目	明细科目	借方金额									贷方金额								
			百	十	万	千	百	十	元	角	分	百	十	万	千	百	十	元	角	分
分配自制动力	销售费用					1	7	9	3	7	5									
	管理费用					5	5	4	0	0	0									
	辅助生产成本	供电车间											1	1	7	8	9	4	0	0
	辅助生产成本	供水车间												1	3	0	6	0	8	0
合计			¥	2	4	8	5	0	2	0	0	¥	2	4	8	5	0	2	0	0

附单据 1 张

财务主管：刘 ××　　　记账：项 ××　　　审核：任 ××　　　填制：王 ××

> 💡 **问题与思考**
>
> 辅助生产成本的分配还有其他四种方法，请大家自己采用其他方法对辅助生产成本进行分配。

（八）分配制造费用

编制制造费用分配表（见表 9-28 和表 9-29）并填制记账凭证（见表 9-30 和表 9-31）。

表 9-28　膨化车间制造费用分配表

20××年6月

总账科目	明细科目	生产工时	分配率	分配金额
基本生产成本	糯米饼	22 500.00		128 493.00
	黑米饼	17 500.00		99 940.30
合计		40 000.00	5.710 8	228 433.30

主管：王 ××　　　审核：王 ××　　　制表：王 ××

表 9-29　坚果车间制造费用分配表

20××年6月

总账科目	明细科目	生产工时	分配率	分配金额
基本生产成本	袋装花生	20 000.00		118 864.00
	袋装瓜子	18 790.40		111 674.55
合计		38 790.40	5.943 2	230 538.55

主管：王 ××　　　审核：王 ××　　　制表：王 ××

表 9-30　记账凭证

20××年 6 月 30 日　　　　　　　　　　　　　　　　　第 107 号

摘要	总账科目	明细科目	借方金额									贷方金额									
			百	十	万	千	百	十	元	角	分	百	十	万	千	百	十	元	角	分	
分配制膨化车间制造费用	基本生产成本	糯米饼		1	2	8	4	9	3	0	0										附单据1张
	基本生产成本	黑米饼			9	9	9	4	0	3	0										
	制造费用	膨化车间											2	2	8	7	0	0	3	0	
合计			¥	2	2	8	4	3	3	0		¥	2	2	8	4	3	3	3	0	

财务主管：刘××　　　　记账：项××　　　　审核：任××　　　　填制：王××

表 9-31　记账凭证

20××年 6 月 30 日　　　　　　　　　　　　　　　　　第 108 号

摘要	总账科目	明细科目	借方金额									贷方金额									
			百	十	万	千	百	十	元	角	分	百	十	万	千	百	十	元	角	分	
分配坚果车间制造费用	基本生产成本	袋装花生		1	1	8	8	6	4	0	0										附单据1张
	基本生产成本	袋装瓜子		1	1	1	6	7	4	5	5										
	制造费用	坚果车间											2	3	0	8	5	0	0	5	5	
合计			¥	2	3	0	5	3	8	5	5	¥	2	3	0	5	3	8	5	5	

财务主管：刘××　　　　记账：项××　　　　审核：任××　　　　填制：王××

> **💡 问题与思考**
>
> 请思考一下，还有其他方法可以分配制造费用吗？假如有，会计人员还需要哪些资料？分配的结果会如何改变？

（九）计算并结转完工产品成本

假设材料在生产开始时一次性投入，在产品的完工程度经测算为 90%。根据产成品入库单（见表 9-32 和表 9-33）编制产品成本计算单（见表 9-34～表 9-37）和产成品成本汇总表（见表 9-38），并填制记账凭证（见表 9-39 和表 9-40）。

表 9-32　产成品入库单

交库单位：膨化车间　　　　　　　20××年6月30日　　　　　　　　编号：060301

产品名称	单位	交付数量	检验结果		实收数量
			合格	不合格	
糯米饼	万袋	88	88		88
黑米饼	万袋	70	70		70

车间：刘××　　　　　　质检：王××　　　　　　仓库：田××

表 9-33　产成品入库单

交库单位：坚果车间　　　　　　　20××年6月30日　　　　　　　　编号：060101

产品名称	单位	交付数量	检验结果		实收数量
			合格	不合格	
袋装花生	万袋	60	60		
袋装瓜子	万袋	40	40		

车间：刘××　　　　　　质检：王××　　　　　　仓库：田××

表 9-34　完工产品和在产品成本计算单

产品名称：糯米饼　　　　　　　　　　　　　　　　　　　　　　　　金额单位：元

成本项目	累计生产费用	生产量（约当总产量）					单位成本	完工产品总成本	月末在产品成本
		完工产量	在产品约当产量			合计			
			在产品数量	完工程度	约当产量				
直接材料	369 100.00	880 000.00	20 000.00	100%	20 000.00	900 000.00	0.410 1	360 888.00	8 212.00
燃料及动力	56 596.50	880 000.00	20 000.00	90%	18 000.00	898 000.00	0.063 0	55 440.00	1 156.50
直接人工	313 512.75	880 000.00	20 000.00	90%	18 000.00	898 000.00	0.349 1	307 208.00	6 304.75
制造费用	128 493.00	880 000.00	20 000.00	90%	18 000.00	898 000.00	0.143 1	125 928.00	2 565.00
合计	867 702.25						0.965 3	849 464.00	18 238.25

财务主管：刘××　　　记账：项××　　　审核：任××　　　填制：王××

表 9-35　完工产品和在产品成本计算单

产品名称：黑米饼　　　　　　　　　　　　　　　　　　　　　　　　金额单位：元

成本项目	累计生产费用	生产量（约当总产量）					单位成本	完工产品总成本	月末在产品成本
		完工产量	在产品约当产量			合计			
			在产品数量	完工程度	约当产量				
直接材料	315 060.00	700 000	0		0	700 000	0.450 1	315 060.00	
燃料及动力	44 017.50	700 000	0		0	700 000	0.062 9	44 017.50	
直接人工	243 844.05	700 000	0		0	700 000	0.348 3	243 844.05	
制造费用	99 940.30	700 000	0		0	700 000	0.142 8	99 940.30	
合计	702 861.85	700 000	0		0	700 000	1.004 1	702 861.85	

财务主管：刘××　　　记账：项××　　　审核：任××　　　填制：王××

表 9-36 完工产品和在产品成本计算单

产品名称：袋装花生　　　　　　　　　　　　　　　　　　　　金额单位：元

成本项目	累计生产费用	生产量（约当总产量）					单位成本	完工产品总成本	月末在产品成本
		完工产量	在产品约当产量			合计			
			在产品数量	完工程度	约当产量				
直接材料	236 020.00	600 000	0		0	600 000	0.393 4	236 020.00	
燃料及动力	40 228.00	600 000	0		0	600 000	0.067 0	40 228.00	
直接人工	271 578.00	600 000	0		0	600 000	0.452 6	271 578.00	
制造费用	118 864.00	600 000	0		0	600 000	0.198 1	118 864.00	
合计	666 690.00	600 000	0		0	600 000	1.111 1	666 690.00	

财务主管：刘××　　　记账：项××　　　审核：任××　　　填制：王××

表 9-37 完工产品和在产品成本计算单

产品名称：袋装瓜子　　　　　　　　　　　　　　　　　　　　金额单位：元

成本项目	累计生产费用	生产量（约当总产量）					单位成本	完工产品总成本	月末在产品成本
		完工产量	在产品约当产量			合计			
			在产品数量	完工程度	约当产量				
直接材料	124 020.00	400 000	0		0	400 000	0.310 1	124 020.00	
燃料及动力	37 795.00	400 000	0		0	400 000	0.094 5	37 795.00	
直接人工	255 154.80	400 000	0		0	400 000	0.637 9	255 154.80	
制造费用	111 674.55	400 000	0		0	400 000	0.279 2	111 674.55	
合计	528 644.35	400 000	0		0	400 000	1.321 7	528 644.35	

财务主管：刘××　　　记账：项××　　　审核：任××　　　填制：王××

表 9-38 产成品成本汇总表

20××年6月　　　　　　　　　　　　　　　　　　　　　　　　单位：元

产品名称	直接材料	燃料及动力	直接人工	制造费用	合计
糯米饼	360 888.00	55 440.00	307 208.00	125 928.00	849 464.00
黑米饼	315 060.00	44 017.50	243 844.05	99 940.30	702 861.85
袋装花生	236 020.00	40 228.00	271 578.00	118 864.00	666 690.00
袋装瓜子	124 020.00	37 795.00	255 154.80	111 674.55	528 644.35
合计	1 035 988.00	177 480.50	1 077 784.85	456 406.85	2 747 660.20

表 9-39　记账凭证

20××年 6 月 30 日　　　　　　　　　　　　　　　　　第 109 1/2 号

摘要	总账科目	明细科目	借方金额									贷方金额								
			百	十	万	千	百	十	元	角	分	百	十	万	千	百	十	元	角	分
结转完工产品成本	库存商品	糯米饼		8	4	9	4	6	4	0	0									
	库存商品	黑米饼		7	0	2	8	6	1	8	5									
	库存商品	袋装花生		6	6	6	6	9	0	0	0									
	库存商品	袋装瓜子		5	2	8	6	4	4	3	5									
	基本生产成本	糯米饼											8	4	9	4	6	4	0	0
	基本生产成本	黑米饼											7	0	2	8	6	1	8	5
合计																					

附单据 1 张

财务主管：刘××　　　记账：项××　　　审核：任××　　　填制：王××

表 9-40　记账凭证

20××年 6 月 30 日　　　　　　　　　　　　　　　　　第 109 2/2 号

摘要	总账科目	明细科目	借方金额									贷方金额								
			百	十	万	千	百	十	元	角	分	百	十	万	千	百	十	元	角	分
结转完工产品成本	基本生产成本	袋装花生											6	6	6	6	9	0	0	0
	基本生产成本	袋装瓜子											5	2	8	6	4	4	3	5
合计				2	7	4	7	6	6	0	2	0	2	7	4	7	6	6	0	2	0

附单据 1 张

财务主管：刘××　　　记账：项××　　　审核：任××　　　填制：王××

> **问题与思考**
>
> 请思考一下，还有其他方法可以在完工产品与在产品之间分配费用吗？假如有，会计人员还需要哪些资料？分配的结果会如何改变？

（十）根据记账凭证登记基本生产成本明细账

辅助生产成本、制造费用和期间费用等明细账略。

素养案例

某公司成本核算与管理RPA（机器人流程自动化）体系构建

某公司是钢铁行业的龙头企业，其信息化建设一直处于行业领先地位。2019年，该公司"产销一体化经营管理系统"全面上线，全业务链条数据实现了系统级的统一。该系统一方面强化了生产与销售的衔接，另一方面实现了从头到尾"一贯管理"，具体包括产业上下游的"纵向一贯"管理、职能部门及生产班组的"横向一贯"管理等。所以这一系统也意味着"管控一体化"和"业财一体化"，即业务要按照财务的要求来规范开展。

该公司副总工程师余先生提到，公司的信息系统非常先进，在诸如财务、生产、销售等各个业务板块都包含有多个专业系统，基本解决了最让企业头疼的业务线上化、数据不落地的问题。系统上线后，财务凭证自动化生成率达到99.4%。然而，无论使用何种总线技术或传输策略，各个系统模块之间的数据传递都无法做到100%无差错。一旦出现问题，就会导致一系列数据错误，进而影响相关生产经营决策。由于这个问题很难靠技术手段彻底解决，公司最终只能选择"人海"战术：各部门安排业务经验丰富的员工凭借个人的业务经验，每天在Excel表格里对海量数据进行核对，工作量巨大。

在不断寻找解决办法的过程中，一款机器人流程自动化（Robotic Process Automation，RPA）产品进入了公司的视野。通过机器人程序，可以实现自动操作电脑，自动对表格数据进行核对整理，替代人工，恰好能解决公司"需要对系统数据进行核对"的问题。相较外企同行，国内RPA企业往往态度更为务实，产品也更为易用。2020年2月，公司正式启动了RPA技术服务项目，实施了10个RPA及相关产品组合。

项目结案报告中，该公司做了各个流程的情况前后对比，并做出如下总结：本次RPA系统应用，涉及成本系统与各交互系统数据核对、月末结算操作、日常重复操作等业务场景。解决了成本系统与各系统（制造系统、投料系统、供应PES、厂内物流系统等）数据核对耗时耗力的问题，提高了成本系统数据准确性，为成本月结顺利进行打下基础。

中国制造业企业的信息化和数字化（即"产业互联网"），是未来一段时间的绝对主流。因此，只有通过信息的穿透，实现"业务靠管理落地、管理靠流程优化、流程靠系统固化"，才能降本增效，增强企业的竞争力。

一、单项选择题

1. 下列各项中，关于产品成本计算品种法的表述正确的是（　　）。
   A. 成本计算期与财务报告期不一致　　B. 以产品品种作为成本计算对象
   C. 以产品批别作为成本计算对象　　D. 广泛适用于小批或单件生产的企业

2. 关于品种法下列说法正确的是（   ）。
   A．品种法适用于单步骤、小批量生产的企业
   B．品种法下一般不需要定期计算产品成本
   C．生产按流水线组织或管理上不要求按照生产步骤计算产品成本情况下，可以按照品种法计算产品成本
   D．生产成本不需要在完工产品和在产品之间进行分配
3. 下列关于品种法的表述中，不正确的是（   ）。
   A．适用于大量大批、多步骤且要求分步计算产品成本的企业
   B．一般定期计算产品成本
   C．适用于单步骤、大量生产的企业
   D．如果只生产一种产品，则不需要在成本计算对象之间分配间接费用

二、多项选择题

1. 品种法适用于（   ）。
   A．大量生产   B．单步骤生产
   C．要求分步计算成本的多步骤生产   D．单件小批生产
   E．管理上不要求分步骤计算成本的多步骤生产
2. 下列适合用品种法核算的企业有（   ）。
   A．发电企业   B．供水企业   C．造船企业   D．采掘企业
3. 下列各项中，关于品种法的表述正确的有（   ）。
   A．广泛适用于单步骤、大量大批生产的企业
   B．广泛适用于单件小批生产的企业
   C．定期计算产品成本
   D．成本核算对象是产品品种
4. 关于品种法特点的表述正确的有（   ）。
   A．不定期计算产品成本
   B．适用于单步骤、大量生产的企业
   C．期末在产品数量较多时，完工产品与在产品之间需分配生产费用
   D．以产品品种作为成本核算对象
5. 下列各项中，关于品种法的表述正确的有（   ）。
   A．成本核算对象是产品品种
   B．产品成本计算期与产品生产周期基本一致
   C．单步骤大量生产的企业适宜采用品种法核算产品成本
   D．期末在产品数量较多时，要将生产成本在完工产品和在产品之间进行分配

三、判断题

1. 品种法是按照产品品种计算产品成本的方法。   （   ）
2. 品种法只适用于大量大批的单步骤生产。   （   ）
3. 在品种法下，一般不需要计算在产品成本。   （   ）

模块十 分批法

学习目标

知识目标
➢ 理解分批法的特点及适用范围；明确分批法的核算原则和具体步骤。

能力目标
➢ 掌握分批法的具体操作程序；掌握简化分批法下表格的制作。

素养目标
➢ 科技创新日新月异，企业订单化的生产方式使得分批法的应用越来越广泛。会计人员不能局限于传统的会计方法和思维，而要具备战略眼光，不断学习新的科技知识，探索适合科技创新项目的成本核算与管理模式。

单元一 分批法概述

一、分批法的概念

分批法是指以产品的批别作为产品成本核算对象，归集和分配生产成本，计算产品成本的一种方法。这种方法适用于单件、小批的单步骤生产或单件、小批且管理上不要求分步骤计算成本的多步骤生产。例如，根据购买者订单生产的企业，如造船、重型机器制造、精密仪器制造等；也可用于产品种类经常变动的小规模制造厂，如五金工厂等；还可用于一般企业中的新产品试制或试验的生产、在建工程及设备修理作业等。

分批法

二、分批法的特点

（1）成本核算对象是产品的批别。由于产品的批别大多是根据客户订单确定的，因此分批法又称订单法。在某些情况下，企业不是完全按照客户订单来组织生产，这时分批法的成本核算对象就不是按照客户订单确定的产品批别（外部订单），而是按照生产计划部门下达的生产任务通知单确定的产品批号或生产令号（内部订单）。会计部门根据生产任务通知单设置产品成本明细账，进行成本计算。如果在一张订单中规定的产品不止一种，为了考核和分析各种成本计划的执行情况，还要按照产品品种划分批别来组织生产，计算各批产品成本。

（2）成本计算期与产品生产周期基本一致，与会计报告期不一致。在分批法下，由于产品成本的计算是与生产任务通知单的签发和结束紧密配合的，每批产品的生产成本总额只有等全部完工后（完工月份的月末）才能最终计算确定，所以完工产品的成本计算周期是不固定的，即成本计算期与产品生产周期基本一致，但与会计报告期不一致。

（3）生产成本一般不存在在完工产品和在产品之间分配的问题。就小批单件生产来说，批内产品一般是同时完工的，月末计算产品成本时，如果产品没有完工，成本明细账所归集的都是在产品成本；如果产品全部完工，则就是完工产品成本。因而，月末就不需要计算在产品成本。但在批内产品跨月陆续完工的情况下，月末计算成本时，就需要根据具体条件采用适当的分配方法，在完工产品和在产品之间分配生产成本，以计算完工产品成本和月末在产品成本。

三、分批法的计算程序

（1）按产品批别设置产品基本生产成本明细账。会计部门应根据生产计划部门下达的产品批号，设置产品成本明细账。在明细账中要列明批号、产品名称、批量等。

（2）根据各生产费用的原始凭证或原始凭证汇总表和其他有关资料，编制各种要素费用分配表，分配各要素费用并登账。

在月份内，须将各批次产品的直接计入费用，按批号直接汇总记入各批产品成本明细账内；对于间接计入费用，应按适当的方法分配记入各个批别的产品成本明细账。辅助生产费用直接记入或通过制造费用再分配记入各批别产品成本明细账；制造费用先归集、再分配记入各批产品成本明细账。

（3）计算完工产品成本。一般情况下，小批生产中，由于产品批量小，批内产品一般都能同时完工，或者在相距不久的时间内全部完工。月末，只需根据完工通知单，计算完工批次产品的总成本和单位成本。但如果出现批内产品跨月陆续完工的情况，这时就有必要在完工产品和月末在产品之间分配生产费用，以便计算完工产品成本和月末在产品成本。如果批内产品跨月陆续完工的情况不多，完工产品数量占全部批量的比重小，可采用计划成本法、定额成本法或者最近时期相同产品的实际单位成本对完工产品进行计价等简易方法计算。这样做主要是为了计算先交货产品的成本。

单元二　分批法应用举例

下面以小批生产的某企业产品成本计算为例，说明产品成本计算的分批法。

例 10-1 某企业按照购货单位的要求,小批生产甲、乙、丙三种产品,采用分批法计算产品成本。基本生产情况如下:

7月份投产甲产品10件,批号为701,8月份全部完工。

8月份投产乙产品60件,批号为801,当月完工40件,并已验收入库,还有20件尚未完工。

7月份投产丙产品20件,批号为702,8月份尚未完工。

直接材料在生产开始时一次性投入,材料费用按完工产品与月末在产品实际数量分配,其他费用均采用约当产量法进行分配(各工序在产品完工程度及数量见表10-3)。701批、801批和702批产品成本明细账见表10-1、表10-2和表10-4。

表 10-1 基本生产成本明细账——701 批

批　　号:701　　　　产品名称:甲产品　　　　单位:元
开工日期:7月15日　　完工日期:8月15日　　批量:10件

| 20××年 | | 凭证号数 | 摘要 | 直接材料 | 直接人工 | 制造费用 | 合计 |
月	日						
7	31		累计	12 000	900	3 400	16 300
8	31		据材料费用分配表	4 600			4 600
8	31		据薪酬费用分配表		1 700		1 700
8	31	略	据制造费用分配表			8 000	8 000
			累计	16 600	2 600	11 400	30 600
8	31		结转完工产品成本(10件)	16 600	2 600	11 400	30 600
			单位产品成本	1 660	260	1 140	3 060

701批产品8月份全部完工,所以8月初在产品生产成本和8月份发生的各项生产费用合计即为8月份完工产品的成本。

表 10-2 基本生产成本明细账——801 批

批　　号:801　　　　产品名称:乙产品　　　　单位:元
开工日期:8月5日　　 完工日期:　　　　　　 批量:60件

| 20××年 | | 凭证号数 | 摘要 | 直接材料 | 直接人工 | 制造费用 | 合计 |
月	日						
8	31		据材料费用分配表	18 000			18 000
8	31		据薪酬费用分配表		1 650		1 650
8	31		据制造费用分配表			4 800	4 800
8	31	略	费用合计	18 000	1 650	4 800	24 450
8	31		约当产量合计	60	50	50	
			完工产品单位产品成本	300	33	96	429
8	31		结转完工产品成本(40件)	12 000	1 320	3 840	17 160
			月末在产品成本	6 000	330	960	7 290

801批产品8月末有部分产品完工,应采用适当的方法将产品生产成本在完工产品和月末在产品之间进行分配。

(1)材料成本按完工产品产量和在产品数量比例进行分配。

产成品应负担的材料费用 =[18 000÷(40+20)]×40=12 000(元)

在产品应负担的材料费用 =[18 000÷(40+20)]×20=6 000(元)

或 =18 000-12 000=6 000(元)

(2)其他生产成本按约当产量比例进行分配。

1)计算801批乙产品在产品约当产量,见表10-3。

表10-3 乙产品约当产量计算表

工序	完工程度 ①	在产品(件) ②	③=①×②	完工产品/件 ④	产量合计/件 ⑤=③+④
1	15%	4	0.6		
2	25%	4	1		
3	70%	12	8.4		
合计	—	20	10	40	50

2)直接人工费用按约当产量法分配:

产成品应负担的直接人工费用 =[1 650÷(40+10)]×40=1 320(元)

在产品应负担的直接人工费用 =[1 650÷(40+10)]×10=330(元)

3)制造费用按约当产量法分配:

产成品应负担的制造费用 =[4 800÷(40+10)]×40=3 840(元)

在产品应负担的制造费用 =[4 800÷(40+10)]×10=960(元)

将各项成本分配结果计入801批乙产品成本计算单(表10-2)即可计算出乙产品的产品成本和月末在产品成本。

表10-4 基本生产成本明细账——702批

批　号:702　　　　　产品名称:丙产品　　　　　单位:元
开工日期:7月14日　　完工日期:　　　　　　　批量:20件

20××年		凭证号数	摘要	直接材料	直接人工	制造费用	合计
月	日						
7	31	略	累计	37 950	5 680	20 450	64 080
8	31	略	据材料费用分配表	73 780			73 780
8	31		据薪酬费用分配表		9 540		9 540
8	31		据制造费用分配表			33 390	33 390
			累计	111 730	15 220	53 840	180 790

702批产品8月末全部产品都未完工,不需要结转完工产品成本,也无须将产品生产成本在完工产品和在产品之间进行分配。

> **问题与思考**
>
> 在例 10-1 中，如果生产成本在完工产品和在产品之间的分配不是采用约当产量法，而是采用在产品按定额成本计价法核算，结果会怎样？假设 801 批乙产品的月末在产品成本按定额成本计算，其中直接材料定额单位成本为 290 元，直接人工定额单位成本为 17 元，制造费用定额单位成本为 50 元。

例 10-1 只列示了三批产品成本明细账的格式和金额，其计算程序和计算工作都比较简单。但不能因此得出分批法比品种法简单的结论。实际上，品种法的全部计算程序和各项计算工作，在分批法中都可能进行。

单元三 简化分批法

在小批单件生产的企业中，同一月份内投产的产品批次一般很多，可达几十批甚至上百批，且月末未完工的批次也很多，此时各种间接计入费用在各批产品之间分配的工作量很大，因此可采用一种简化的分批法。

一、简化分批法的特点

简化分批法也叫不分批计算、在产品成本分批法或累计间接费用分批法，是按产品批别设立明细账，但在产品完工之前，账内只需按月登记直接计入费用（如直接材料费用）和生产工时，不必分配间接计入费用，全部产品应负担的间接计入费用，仍以总数反映在基本生产成本二级账中；直到该批产品有产品完工的那个月份，才分配间接计入费用，进而计算、登记该批完工产品的成本。各批全部产品的在产品成本只分成本项目按照总数登记在专设的基本生产成本二级账中，不分批计算在产品成本。

二、简化分批法的计算程序

（一）按产品批别设立基本生产成本明细账和基本生产成本二级账

各批产品基本生产成本明细账，与基本生产成本二级账平行登记。在各批产品完工之前，基本生产成本明细账登记直接计入费用（如直接材料费用）和生产工时；在基本生产成本二级账中登记全部各批产品发生的生产总工时、直接计入费用、间接计入费用等。

（二）计算间接计入费用分配率

在有完工产品的月份，根据基本生产成本二级账上的累计工时和累计间接计入费用计算分项目的累计间接费用计入分配率，将分配率登记在基本生产成本二级账和基本生产成本明细账上。全部产品某项累计间接计入费用分配率计算公式为：

全部产品某项累计间接计入费用分配率＝（期初结存该项间接计入费用 + 本月发生该项间接计入费用）÷（期初结存在产品累计工时 + 本月发生工时）

（三）计算完工产品应分配的间接计入费用

根据上述各项累计间接计入费用分配率和各批产品的完工产品生产工时，首先算出各批产品的各项间接计入费用，再将计算结果在各批产品基本生产成本明细账中进行登记。然后将所有批次的成本明细账中完工产品的各项间接计入费用汇总，再记入基本生产成本二级账的相应成本项目。最后，根据各批产品成本明细账中完工产品的直接材料费用和生产工时汇总登记基本生产成本二级账。某批完工产品应负担的某项间接计入费用的计算公式为：

某批完工产品应负担的某项间接计入费用 = 该批完工产品累计生产工时 × 全部产品该项累计间接计入费用分配率

> **💡 问题与思考**
>
> 采用简化分批法的情况下，影响累计间接计入费用分配率的影响因素是什么？为何要设置"基本生产成本二级账"？

三、简化分批法举例

例 10-2 假定某企业小批生产多种产品，产品批数多。为了简化核算，采用简化分批法计算各批次产品成本。该企业 11 月份各批产品情况如下：

091 批号：A 产品 16 件，9 月份投产，11 月份全部完工。

101 批号：B 产品 20 件，10 月份投产，11 月完工 10 件，并已交货，完工产品累计工时为 26 500 小时。月末还有 10 件产品尚未完工。

102 批号：C 产品 16 件，10 月份投产，11 月份尚未完工。

111 批号：D 产品 10 件，11 月份投产，11 月份尚未完工。

（1）基本生产成本二级账的登记。

该企业设立的基本生产成本二级账见表 10-5。

该企业的直接材料费用为直接计入费用；该企业采用计时工资制度，因而直接人工费用和制造费用为间接计入费用。

表 10-5 基本生产成本二级账

（各批全部产品总成本）

20××年		摘要	生产工时	直接材料	直接人工	制造费用	合计
月	日						
10	31	累计	61 300	436 000	100 552	136 480	673 032
11	30	本月发生额	60 300	149 440	108 600	140 768	398 808
11	30	累计	121 600	585 440	209 152	277 248	1 071 840
11	30	累计间接计入费用分配率			1.72	2.28	
11	30	结转完工产品成本	76 900	333 820	132 268	175 332	641 420
11	30	在产品成本	44 700	251 620	76 884	101 916	430 420

注：1. 月初在产品的生产工时和各项费用系上月末根据上月的生产工时和生产费用资料计算登记；本月发生直接材料费用和生产工时应根据本月各批产品材料费用分配表、生产工时记录，与各批产品基本生产成本明细账平行登记。

2. 表中的分配率计算方法：直接人工分配率 = 209 152÷121 600 = 1.72；制造费用分配率 = 277 248÷121 600 = 2.28。

3. 结转完工产品的成本时，完工产品直接材料费用和生产工时根据有完工产品的基本生产成本明细账（见表 10-6 和表 10-7）汇总填列。完工产品的直接人工费用和制造费用可以根据有完工产品的基本生产成本明细账（见表 10-6 和表 10-7）汇总填列，也可以根据账中完工产品生产工时分别乘以各项累计分配率计算登记。

（2）各批产品基本生产明细账的登记。

1）月末全部完工的产品基本生产成本明细账的登记见表 10-6。

表 10-6 基本生产成本明细账——091 批

批　　号：091　　　　　　　　产品名称：A 产品　　　　　　　　单位：元
开工日期：9 月 12 日　　　　　完工日期：11 月 28 日　　　　　　批量：16 件

20××年		凭证号数	摘要	生产工时	直接材料	直接人工	制造费用	合计
月	日							
9	30	略	本月发生额	18 920	129 700			
10	31		本月发生额	11 880	73 300			
11	30		本月发生额	19 600	56 400			
11	30		累计数及间接计入费用分配率	50 400	259 400	1.72	2.28	
11	30		结转完工产品成本（16 件）	50 400	259 400	86 688	114 912	461 000
11	30		完工产品单位成本		16 212.5	5 418	7 182	28 812.5

091 批产品，11 月末全部完工，因而其累计的直接材料费用和生产工时就是完工产品的直接材料费用和生产工时，以其生产工时（50 400）分别乘以表 10-5 中的各项累计间接计入费用分配率计算，即为完工产品的各项间接计入费用。

2）月末部分完工产品基本生产明细账的登记见表 10-7。

表 10-7 基本生产成本明细账——101 批

批　　号：101　　　　　产品名称：B 产品　　　　　单位：元
开工日期：10 月 8 日　　完工日期：　　　　　　　批量：20 件

| 20××年 | | 凭证号数 | 摘要 | 生产工时 | 直接材料 | 直接人工 | 制造费用 | 合计 |
月	日							
10	31	略	本月发生额	14 820	148 840			
11	30		本月发生额	18 840				
11	30		累计数及间接计入费用分配率	33 660	148 840	1.72	2.28	
11	30		结转完工产品成本（10 件）	26 500	74 420	45 580	60 420	180 420
11	30		完工产品单位成本		7 442	4 558	6 042	18 042
11	30		月末在产品	7 160	74 420			

101 批产品，11 月末部分完工、部分在产，因而应在完工产品和月末在产品之间分配费用。该种产品所耗直接材料系生产开始时一次投入，因而直接材料费用按照完工产品和月末在产品的数量比例分配：

产成品应负担的材料费用 =[148 840÷（10+10）]×10=74 420（元）

在产品应负担的材料费用 =[148 840÷（10+10）]×10=74 420（元）

直接人工和制造费用要以其完工产品生产工时（26 500）分别乘以表 10-5 中的各项累计间接计入费用分配率计算，即为完工产品的各项间接计入费用。

3）月末全部未完工产品基本生产明细账的登记见表 10-8 和表 10-9。

表 10-8 基本生产成本明细账——102 批

批　　号：102　　　　　产品名称：C 产品　　　　　单位：元
开工日期：10 月 7 日　　完工日期：　　　　　　　批量：16 件

| 20××年 | | 摘要 | 生产工时 | 直接材料 | 直接人工 | 制造费用 | 合计 |
月	日						
10	31	本月发生额	15 680	84 160			
11	30	本月发生额	8 540	17 360			

表 10-9 基本生产成本明细账——111 批

批　　号：111　　　　　产品名称：D 产品　　　　　单位：元
开工日期：11 月 1 日　　完工日期：　　　　　　　批量：10 件

| 20××年 | | 摘要 | 生产工时 | 直接材料 | 直接人工 | 制造费用 | 合计 |
月	日						
11	30	本月发生额	13 320	75 680			

在各批产品明细账中，对于没有完工产品的月份，只登记直接材料费用和生产工时。

> **问题与思考**
>
> 简化分批法能起到简化成本计算的效果吗？什么情况能最大化地简化成本计算工作？

四、简化分批法的优缺点和应用条件

简化分批法下,间接计入费用只登记在基本生产成本二级账中,各成本明细账平时只需登记直接计入费用和生产工时;只有在有完工产品的月份,利用累计间接计入费用分配率才能一次分配完成;可以简化费用的分配和登记工作,从而大大简化了成本计算工作;月末未完工批次越多,简化的程度越大。

简化分批法
习题演示

这种方法也有不足之处:①不能完整提供各批在产品的成本资料;②可能影响各月、各批成本计算的准确性。例如,前几个月的间接计入费用水平比较高,本月间接计入费用水平低,而某批产品本月投产、当月完工,却要分配以前月份发生的间接计入费用,就会导致不应有的偏高。

因此,简化分批法的应用条件是:各个月份的间接计入费用水平相差不多;同一月份投产批数多且月末未完工产品的批数较多。

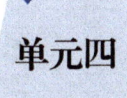

单元四　分批法在 ERP 系统中的应用举例

用友 U8 系统需要选择一个成本计算对象,路径为"成本管理"→"设置"→"选项"→"成本核算方法"→"选择一种计算方法",如图 10-1 所示。这里,有品种法或分步法、完全分批法、部分分批法和分类法四种方法可供选择。完全分批法是企业生产的所有产品都按批次来核算成本;部分分批法是企业有一部分产品采用分批法进行核算,同时也有不采用分批法核算的情况。

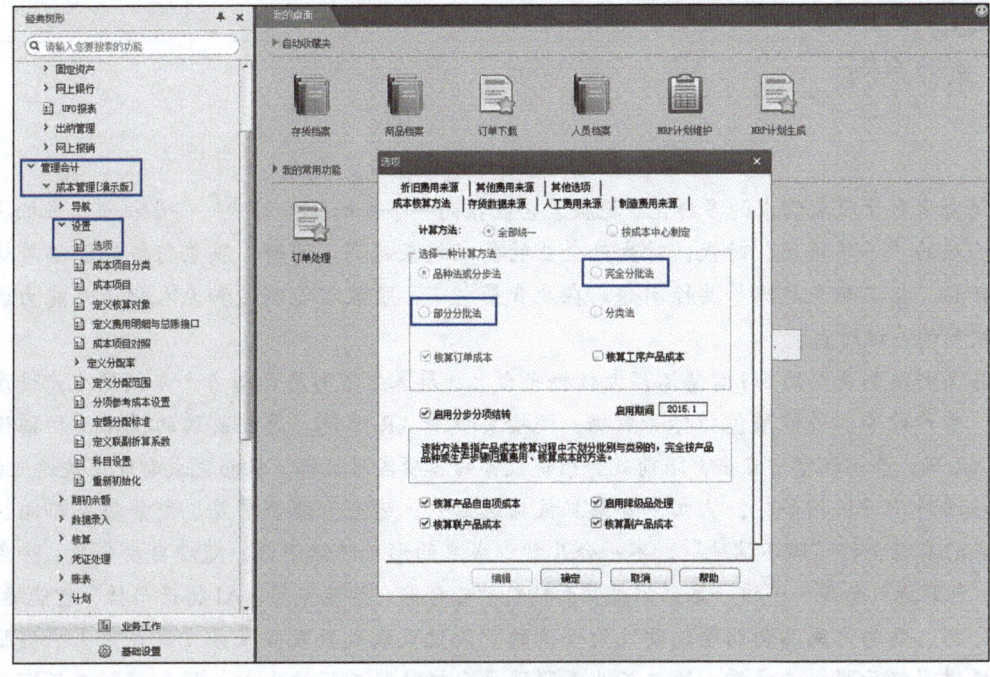

图 10-1　用友 U8 系统分批法设置

每月卷积之前，选择"成本管理"→"定义核算对象"→"刷新成本对象"，如图 10-2 所示。接着，设置生产批号。操作路径："生产批号设置"→"增加本月需要核算成本的批号"→"增行"，增加该批号下生产产品的信息，如生产数量，投产年份、月份以及完工年份、月份，并同时进行启用。

图 10-2　刷新成本对象

素养案例

5G 智慧工厂引领纺织智造新变革

消费者对于服装需求的多样化，把服装企业推向一个新的生产时代——小批量、多批次、快速响应的"小单快反"时代，对生产企业的要求越来越高。同时，服装行业还面临着从业人员断层、招工越来越难等共性问题。在此背景之下，服装智能制造和无人化生产能力成了行业破局的关键所在。

在某科技制衣厂的 5G 智慧工厂大数据平台上，屏幕上实时展示着各个车间的生产进度、产量、生产效率、关键质量指标等数据；巡检员戴着 AR 眼镜，通过前端的摄像头扫描设备上的 AR 码，手指在空中点击，眼前就会出现设备的各项实时数据，从而完成智能化快速巡检；一卷卷面料"听从指令"，从立体货架里被筛选出列，途经智能裁剪房、智能缝制车间，裁剪完成的衣料全程"脚不沾地"，不一会儿就以成衣的形式陆续下线，随后自动分款、分色、分码、包装进入仓库……这一系列的服装面辅料智能仓储、智能裁剪、AI 排产吊挂、智能缝纫、智能分拣、数字化成品仓储等软硬件为一体的智能化服装成套装备服务方案；为小微型服装企业提供星链云联解决方案，通过工业互联网平台把服装工厂的中心工厂和卫星工厂有效联接起来，显著提升了服装企业的产品质量，极大缩减了交付周期。

在5G智慧工厂的智能排产系统中，分批成本核算与管理成为精细化运营的核心支撑。面对每日数百个"小单快反"订单，系统通过AI算法自动划分生产批次，实时采集每批次原辅料消耗、设备工时、人工协作等数据，动态生成内部生产排期单，实现产品成本的精准核算；智能识别不同批次工艺差异，自动匹配间接费用分摊规则，避免传统核算中"批次成本模糊"问题；当某批次缝制环节耗时超预设标准20%时，系统即刻触发成本异常警报并追溯至具体工位，实现动态预警。

这种智能化的生产方式，正是分批法成本核算与管理模式在现代制造业中的生动体现。成本会计人员通过学习和掌握分批法的具体操作程序，能够更好地适应这种新的生产方式，为企业的精细化管理提供有力的支持。同时，会计人员还需要具备战略眼光，不断探索适合科技创新项目的成本核算与管理模式，以推动企业的持续发展和创新。

同步测试题

一、单项选择题

1. 采用简化分批法，在产品完工之前，各批产品成本明细账（　　）。
   A．不登记任何费用
   B．只登记材料费用
   C．登记间接计入费用，不登记直接计入费用
   D．登记直接计入费用和生产工时，不登记间接计入费用

2. 分批法适用于（　　）。
   A．大批大量多步骤生产　　　B．大批大量单步骤生产
   C．大批大量生产　　　　　　D．单件小批生产

3. 分批法的特点是（　　）。
   A．按产品步骤计算成本　　　B．按产品批别计算成本
   C．按照产品品种计算成本　　D．按车间来计算成本

4. 必须设置基本生产成本二级账的成本计算方法是（　　）。
   A．分批法　　　　　　　　　B．分步法
   C．品种法　　　　　　　　　D．简化分批法

5. 简化分批法适用于（　　）。
   A．各月间接计入费用水平相差不大　　B．月末未完工产品批数多
   C．同一月份投产批数多　　　　　　　D．同时具备上述三点

6. 对于采用分批法进行生产成本计算，下列说法正确的是（　　）。
   A．不存在完工产品和在产品之间的分配
   B．成本计算期和会计报告期一致
   C．适用于小批、单件、管理上不要求分步骤计算成本的多步骤生产
   D．以上说法全正确

7. 简化分批法与分批法的区别主要表现在（　　）。
   A．不分批计算在产品成本　　　　B．不进行间接费用的分配
   C．分批计算在产品成本　　　　　D．不分批核算原材料费用

二、多项选择题

1. 采用分批法计算产品成本时，如果批内产品跨月陆续完工的情况不多，完工产品数量占全部批量的比重很小，完工产品成本的计价可采用（　　）。
   A．实际单位成本　　　　　　　　B．计划单位成本
   C．定额单位成本　　　　　　　　D．近期相同产品的实际单位成本
2. 简化分批法也被称为（　　）。
   A．累计间接费用分配法　　　　　B．间接费用分配法
   C．累计分配法　　　　　　　　　D．不分批计算在产品成本分批法
3. 分批法的特点有（　　）。
   A．以生产批次作为成本计算对象
   B．产品成本计算期不固定，与会计报告期不一致
   C．一般不需要进行完工产品和在产品之间的分配
   D．不需要计算月末在产品成本

三、判断题

1. 在小批和单件生产中，如果产品的批量根据购买单位的订单确定，则按批、按件计算产品成本，也就是按订单计算产品成本。（　　）
2. 分批法不需要在完工产品和在产品之间分配费用。（　　）
3. 分批法下，成本计算期与会计报告期一致，而与产品生产周期不一致。（　　）
4. 相比较而言，简化分批法下，月末完工产品的批数越多，成本的核算工作就越简化。（　　）
5. 采用简化分批法时，各月间接费用水平相差悬殊的情况下，不会影响产品成本计算的正确性。（　　）

模块十一 分步法

学习目标

知识目标
- 理解分步法的特点及适用范围；明确分步法的核算原则和具体步骤；明确逐步结转分步法和平行结转分步法的区别。

能力目标
- 掌握逐步结转分步法和平行结转分步法的具体操作程序。

素养目标
- 在运用分步法核算成本的过程中，因为核算难度大、过程复杂，会计学生应当逐渐培养出严谨和细致的工作习惯。每一个生产步骤的成本数据都必须准确记录和核算，不容有丝毫马虎。此外，通过案例学习，我们能够领略到大国制造的卓越风采，汲取其中蕴含的工匠精神。

单元一 分步法概述

分步法

一、分步法的概念和特点

分步法是按照产品的生产步骤归集生产费用，计算产品成本的一种方法。它适用于大量大批多步骤并且管理上要求分步计算成本的产品生产。其主要特点有：

（1）以产品品种及其经过的加工步骤为成本核算对象，设置产品基本生产成本明细账。需要注意的是，产品成本计算所划分的步骤与实际的生产步骤不一定完全一致，企业既要考虑实际的生产步骤与管理的要求，又要本着简化核算工作的原则，合理确定成本计算对象。例如，为了简化成本计算工作，可以只对管理上有必要分步计算成本的生产步骤单独设立产品成本明细账，单独计算成本；而对管理上不要求单独计算成本的生产步骤，则可与其他生产步骤合并，设立产品成本明细账计算成本。如造纸厂的包装步骤，通常与制纸步骤合并在一起计算成本。

（2）成本计算按月进行。由于采用分步法计算产品成本的企业是大量大批生产，其生产是连续不断的，不可能等全部产品完工时才计算产品成本，只能定期在月末计算当月产出的完工产品成本，故成本计算期与生产周期不一致，与会计报告期一致。

（3）需要计算在产品成本。由于成本计算期与生产周期不一致，月末通常都会有在产品，因此月末还需要将归集在生产成本明细账中的生产成本在完工产品和在产品之间进行分配。

二、分步法的适用范围

分步法适用于大量大批的多步骤生产，如冶金企业的生产可分为炼铁、炼钢、轧钢等步骤，机械制造企业的生产可分为铸造、加工、装配等步骤。在这类企业中，产品生产可以分为若干个生产步骤，为了加强成本管理，通常不仅要求按照产品品种计算成本，还要求按照生产步骤计算成本，以便为考核和分析各种产品及各生产步骤的成本计划的执行情况提供资料。

三、分步法的种类

在实际工作中，根据成本管理对各生产步骤成本资料的不同要求（如是否要求计算半成品成本）和简化核算的要求，各生产步骤成本的计算和结转，一般采用逐步结转和平行结转两种方法，称为逐步结转分步法和平行结转分步法。逐步结转分步法是为了分步计算半成品成本而采用的一种分步法，也称计算半成品成本分步法。它是按照产品加工的顺序，逐步计算并结转半成品成本，直到最后加工步骤完成才能计算产成品成本的一种方法。平行结转分步法也称不计算半成品成本分步法。它是指在计算各步骤成本时，不计算各步骤所产生半成品的成本，也不计算各步骤所耗上一步骤的半成品成本，而只计算本步骤发生的各项其他成本，以及这些成本中应计入产成品的份额，将某一产品的各生产步骤应计入产成品成本的份额平行结转、汇总，即可计算出该种产品的产成品成本。

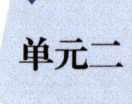

单元二　逐步结转分步法

一、逐步结转分步法的计算程序

逐步结转分步法是按照产品的生产步骤逐步计算并结转半成品成本，最后计算出产成品成本的一种分步法。逐步结转分步法是在大量、大批、多步骤生产的企业中，成本管理需要提供各个生产步骤的半成品成本资料而采用的一种分步法。在这种分步法下，企业按照产品加工顺序先计算第一个加工步骤的半成品成本，第一步骤完工的半成品成本应该从该步骤的产品明细账中转出，在转出时会受到半成品实物流转程序制约。半成品实物的流转程序有两种，即不通过仓库收发和通过仓库收发。

（1）半成品不通过仓库收发的情况下，先计算第一步骤的完工半成品成本和第一步骤的月末在产品成本，然后将本步骤的完工半成品成本转入第二步骤产成品成本明细账；第二步骤在核算半成品成本时，将第一步骤转来的完工半成品成本，再加上本步骤的加工费用，计算出第二步骤半成品成本；然后随着加工步骤依次逐步累计结转，直到最后步骤计算出产成品成本为止，具体计算程序如图11-1所示。

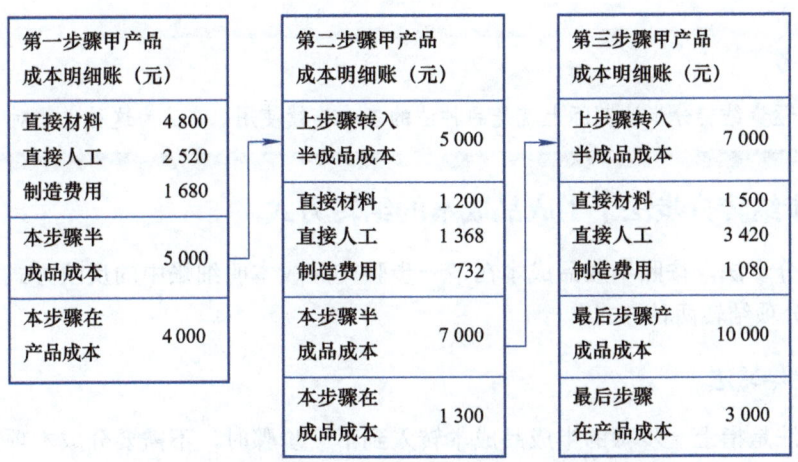

图 11-1　逐步结转分步法的计算程序（不通过半成品库收发）

（2）如果半成品完工后，不直接为下一步骤所领用，而要通过半成品库收发，在验收入库时，应编制借记"自制半成品"科目、贷记"基本生产成本"科目的会计分录。第二步骤领用第一步骤的自制半成品的时候，再根据领用数编制借记"基本生产成本"科目、贷记"自制半成品"科目的会计分录，将领用半成品的金额结转给第二个加工步骤。这时，第二步骤把第一步骤结转来的半成品成本加上本步骤耗用的材料成本和加工成本，即可求得第二个加工步骤的半成品成本。如果第二步骤既有半成品，又有加工中的在产品，则应将该步骤的生产费用采用适当的方法在其完工半成品与加工中在产品之间进行分配。下一步骤按照相同的程序计算，以此类推。在最后一个步骤的产成品成本明细账中，即可计算出产成品的成本。具体程序如图 11-2 所示。

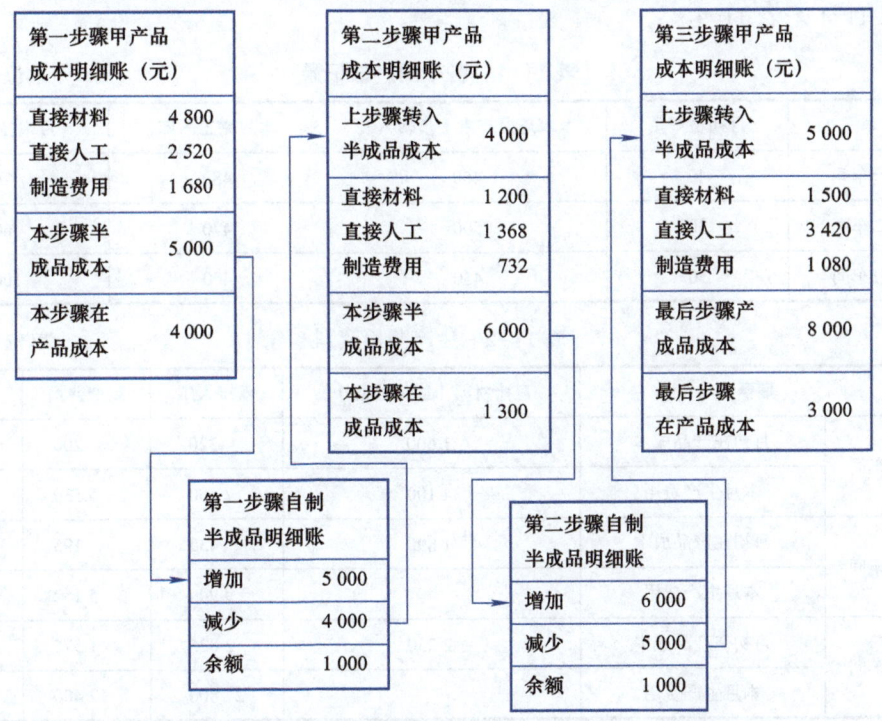

图 11-2　逐步结转分步法的计算程序（通过半成品库收发）

> **问题与思考**
>
> 有人说,逐步结转分步法实际上就是品种法的多次连续使用。你认为这种说法对吗?为什么?

二、逐步结转分步法下半成品成本的结转方式

逐步结转分步法,按照半成品成本在下一步骤产品成本明细账中的反映方式的不同,可分为综合结转和分项结转两种方式。

(一)综合结转法

综合结转法是指上一步骤的半成品成本转入到下一步骤时,不需要分成本项目,直接按照合计数记入下一步骤产品成本计算单的"直接材料"或专设的"半成品"成本项目中。如果半成品通过半成品库收发,由于各月所生产的半成品单位成本不同,因而所耗用的半成品单位成本可以采用先进先出法、全月一次加权平均法等存货发出的计价方法计算。

1. 综合结转法举例

例 11-1 某企业采用逐步结转分步法计算产品成本,分三个生产步骤生产甲产品,分别由三个车间进行。第一车间生产 A 半成品,交半成品库验收;第二车间按照所需数量向 A 半成品库领用 A 半成品生产 B 半成品;第三车间按照所需数量向 B 半成品库领用 B 半成品生产甲产品。第二车间所耗 A 半成品费用和第三车间所耗 B 半成品费用按全月一次加权平均单位成本计算。三个车间月末在产品均按定额成本计价。有关成本资料见表 11-1~表 11-4。

表 11-1 各车间产量记录 单位:件

车间	月初在产品	本月投产或上步转入	本月完工入库	月末在产品
一车间	40	460	480	20
二车间	30	500	470	60
三车间	50	450	400	100

表 11-2 生产费用资料 单位:元

	摘要	直接材料(或半成品)	直接人工	制造费用	合计
一车间	月初在产品成本	1 600	320	200	2 120
	本月生产费用	34 100	7 600	5 530	47 230
二车间	月初在产品成本	1 890	435	195	2 520
	本月生产费用		9 900	5 152	15 052
三车间	月初在产品成本	2 250	2 025	1 575	5 850
	本月生产费用		27 800	12 400	40 200

表 11-3 月末在产品单位定额成本表　　　　　　　　　　　　　　　　　　　　单位：元

生产步骤	直接材料（或半成品）	直接人工	制造费用	合计
第一步骤	40	8	5	53
第二步骤	63	14.5	6.5	84
第三步骤	95	15	7	117

表 11-4 月初自制半成品明细账余额表

自制半成品	数量（件）	单价（元/件）	金额（元）
A 半成品	100	102.90	10 290
B 半成品	200	137.09	27 418

1）根据各种费用分配表、半成品入库单和第一车间在产品定额成本资料登记第一车间 A 半成品基本生产成本明细账，见表 11-5。由于该企业采用月末在产品按定额成本计价法，因而完工转出的半成品成本，应根据生产费用合计数减去按定额成本计算的月末在产品成本计算。

表 11-5 基本生产成本明细账——A 半成品

第一车间 A 半成品

20××年		摘要	产量（件）	直接材料（元）	直接人工（元）	制造费用（元）	合计（元）
月	日						
10	31	月初在产品成本	40	1 600	320	200	2 120
11	30	本月生产费用	460	34 100	7 600	5 530	47 230
11	30	生产费用合计	500	35 700	7 920	5 730	49 350
11	30	完工转出半成品成本	480	34 900	7 760	5 630	48 290
11	30	完工半成品单位成本		72.71	16.17	11.73	100.61
11	30	月末在产品成本	20	800	160	100	1 060

根据第一车间的 A 半成品入库单所列数量和 A 半成品成本计算单（原始凭证，格式类似于表 11-5 多栏式成本明细账）所列金额，编制如下会计分录：

借：自制半成品——A 半成品　　　　　　　　　　　　　　48 290
　　贷：基本生产成本——第一车间——A 半成品　　　　　　48 290

2）根据 A 半成品入库单和第二车间 A 半成品领用单，登记自制半成品明细账，见表 11-6。

表 11-6 自制半成品——A 半成品存货明细账

（全月一次加权平均法）

20××年		月初结存		本月增加		合计			本月减少	
月	日	金额（元）	数量（件）	金额（元）	数量（件）	金额（元）	数量（件）	单价（元）	金额（元）	数量（件）
11	30	10 290	100	48 290	480	58 580	580	101.00	50 500	500
12	1	8 080	80							

根据第二车间生产B半成品时，领用A半成品的领用单和存货明细账中所列发出A半成品的单位成本，编制如下会计分录：

借：基本生产成本——第二车间——B半成品　　　　50 500
　　贷：自制半成品——A半成品　　　　　　　　　　　50 500

3）根据表 11-2 提供的生产费用资料、A 半成品领用单、B 半成品入库单，以及表 11-3 第二车间在产品定额成本资料，登记 B 半成品基本生产成本明细账见表 11-7。

在 B 半成品基本生产成本明细账中，完工转出的 B 半成品成本，应根据生产费用合计数减去按定额成本计算的月末在产品成本计算。

表 11-7　基本生产成本明细账——B半成品

第二车间 B 半成品

20××年		摘要	产量（件）	半成品（元）	直接人工（元）	制造费用（元）	合计（元）
月	日						
10	31	月初在产品成本	30	1 890	435	195	2 520
11	30	本月生产费用	500	50 500	9 900	5 152	65 552
11	30	生产费用合计	530	52 390	10 335	5 347	68 072
11	30	完工转出半成品成本	470	48 610	9 465	4 957	63 032
11	30	完工半成品单位成本		103.43	20.14	10.55	134.12
11	30	月末在产品成本	60	3 780	870	390	5 040

根据第二车间 B 半成品入库单所列数量和 B 半成品成本计算单（原始凭证，格式类似于表 11-7 多栏式成本明细账）所列金额，编制如下会计分录：

借：自制半成品——B半成品　　　　　　　　　　63 032
　　贷：基本生产成本——第二车间——B半成品　　　　63 032

4）登记"自制半成品——B半成品"明细账如表 11-8 所示。

表 11-8　自制半成品——B半成品明细账

（全月一次加权平均法）

20××年		月初结存		本月增加		合计			本月减少	
月	日	金额（元）	数量（件）	金额（元）	数量（件）	金额（元）	数量（件）	单价（元）	金额（元）	数量（件）
11	30	27 418	200	63 032	470	90 450	670	135.00	60 750	450
12	1	29 700	220							

借：基本生产成本——第三车间——甲产品　　　　60 750
　　贷：自制半成品——B半成品　　　　　　　　　　　60 750

5）登记甲产品的基本生产明细账，见表 11-9。

表 11-9 基本生产成本明细账——甲产品

第三车间 甲产品

20××年		摘要	产量（件）	半成品（元）	直接人工（元）	制造费用（元）	合计（元）
月	日						
10	31	月初在产品成本	50	2 250	2 025	1 575	5 850
11	30	本月生产费用	450	60 750	27 800	12 400	100 950
11	30	生产费用合计	500	63 000	29 825	13 975	106 800
11	30	完工产品成本	400	53 500	28 325	13 275	95 100
11	30	完工产品单位成本		133.75	70.81	33.19	237.75
11	30	月末在产品成本	100	9 500	1 500	700	11 700

编制会计分录如下：

借：库存商品——甲产品　　　　　　　　　　　　　　　　95 100

　　贷：基本生产成本——第三车间——甲产品　　　　　　95 100

> **问题与思考**
>
> 如果第二步骤中，产品成本在完工成品和在产品之间分配的方法为约当产量法，该如何登记 B 半成品的基本生产成本明细账？假定半成品在开始生产时一次投入，月末各个生产步骤的在产品完工程度均为 60%。

2. 综合结转法的成本还原

在采用综合结转法结转半成品成本时，一般还需要进行成本还原。因为在该种方法下，各步骤所耗半成品的成本是以"半成品"或"原材料"项目综合反映的。这样计算出来的产成品成本，不能提供按原始成本项目反映的成本资料；在生产步骤较多的情况下，逐步综合结转半成品成本以后，表现在产成品成本中的绝大部分费用，是最后一个步骤所耗半成品的费用，其他费用（直接人工、制造费用）只是最后一个步骤的费用，在产品成本中所占的比重很小。这显然不符合企业产品成本结构（也就是各项成本之间的比例关系）的实际情况，因而不能据以从整个企业的角度来考核与分析产品成本的构成和水平。所以，如果管理上要求从整个企业角度考核成本项目构成时，要将逐步综合结转算出的产成品还原，使其成为按原始成本项目反映的成本。

通常采用的成本还原方法是：从最后一个步骤起，把各步骤所耗上一步骤半成品的综合成本逐步分解，还原成直接材料、直接人工和制造费用等原始成本项目，从而求得按原始成本项目反映的产成品成本资料。一般是按本月所产半成品的成本结构进行还原，也就是：从最后一个步骤起，把各步骤所耗上一步骤半成品的综合成本，按照上一步骤所产半成品成本的结构逐步分解，还原成按照原始成本项目反映的产成品成本。

因为各步骤所耗的半成品费用恰好是上步骤完工的半成品成本，所以本步骤完工产品中所含半成品费用的各项费用结构近似于上一步骤完工的半成品成本的结构。也就是：产成品中的半成品费用按照本月所产半成品成本的结构还原。

其计算公式如下：

还原分配率＝本月产成品所耗上一步骤半成品成本合计÷本月所产该种半成品成本合计

应还原的某项成本项目金额＝上一步骤生产的半成品某个成本项目的成本×还原分配率

例 11-2 假设某企业生产乙产品需要两个步骤，分别由两个车间进行。本月投产，本月完工。一车间在生产过程中耗用直接材料 4 800 元，直接人工 2 520 元，制造费用 1 680 元。自制半成品成本为 9 000 元。半成品完工后直接转入下一车间继续加工。完工产品成本为二车间根据上一步骤转来自制半成品再投入直接人工 1 368 元，制造费用 732 元后加工完成。完工产品成本为 11 100 元。问：价值 11 100 元的乙产品中所含的直接材料、直接人工、制造费用分别是多少？

这时，你会很容易回答：直接材料 4 800 元，直接人工 3 888（2 520+1 368）元，制造费用 2 412（1 680+732）元。但是如果半成品完工后不是直接转入下一车间继续加工，而是要验收入库，并且二车间领用自制半成品的时候也不是全部被领用，或者月末存在在产品的情况下，又是怎么分解完工产品中所包含的原始成本项目构成数呢？请看下面的例题。

例 11-3 承例 11-1，假设该企业需要进行成本还原。企业第三车间甲产品明细账（表 11-9）中算出的本月产成品所耗 B 半成品费用为 53 500 元，按照第二车间 B 半成品基本生产成本明细账（表 11-7）中算出的本月所产半成品成本 63 032 元的各项比例关系进行分解、还原。

（1）第一次成本还原。

第一次还原分配率＝53 500÷63 032＝0.848 78

1）甲产品所耗 B 半成品成本中的 A 半成品费用＝0.848 78×48 610＝41 259.20（元）

2）甲产品所耗 B 半成品成本中的直接人工费用＝0.848 78×9 465＝8 033.70（元）

3）甲产品所耗 B 半成品成本中的制造费用＝53 500－41 259.20－8 033.70＝4 207.10（元）

（2）第二次成本还原。

经过第一次还原后，还需把甲产品所耗 A 半成品的费用分解成最终的直接材料、直接人工、制造费用。

第二次还原分配率＝41 259.20÷48 290＝0.854 40

1）甲产品所耗 A 半成品成本中的直接材料费用＝0.854 40×34 900＝29 818.56（元）

2）甲产品所耗 A 半成品成本中的直接人工费用＝0.854 40×7 760＝6 630.14（元）

3）甲产品所耗 A 半成品成本中的制造费用＝41 259.20－29 818.56－6 630.14＝4 810.50（元）

经过以上两次还原，甲产品的成本构成如下：

1）甲产品所耗直接材料合计＝29 818.56（元）

2）甲产品所耗直接人工合计＝6 630.14+8 033.70+28 325.00＝42 988.84（元）

3）甲产品所耗制造费用合计＝4 810.50+4 207.10+13 275.00＝22 292.60（元）

为此，编制产成品成本还原计算表，见表 11-10。

表 11-10 产成品成本还原计算表

20××年11月　　　　　　　　　　　　　　单位：元

项目	还原分配率	半成品	直接材料	直接人工	制造费用	合计
还原前产成品成本		53 500.00		28 325.00	13 275.00	95 100.00
本月所产 B 半成品成本		48 610.00		9 465.00	4 957.00	63 032.00
第一次成本还原	0.848 78	41 259.20		8 033.70	4 207.10	53 500.00
本月所产 A 半成品成本			34 900.00	7 760.00	5 630.00	48 290.00
第二次成本还原	0.854 40		29 818.56	6 630.14	4 810.50	41 259.20
还原后产成品总成本			29 818.56	42 988.84	22 292.60	95 100.00
还原后产成品单位成本			74.55	107.47	55.73	237.75

按照上述方法进行成本还原是按本月所产半成品的成本结构进行还原的，但本月实际耗用半成品是月初结存半成品和本月所产半成品的加权平均。如果考虑以前月份所产半成品结构的影响，在各月所产半成品的成本结构变化比较大的情况下，采用这种方法进行成本还原准确性会较差。

3. 综合结转法的优缺点和应用条件

综合结转法的优点是可以在各生产步骤的产品明细账中反映各该步骤完工产品所耗用半成品费用的水平和本步骤加工费用的水平，有利于各个生产步骤的成本管理；缺点是为了从整个企业的角度反映产品成本的构成，加强企业综合的成本管理，必须进行成本还原，从而增加核算工作量。因此这种结转方法一般适用于管理上要求计算各步骤完工半成品所耗半成品费用，但不要求进行成本还原的情况。

（二）分项结转法

分项结转法是指将各步骤所耗用的上一步骤半成品成本，按照成本项目分项转入各步骤产品成本明细账的各个成本项目中。如果半成品通过半成品库收发，在自制半成品明细账中登记半成品成本时，也要按照成本项目分别登记。

1. 分项结转法举例

例 11-4 承例 11-1，该企业采用分项结转法将半成品转入各步骤产品成本明细账的各个成本项目中。生产量资料见表 11-1，其他资料见表 11-11～表 11-13。

表 11-11 月末在产品单位定额成本表

生产步骤	直接材料（或半成品）（元）	直接人工（元）	制造费用（元）	合计（元）
第一步骤	40	8	5	53
第二步骤	41	28	15	84
第三步骤	45	40.5	31.5	117

表 11-12 生产费用资料

生产步骤		直接材料（元）	直接人工（元）	制造费用（元）	合计（元）
一车间	月初在产品成本	1 600	320	200	2 120
	本月生产费用	34 100	7 600	5 530	47 230
二车间	月初在产品成本	1 230	840	450	2 520
	本月生产费用		9 900	5 152	
三车间	月初在产品成本	2 250	2 025	1 575	5 850
	本月生产费用		27 800	12 400	

表 11-13 自制半成品月初余额表

	数量（件）	直接材料（元）	直接人工（元）	制造费用（元）	成本合计（元）
A 半成品	100	7 300	1 750	1 240	10 290
B 半成品	200	15 000	7 350	5 068	27 418

1）根据表 11-2 提供的生产费用资料、表 11-1 产量记录、A 半成品入库单和表 11-3 第一车间在产品定额成本资料登记第一车间 A 半成品基本生产成本明细账，见表 11-5。

2）根据表 11-13 提供的自制半成品月初余额、A 半成品入库单和第二车间领用 A 半成品领用单，登记自制半成品明细账，见表 11-14。

表 11-14 自制半成品——A 半成品明细账

（全月一次加权平均法）

月份	摘要	数量（件）	实际成本（元）			
			直接材料	直接人工	制造费用	成本合计
11	月初 A 半成品余额	100	7 300	1 750	1 240	10 290
11	本月入库 A 半成品	480	34 900	7 760	5 630	48 290
11	A 半成品累计	580	42 200	9 510	6 870	58 580
11	加权平均单位成本		72.76	16.40	11.84	101.00
11	二车间领用 A 半成品	500	36 380	8 200	5 920	50 500
12	月末 A 半成品结存	80	5 820	1 310	950	8 080

3）根据表 11-12 提供的生产费用资料、表 11-14 提供的 A 半成品领用资料、表 11-1 产量记录，以及表 11-3 第二车间月末在产品定额成本资料，登记 B 半成品基本生产成本明细账，见表 11-15。

表 11-15 基本生产成本明细账——B 半成品

第二车间 B 半成品　　　　　　　　　　　　　　　单位：元

20××年		摘要	直接材料	直接人工	制造费用	合计
月	日					
10	31	二车间月初在产品成本	1 230	840	450	2 520
11	30	本月本步骤加工费用		9 900	5 152	15 052
11	30	本月耗用 A 半成品费用	36 380	8 200	5 920	50 500
11	30	生产费用合计	37 610	18 940	11 522	68 072
11	30	完工转出 B 半成品成本（470 件）	35 150	17 260	10 622	63 032
11	30	完工 B 半成品单位成本	74.79	36.72	22.60	134.11
11	30	月末在产品成本	2 460	1 680	900	5 040

4）根据表 11-13 提供的自制半成品月初余额、B 半成品入库单和第三车间领用 B 半成品领用单，登记自制半成品明细账，见表 11-16。

表 11-16 自制半成品——B 半成品明细账

（全月一次加权平均法）　　　　　　　　　　　单位：元

月份	摘要	数量（件）	实际成本			
			直接材料	直接人工	制造费用	成本合计
11	月初 B 半成品余额	200	15 000	7 350	5 068	27 418
11	本月入库 B 半成品	470	35 150	17 260	10 622	63 032
11	B 半成品累计	670	50 150	24 610	15 690	90 450
11	加权平均单位成本		74.85	36.73	23.42	135.00
11	二车间领用 B 半成品	450	33 682.5	16 528.5	10 539	60 750
12	月末 B 半成品结存	220	16 467.5	8 081.5	5 151	29 700

5）根据表 11-12 提供的生产费用资料、表 11-14 提供的 A 半成品领用资料、表 11-1 产量记录，以及表 11-3 第二车间月末在产品定额成本资料，登记甲产品基本生产成本明细账，见表 11-17。

表 11-17 基本生产成本明细账——甲产品

第三车间 甲产品　　　　　　　　　　　　　　　单位：元

20××年		摘要	直接材料	直接人工	制造费用	合计
月	日					
10	31	三车间月初在产品成本	2 250	2 025	1 575	5 850
11	30	本月本步骤加工费用		27 800	12 400	40 200
11	30	本月耗用 B 半成品费用	33 682.5	16 528.5	10 539	60 750
11	30	生产费用合计	35 932.5	46 353.5	24 514	106 800
11	30	转出完工甲产品成本	31 432.5	42 303.5	21 364	95 100
11	30	完工甲产品单位成本（400 件）	78.58	105.76	53.41	237.75
11	30	月末在产品成本	4 500	4 050	3 150	11 700

本例会计分录的做法同例 11-1。从表 11-17 可以看出，产成品单位成本的合计数为 237.75 元，与综合结转法还原表中还原后产成品的单位成本合计数相同，但是两者的成本结构并不相同。原因在于：表 11-10 产成品成本还原计算表中产成品所耗半成品各项费用是按本月所产半成品的成本结构还原计算出来的，没有考虑以前月份所产半成品的成本结构的影响；而分项结转法中，产成品所耗半成品各项费用是按照原始成本项目逐步转入的，包括以前月份所产半成品结构的影响。

> **问题与思考**
>
> 表 11-17 与表 11-10 的不同之处在哪里？两个表中的"直接人工"和"制造费用"包含的内容是否相同？

2. 分项结转法的优缺点和应用条件

采用分项结转法结转半成品成本，其优点是可以直接、正确地提供按原始成本项目反映的企业产品成本资料，便于从整个企业的角度考核和分析成本计划的执行情况，不需要进行成本还原；其缺点是成本结转工作比较复杂，而且在各步骤完工产品成本中看不出所耗上一步骤半成品费用是多少、本步骤加工费用是多少，不便于各步骤完工产品的成本分析。该方法一般适用在管理上不要求计算各步骤完工产品所耗半成品费用和本步骤加工费用，而要求按原始成本项目计算产品成本的企业。

单元三　平行结转分步法

一、平行结转分步法的计算程序

在采用分步法的大量大批多步骤生产的企业中，有的各步骤所产半成品的种类很多（如机械制造业），又很少对外出售，因而管理上并不需要计算半成品成本。在这种情况下，为了简化和加速成本计算工作，在计算各步骤成本时，不计算各步骤所耗上一步骤的半成品成本而只计算本步骤发生的各项其他费用及这些费用应计入产品成本的"份额"。

从图 11-3 可以看出，各生产步骤均不计算本步骤的半成品成本，尽管半成品的实物转入下一生产步骤继续加工，但其成本并不结转到下一生产步骤的成本计算单中去，只是在产品最后完工入库时，才将各步骤生产成本中应由完工产品负担的份额，从各步骤成本计算单中转出，平行汇总计算产成品的成本。

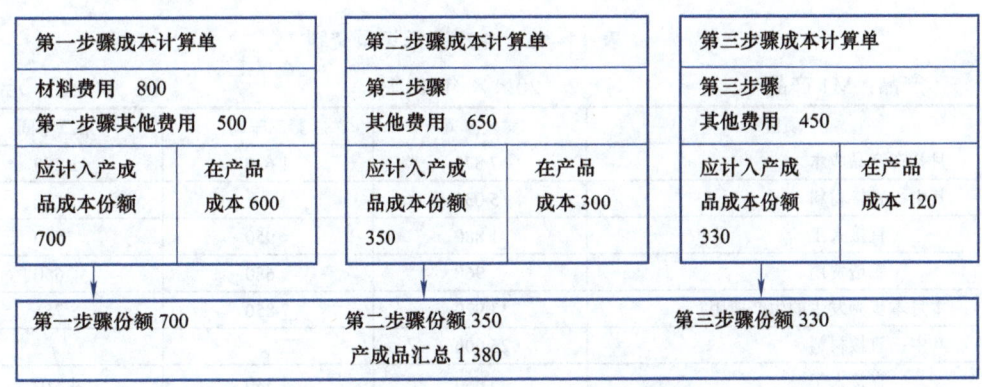

图 11-3 平行结转分步法计算程序

采用平行结转分步法，每一步骤的生产费用也要在其完工产品和月末在产品之间进行分配，但是，这里的完工产品是指企业最后完工的产成品。与此联系，这里的在产品是指尚未产成的全部在产品和半成品（即广义的在产品），包括：尚在步骤加工中的在产品；本步骤已完工转入半成品库的半成品；已从半成品库转到以后各步骤进一步加工、尚未最后完工的在产品。

二、平行结转分步法下产品生产成本在完工产品和在产品之间的分配

在平行结转分步法下，合理确定各步骤应计入产成品成本中的费用"份额"，即每一生产步骤的生产费用如何正确地在狭义完工产品（产成品）和广义在产品之间进行分配是该种方法的关键。各企业应根据具体情况，选用模块七所述的分配方法进行分配。

例 11-5 大华工厂设有第一、第二和第三共三个基本生产车间，大量生产 M1 产品。M1 产品原材料在第一车间生产开始时一次投入，然后顺序经过第二和第三生产车间加工。第一车间生产的产品为 M1 产品的 A 半成品，完工后不经过半成品仓库，全部直接交给第二车间继续加工；第二车间将 M1 产品的 A 半成品进一步加工为 M1 产品的 B 半成品，完工后全部直接交给第三车间继续加工为 M1 产品产成品；第三车间生产完工后全部交给产成品仓库。

该厂需要分生产车间（生产步骤）控制费用，但由于自制的 A 半成品和 B 半成品都全部用于 M1 产品生产，不对外出售，为了简化计算，不计算半成品成本，成本核算采用平行结转分步法。

根据平行结转分步法的原理，该厂以生产的 M1 产品产成品及其所经的生产步骤为成本核算对象，按照第一车间、第二车间和第三车间开设产品生产成本明细账，并按直接材料、直接人工和制造费用三个成本项目设专栏组织核算。

该厂生产费用在完工产品和月末在产品之间的分配采用约当产量法。M1 产品月初在产品成本和本月本车间发生的生产费用记录资料、本月各生产车间生产数量记录资料见表 11-18 和表 11-19。

表 11-18 生产费用记录资料

产品：M1 产品　　　　　　20×× 年 10 月　　　　　　　　　　　　单位：元

项目	第一车间	第二车间	第三车间
月初在产品成本	7 870	1 630	1 200
其中：直接材料	5 030		
直接人工	1 880	950	540
制造费用	960	680	660
本月本步骤发生的生产费用	33 920	7 850	8 751
其中：直接材料	25 000		
直接人工	5 680	4 330	4 810
制造费用	3 240	3 520	3 941

表 11-19 生产数量记录资料

产品：M1 产品　　　　　　20×× 年 10 月　　　　　　　　　　　　单位：件

项目	第一车间	第二车间	第三车间
月初在产品	8	14	22
本月投入或上步转入	110	90	92
本月完工转入下步或交库	90	92	100
月末在产品	28	12	14
加工程度	50%	50%	50%

在采用约当产量法在完工产品和月末在产品之间分配生产费用时，各步骤月末在产品约当产量，应按下列公式计算：

在产品约当产量 = 本步骤在产品约当产量 + 经本步骤加工转入后面各步骤的在产品数量及入库的半成品数量

某生产步骤月末广义在产品的约当产量，加上最终完工产品耗用该步骤半成品的数量等于该生产步骤的生产总量（约当总产量）。它是该生产步骤在完工产品和月末在产品之间进行费用分配的分配标准。

（1）第一车间产品生产成本明细账见表 11-20。

表 11-20 第一车间产品生产成本明细账

产品：M1 产品　　　　　　20×× 年 10 月　　　　　　　　　　　　单位：元

摘要		直接材料	直接人工	制造费用	合计
月初在产品成本		5 030	1 880	960	7 870
本月发生生产费用		25 000	5 680	3 240	33 920
生产费用合计		30 030	7 560	4 200	41 790
最终产成品数量		100	100	100	
在产品约当产量	本步骤在产品约当产量	28	14	14	
	已交下步未完工在成品	26	26	26	
生产总量（分配标准）		154	140	140	
单位产成品成本份额		195	54	30	279
100 件产成品成本份额		19 500	5 400	3 000	27 900
月末在产品成本		10 530	2 160	1 200	13 890

1)"直接材料"成本项目。

第一车间期末广义在产品约当产量=28×100%+12+14=54(件)

材料费用分配率=(5 030+25 000)÷(100+54)=195(元/件)

直接材料应计入产成品成本份额=100×195=19 500(元)

期末广义在产品的原材料费用=5 030+25 000−19 500=10 530(元)

2)"直接人工"成本项目。

第一车间期末广义在产品约当产量=28×50%+12+14=40(件)

直接人工费用分配率=(1 880+5 680)÷(100+40)=54(元/件)

直接人工应计入产成品成本份额=100×54=5 400(元)

期末广义在产品的直接人工费用=1 880+5 680−5 400=2 160(元)

3)"制造费用"成本项目。

第一车间期末广义在产品约当产量=28×50%+12+14=40(件)

制造费用分配率=(960+3 240)÷(100+40)=30(元/件)

制造费用应计入产成品成本份额=100×30=3 000(元)

期末广义在产品的制造费用=960+3 240−3 000=1 200(元)

(2)第二车间产品生产成本明细账见表11-21。

表11-21 第二车间产品生产成本明细账

产品:M1产品　　　　　　　　　　20××年10月　　　　　　　　　　单位:元

摘要		直接材料	直接人工	制造费用	合计
月初在产品成本			950	680	1 630
本月发生生产费用			4 330	3 520	7 850
生产费用合计			5 280	4 200	9 480
最终产成品数量			100	100	
在产品约当产量	本步骤在产品约当产量		6	6	
	已交下步未完成工在成品		14	14	
生产总量(分配标准)			120	120	
单位产成品成本份额			44	35	79
100件产成品成本份额			4 400	3 500	7 900
月份在产品成本			880	700	1 580

1)"直接人工"成本项目。

第二车间期末广义在产品约当产量=12×50%+14=20(件)

直接人工费用分配率=(950+4 330)÷(100+20)=44(元/件)

直接人工应计入产成品成本份额=100×44=4 400(元)

期末广义在产品的直接人工费用=20×44=880(元)

2)"制造费用"成本项目。

第二车间期末广义在产品约当产量=12×50%+14=20(件)

制造费用分配率=(680+3 520)÷(100+20)=35(元/件)

制造费用应计入产成品成本份额 =100×35=3 500（元）
期末广义在产品的制造费用 =20×35=700（元）
（3）第三车间产品生产成本明细账见表11-22。

表 11-22 第三车间产品生产成本明细账

产品：M1 产品　　　　　　20××年10月　　　　　　　　　　单位：元

摘要		直接材料	直接人工	制造费用	合计
月初在产品成本			540	660	1 200
本月发生生产费用			4 810	3 941	8 751
生产费用合计			5 350	4 601	9 951
最终产成品数量			100	100	
在产品约当产量	本步骤在产品约当量		7	7	
	已交下步未完成工在成品				
生产总量（分配标准）			107	107	
单位产成品成本份额			50	43	93
100 件产成品成本份额			5 000	4 300	9 300
月份在产品成本			350	301	651

1）"直接人工"成本项目。

第三车间期末广义在产品约当产量 =14×50%=7（件）

直接人工费用分配率 =（540+4 810）÷（100+7）=50（元/件）

直接人工应计入产成品成本份额 =100×50=5 000（元）

期末广义在产品的直接人工费用 =50×7=350（元）

2）"制造费用"成本项目。

第三车间期末广义在产品约当产量 =14×50%=7（件）

制造费用分配率 =（660+3 941）÷（100+7）=43（元/件）

制造费用应计入产成品成本份额 =100×43=4 300（元）

期末广义在产品的制造费用 =43×7=301（元）

（4）汇总计算 M1 产品产成品总成本和单位成本，见表11-23。

表 11-23 产品成本计算汇总表

产品：M1 产品　　　　　　20××年10月　　　　产量：100件　　　单位：元

车间	直接材料	直接人工	制造费用	合计
第一车间	19 500	5 400	3 000	27 900
第二车间		4 400	3 500	7 900
第三车间		5 000	4 300	9 300
完工产品总成本	19 500	14 800	10 800	45 100
完工产品单位成本	195	148	108	451

根据产品成本计算汇总表，编制结转完工入库 M1 产品成本的会计分录如下：

借：库存商品——M1 产品　　　　　　　　　　　　　　　　45 100
　　贷：生产成本——第一车间——M1 产品　　　　　　　　27 900
　　　　　　　　——第二车间——M1 产品　　　　　　　　 7 900
　　　　　　　　——第三车间——M1 产品　　　　　　　　 9 300

三、平行结转分步法与逐步结转分步法的区别

1. 成本管理的要求不同

平行结转分步法只要求计算本步骤所发生的费用，不要求计算也不结转半成品成本。逐步结转分步法要求计算并结转半成品成本。

2. 产成品成本的计算方式不同

逐步结转分步法和平行结转分步法的比较

平行结转分步法是将各生产步骤应计入相同产成品成本的份额汇总，来求得产成品成本的。逐步结转分步法是按照产品成本核算所划分的生产步骤，逐步计算和结转半成品成本，直到最后步骤计算出产成品成本。各生产步骤的成本核算要等待上一步骤的成本核算结果（转入的半成品成本数额）。

3. 在产品的含义不同

平行结转不计算也不结转半成品成本，各生产步骤完工产品只指最终产成品所耗用的本步骤的半成品；期末在产品则既包括本步骤正在加工的在制品，又包括已经完工交给以后各步骤，但尚未最终完工的半成品，即广义在产品。逐步结转分步法计算并结转半成品成本，半成品成本随着其实物的转移而结转，设有半成品仓库时，设置"自制半成品"科目，同时进行数量和金额的核算。

四、平行结转分步法的优缺点和应用条件

1. 平行结转分步法的优缺点

平行结转分步法的优点：各步骤可以同时计算产品成本，将计入完工产品成本的份额平行结转汇总计入产成品成本，不必逐步结转半成品成本，从而可简化和加速成本计算工作；能够直接提供按原始成本项目反映的产成品成本资料，不必进行成本还原，简化了成本计算工作。

分步法中三种方法对比（一）

平行结转分步法的缺点：不能提供各步骤半成品成本资料及各步骤所耗上一步骤半成品费用资料，因而不能全面地反映各步骤生产耗费水平，不利于各步骤的成本管理；由于各步骤间不结转半成品成本，使半成品实物转移与费用结转脱节，因而不能为各步骤在产品的实物管理和资金管理提供资料。

2. 平行结转分步法的应用条件

分步法中三种方法对比（二）

平行结转分步法的优缺点与逐步结转分步法的优缺点相反。因此，该方法只适宜在半成品种类较多，逐步结转半成品成本工作量较大，管理上又不要求提供各步骤半成品成本资料的情况下采用。

素养案例

中国汽车数智化之路不凡

如果说一百多年前第一辆四轮汽车的诞生，让汽车有了完整的"躯体"，那么如今当汽车社会遇见人工智能，汽车便能拥有更加智慧的"大脑"。人机交互、线控转向、主动悬架等技术加快突破，大算力、大数据、大模型等快速发展……全球汽车产业激烈竞争中，我国向绿色化、智能化加快突破，智能网联汽车成为我国汽车产业布局新赛道的重要抓手。

某新能源汽车制造企业，采用分步法进行智能化成本核算的创新实践颇具代表性。该企业在电池模组生产环节设立"电极制备→电芯组装→模组集成"三级智能车间，每个车间配备工业物联网系统实时采集物料消耗、能耗数据及工序良品率。通过数字孪生技术建立动态成本模型，将传统分步法中的"约当产量计算"升级为基于AI算法的"动态质量预测"，使成本核算误差率从传统模式的5%降至0.8%。在总装车间，通过视觉识别系统与MES系统的联动，实现了从零部件追溯、工序成本归集到整车成本分析的全程数字化，使单车成本核算周期缩短72%。这种分步法与智能制造的深度融合，不仅提升了成本管控精度，更推动了企业从"经验决策"向"数据决策"的转型升级。

从"世界工厂"到"产业引擎"，中国新能源汽车已成为"中国创造"的一张新名片。制造更"聪明"的车、建设更"智慧"的路、铺设更"安全"的体系，中国汽车数智化正向着更绿色、更智能的未来不断进发。

一、单项选择题

1. 下列方法中无须计算半成品成本的方法是（　　）。
   A．逐步结转分步法　　　　　　　　B．综合结转分步法
   C．分项结转分步法　　　　　　　　D．平行结转分步法

2. 采用逐步结转分步法，其在完工产品与在产品之间分配费用，是指在（　　）之间分配费用。
   A．产成品与月末在产品
   B．完工半成品与月末加工中的在产品
   C．产成品与广义的在产品
   D．除最后步骤以外前面步骤的完工半成品与加工中的在产品及最后步骤的产成品与加工中的在产品

3. 成本还原的对象是（　　）。
   A．产成品
   B．各步骤所耗上一步骤半成品的综合成本
   C．最后步骤的产成品成本

D．各步骤半成品成本
4．进行成本还原，应以还原分配率分别乘以（　　）。
   A．本月所产半成品各个成本项目的费用
   B．本月所耗半成品各个成本项目的费用
   C．本月所产该种半成品各个成本项目的费用
   D．本月所耗该种半成品各个成本项目的费用
5．采用平行结转分步法，（　　）。
   A．不能全面反映各个生产步骤产品的生产耗费水平
   B．能够全面反映各个生产步骤产品的生产耗费水平
   C．能够全面地反映第一个生产步骤产品的生产耗费水平
   D．能够全面地反映最后一个步骤产品的生产耗费水平
6．下列方法中需要进行成本还原的是（　　）。
   A．平行结转分步法　　　　　　　B．逐步结转分步法
   C．综合结转分步法　　　　　　　D．分项结转分步法
7．成本还原就是从最后一个步骤起，把各步骤所耗上一步骤半成品成本，按照（　　）逐步分解，还原算出按原始成本项目反映的产成品成本。
   A．本月所耗半成品成本结构　　　B．本月完工产品成本的结构
   C．上一步骤所产该种半成品成本的结构　D．上一步骤月末在产品成本的结构
8．采用逐步结转分步法时，前一步骤完工半成品不通过半成品库收发，直接转入下一步骤继续生产时，应借记（　　）科目。
   A．"自制半成品"　　　　　　　B．"原材料"
   C．"基本生产成本"　　　　　　D．"制造费用"

二、多项选择题

1．采用综合结转分步法结转半成品成本的优点是（　　）。
   A．便于各步骤进行成本管理
   B．便于各生产步骤完工产品的成本分析
   C．便于从整个企业角度分析和考核产品成本的构成和水平
   D．便于同行业间产品成本对比分析
2．平行结转分步法的特点是（　　）。
   A．各生产步骤不计算半成品成本，只计算本步骤所发生的生产费用
   B．各步骤间不结转半成品成本
   C．各步骤应计算本步骤所发生的生产费用中应计入产成品成本的份额
   D．将各步骤应计入产成品成本的份额平行结转，汇总计算产成品的总成本和单位成本
3．在平行结转分步法下，完工产品与在产品之间费用的分配，正确的说法是指（　　）两者之间的费用分配。
   A．产成品与广义的在产品
   B．产成品与狭义的在产品

C．各步骤完工半成品与月末加工中的在产品
D．应计入产成品的"份额"与广义的在产品

4．广义的在产品是指（　　）。
A．尚在本步骤加工中的在产品
B．转入各半成品库的半成品
C．已从半成品库转到以后各步骤进一步加工、尚未最后制成的半成品
D．全部加工中的在产品和半成品

5．平行结转分步法适宜在（　　）的情况下采用。
A．产品种类多，计算和结转半成品工作量大
B．管理上不要求提供各步骤半成品成本资料
C．管理上不要求提供原始成本项目反映的产成品成本资料
D．管理上不要求全面地反映各个生产步骤的生产耗费水平

6．与逐步结转分步法相比，平行结转分步法的缺点是（　　）。
A．各步骤不能同时计算产品成本
B．不需要进行成本还原
C．不能为实物管理和资金管理提供资料
D．不能提供各步骤的半成品成本资料

三、判断题

1．分步法实质上是品种法的连续运用。（　　）
2．平行结转分步法下，不计算在产品成本。（　　）
3．逐步结转分步法下，无论是综合结转还是分项结转，本步骤所耗用上一步骤半成品成本一定是上一步骤完工半成品成本。（　　）
4．在采用逐步结转分步法时，无论是综合结转还是分项结转，第一步骤的半成品成本明细账登记方法均相同。（　　）
5．在逐步结转分步法下，如果通过半成品库收发，则应设置"自制半成品"科目核算。（　　）

模块十二 分 类 法

学习目标

知识目标
> 明确分类法的概念和适用范围。

能力目标
> 会用分类法结合其他成本核算的基本方法计算产品成本。

素养目标
> 树立全局观念，从企业整体利益出发看待成本核算问题。在进行产品分类和费用分配时，要综合考虑企业的生产战略、市场需求、产品质量等因素，不能只关注局部利益而忽视企业整体效益。

单元一 分类法概述

前面几个模块中，我们对产品成本计算的基本方法进行了阐述，这三种基本方法（品种法、分批法、分步法）是制造企业产品成本计算的常用方法。但是在实际工作中，由于某些企业的特殊情况，可能需要采取一些其他成本计算方法，如在产品品种、规格繁多且加工工艺基本相同的企业，为简化成本计算而采用分类法，类内再按照一定的标准对产品成本进行分化。而联产品、副产品、等级品可以比照分类法的方法进行成本核算。

分类法

一、分类法的概念和特点

产品成本计算的分类法是按照产品类别归集生产费用，先计算各类产品的类别总成本，然后再按一定标准分配计算同类中各种产品成本的方法。在实际工作中，一般将类内各产品之间的分配成本比例折合为系数，按系数进行分配，所以分类法又可称为系数法。分类法有如下特点：
（1）以产品类别作为成本计算对象。
（2）按类归集的生产费用总额在完工产品和月末在产品之间进行分配。
（3）与产品成本计算的基本方法结合使用。分类法不是一种独立的产品成本计算方法，在计算同类产品的成本时，还需采用品种法、分步法或者分批法等基本计算方法。

二、分类法的成本计算程序

（1）确定产品的类别。按照产品的类别开设生产成本明细账，归集产品的生产费用。在划分产品类别的时候，要考虑产品性质、生产工艺、所耗用原材料是否相同等因素。

（2）每月月末，按类别计算出本月完工产品成本和月末在产品成本。在该步骤中，可根据成本核算特点采用前述的各种方法进行计算。

（3）计算分配类内各种产品或规格产品的成本。将已计算出的每类完工产品成本采用一定的方法分配给类内各种产品或不同规格的产品，然后计算产品的总成本和单位成本。

进行类内产品的费用分配是分类法的重点内容，在进行类内产品的费用分配时，可以按以下步骤进行：

1）确定标准产品及产品的分配标准额（如消耗定额、费用定额或工时定额等），将标准产品的系数定为"1"。标准产品一般选用产销量大、生产正常、售价稳定、规格折中的产品。

2）用其他产品的分配标准额同标准产品的分配标准额相比，计算出比率，即系数。

3）计算各产品的总系数。

$$某种产品总系数（标准产量）= 该产品实际产量 \times 系数$$
$$类内标准产品总量（总系数）= \sum 各产品标准产量$$

4）利用总系数进行费用分配，计算出各种产品负担费用。

$$分配率（单位系数成本）= 某类产品总成本 \div 类标准产品总量$$
$$某种产品总成本 = 分配率 \times 该产品总系数$$
$$某种产品单位成本 = 该种产品总成本 \div 该种产品产量$$

5）汇总计算各种完工产品的总成本和单位成本。

> 💡 **问题与思考**
>
> 利用分类法计算产品成本时，确定类别的关键是什么？

三、系数的计算方法

要进行类内产品费用分配，首先要计算系数，由于成本计算要求的不同，系数可以分为综合系数和单项系数。

1. 综合系数

综合系数是以某一综合性分配标准为基础制定的系数，计算公式为：

$$单位成本系数 = 某种产品的定额成本 \div 标准产品的定额成本$$

采用综合系数分配费用，计算比较简单，但分配结果的正确性较差。

例 12-1 某企业采用分类法对产品成本进行核算，A 类产品分为甲、乙、丙三个品种。乙产品为标准产品。该类产品本月总成本为 18 330 元（其中直接材料 12 000 元，直接人工 3 000 元，制造费用 3 330 元）。该类产品的产量和单位定额成本见表 12-1。

表 12-1 产量和单位定额成本表

20××年×月

产品类别	规格	产量（件）	单位定额成本（元）
A 类产品	甲	80	13.5
	乙	240	18
	丙	160	21.24

（1）甲产品单位成本系数 =13.5÷18=0.75

乙产品单位成本系数 =18÷18=1

丙产品单位成本系数 =21.24÷18=1.18

（2）甲产品总系数（标准产量）=80×0.75=60

乙产品总系数（标准产量）=240×1=240

丙产品总系数（标准产量）=160×1.18=188.8

A 类标准产品总量（总系数）=60+240+188.8=488.8

（3）分配率 =A 类产品总成本 ÷A 类标准产品总量 =18 330÷488.8=37.5（元/件）

（4）甲产品总成本 = 分配率 × 甲产品总系数 =37.5×60=2 250（元）

乙产品总成本 =37.5×240=9 000（元）

丙产品总成本 =37.5×188.8=7 080（元）

从上面的计算结果可以看出，我们得出的只是类内每种产品的总成本，但是无法看出总成本的结构如何。

2. 单项系数

单项系数是以某一单项分配标准为基础制定的系数。一般情况下，企业以原材料定额成本和工时定额作为标准分项计算系数。

（1）如果共同耗用多种原材料，则按定额成本计算，公式为：

原材料成本系数 = 某种产品所耗各种原材料定额成本 ÷ 标准产品所耗各种原材料定额成本

（2）如果共同耗用一种原材料，则按原材料的消耗定额计算系数，公式为：

原材料成本系数 = 某产品耗用原材料消耗定额 ÷ 标准产品耗用原材料消耗定额

产品的直接人工和制造费用可以按下列公式计算系数：

直接人工（制造费用）成本系数 = 某产品直接人工（制造费用）定额成本（或定额工时）÷ 标准产品直接人工（制造费用）定额成本（或定额工时）

采用单项系数分配计算产品成本，计算较复杂，但结果较准确。

系数确定后，再计算各种产品的总系数，并据以分配计算类内各种产品的成本。

> **问题与思考**
> 如何根据企业的实际情况选择系数的确定方法？

四、分类法成本计算举例

例 12-2 某厂采用分类法计算产品成本，按一定的标准将繁多的品种划分为若干类。甲、乙、丙三种产品结构相同，耗用材料相同，归成一类，为 A 类。

（1）开设按产品类别的成本明细账，见表 12-2，归集和分配本月费用的方法和程序与品种法相同，因而本例的计算分配过程略。

（2）计算和分配类别的本月完工产品和月末在产品成本。月末在产品成本按定额成本计算。计算分配过程略，其结果见表 12-2。

表 12-2 A 类产品成本明细账

摘要	直接材料（元）	直接人工（元）	制造费用（元）	合计（元）
月初在产品成本（定额成本）	78 500	20 000	26 800	125 300
本月生产费用	279 000	100 250	87 500	466 750
生产费用累计	357 500	120 250	114 300	592 050
完工产品成本	302 400	89 250	85 000	476 650
月末在产品成本（定额成本）	55 100	31 000	29 300	115 400

（3）分配计算 A 类的三种产品的成本。

1）三种产品的产量：

  甲产品   10 000 千克

  乙产品   7 000 千克

  丙产品   5 000 千克

2）三种产品的单位产品所耗用材料和人工工时的数量均不同，采用系数法分配类内三种产品的成本。材料费用按材料定额成本系数分配，其他费用按定额工时系数分配。

三种产品的单位产品定额资料和单位系数计算，见表 12-3。

表 12-3 单位产品定额资料和单位系数计算表

产品名称	直接材料（元）	定额费用单位系数	人工工时（小时）	定额工时单位系数
甲（标准产品）	10	1	1.6	1
乙	8	8÷10=0.8	2	2÷1.6=1.25
丙	12	12÷10=1.2	0.8	0.8÷1.6=0.5

根据三种产品产量和单位系数，分配计算甲、乙、丙三种产品的成本，见表 12-4。

表 12-4　A 类类内各种完工产品成本分配计算表

项目	产量	直接材料系数	直接材料总系数	工时系数	定额工时系数	直接材料	直接人工	制造费用	成本合计
①	②	③	④=②×③	⑤	⑥=②×⑤	⑦=④×分配率	⑧=⑥×分配率	⑨=⑥×分配率	⑩
分配率						14	4.2	4	
甲产品	10 000	1	10 000	1	10 000	140 000	42 000	40 000	222 000
乙产品	7 000	0.8	5 600	1.25	8 750	78 400	36 750	35 000	150 150
丙产品	5 000	1.2	6 000	0.5	2 500	84 000	10 500	10 000	104 500
合　计			21 600		21 250	302 400	89 250	85 000	476 650

注：1. 直接材料分配率=302 400÷21 600=14。
　　2. 直接人工分配率=89 250÷21 250=4.2。
　　3. 制造费用分配率=85 000÷21 250=4。

五、分类法的优缺点和适应范围

1. 分类法的优缺点

由于分类法的成本计算对象是产品的类别，这就使成本计算对象大为减少，节省了归集和分配费用以及登记产品成本明细账的工作量，因而简化了成本核算工作。但是，由于类内各种产品或不同规格产品的成本是用一定的标准和比例分配计算出来的，其准确性和合理性受到一定的影响。因此，采用分类法计算成本应注意划分类别的范围和选择分配类内各种产品或规格产品成本的标准都要适当。

2. 分类法的适用范围

分类法适用于产品品种、规格繁多，且可以按照一定标准将产品划分为若干类别的企业。分类法是以产品类别为成本计算对象，因此采用这种方法应将产品划分为不同的类别，按类别开设成本计算单，归集和分配生产费用。

采用分类法时，必须选择合理的标准分配计算类内各种产品的成本。分配标准的选择，既要保证费用分配结果的正确性和合理性，又要使分配工作简便易行。通常采用的分配标准有产品的数量、重量、体积、长度、定额消耗量、定额成本、售价等，或将这些标准折合为系数。

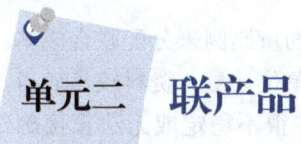

单元二　联产品

一、联产品的概念和特点

联产品是指工业企业在生产过程中，利用同一种材料，在同一生产过程中同时生产出两种或两种以上地位相同但用途不同的主要产品。例如，奶制

联产品

品加工厂可以同时生产出牛奶、奶油等。又如，较典型的炼油厂，通常是投入原油后，经过某个加工过程，可以生成各种联产品，如原油经过催化，可以生产出汽油、柴油、液化气等联产品。

在联产品的生产过程中，投入相同的原材料，经过同一生产过程后，在某一个"点"分离为各种联产品。通常称这个点为"分离点"。分离后的联产品，有的可以直接销售，有的必须经过进一步加工后再出售。我们把在分离点前发生的成本通称为联合成本，而把进一步加工成本称为可归属成本。它们之间的联系如图12-1所示。

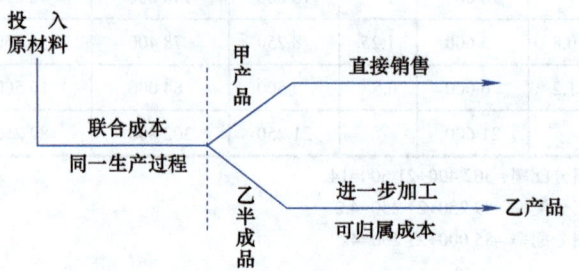

图 12-1　联合成本与可归属成本的联系

联产品具有以下特点：
（1）联产品是在生产过程中利用同一种原材料一起生产出来的，其性质和用途都不一样。
（2）联产品在生产过程中所耗用的原材料和加工费是不能按照产品分别计算的。
（3）各种联产品都是主要产品，其生产工艺程序也不尽相同。

二、联产品的成本计算方法

联产品所用的原材料和工艺过程相同，因而最适宜归为一类，一般采用分类法计算成本。联产品成本的计算通常分两个阶段进行：第一阶段，联合成本可按照一个成本核算对象设置一个成本明细账进行归集，然后将其总额按照一定的分配方法（如系数分配法、实物量分配法、相关销售价值分配法等）在各联合成本之间进行分配；第二阶段，分离后按照各产品分别设置明细账，归集其分离后所发生的加工成本。

1. 系数分配法

系数分配法就是将各种联产品的实际产量按事前规定的系数折算为相对生产量，然后将联产品的联合成本按各联产品的相对生产比例进行分配。此法类似于前面的分类法，不再举例阐述。

2. 实物量分配法

实物量分配法就是按分离点上各种联产品的重量、容积或其他实物量比例来分配联合成本。按实物量分配联合成本，优点是简便易行，因为物质产品都可用实物单位计量，资料较易取得，为成本分摊带来方便。实物量分配法通常适用于所生产的产品的价格很不稳定或无法直接确定的情况。相关计算公式如下：

单位数量（或重量）成本＝联合成本÷各联产品的总数量（总重量）
某产品成本＝单位数量（或重量）成本×该联产品数量（或重量）

例 12-3　某企业生产联产品甲和乙。12月份发生加工成本1 200万元，假定甲产品为1 120件，乙产品为 880 件。采用实物量分配法分配联合成本。

甲产品成本 =1 200÷（1 120+880）×1 120=672（万元）
乙产品成本 =1 200÷（1 120+880）×880=528（万元）

3. 相关销售价值分配法

相关销售价值分配法是以不同的联产品有不同销售价格，售价较高的联产品通常应该成比例地负担较高份额的联合成本为理论依据，这种方法从另一个侧面来弥补实物量分配法的不足。但其本身也存在缺陷：其一，并非所有的产品成本都和售价有关，价格较高的产品不一定要负担较高的成本；其二，并非所有的联产品都具有相同的获利能力。这种方法一般适用于分离后不再加工，而且价格波动不大的联产品成本计算。

例 12-4 某公司生产联产品 A 和 B。10月份发生加工成本 1 500 万元。A 和 B 在分离点上的销售价格总额为 9 000 万元，其中 A 产品的销售价格总额为 5 400 万元，B 产品的销售价格总额为 3 600 万元。采用相关销售价值分配法分配联合成本。

A 产品成本 =1 500÷（5 400+3 600）×5 400=900（万元）
B 产品成本 =1 500÷（5 400+3 600）×3 600=600（万元）

三、联产品成本计算举例

例 12-5 某厂用某种原材料经过同一生产过程同时生产出甲、乙两种联产品。20×× 年 12 月共产出甲产品 3 200 千克、乙产品 1 600 千克，无期初、期末在产品。该月生产发生的联合成本分别为：直接材料 30 000 元，直接人工 10 800 元，制造费用 19 200 元。甲产品每千克的售价为 50 元，乙产品每千克的售价为 60 元，假设全部产品均已售出。根据资料分别用系数分配法、实物量分配法、相关销售价值分配法计算甲、乙产品的成本。计算过程分别见表 12-5 ～表 12-7。

表 12-5 联产品成本计算表（系数分配法）

产品名称	产量（千克）	系数①	标准产量	分配率	应负担的成本（元）			
					直接材料	直接人工	制造费用	合计
甲	3 200	1	3 200	62.5%	18 750	6 750	12 000	37 500
乙	1 600	1.2	1 920	37.5%	11 250	4 050	7 200	22 500
合计	4 800		5 120	100%	30 000	10 800	19 200	60 000

①以售价为标准确定系数，选择甲产品为标准产品，其系数为1，乙产品的系数为 60÷50=1.2。其中，售价的计算见表 12-7。

表 12-6 联产品成本计算表（实物量分配法）

项目	产量（千克）	直接材料（元）	直接人工（元）	制造费用（元）	合计（元）
本月发生	4 800	30 000	10 800	19 200	60 000
分配率①		6.25	2.25	4	12.5
甲	3 200	20 000	7 200	12 800	40 000
乙	1 600	10 000	3 600	6 400	20 000

①分配率＝各项成本÷总产量。

表 12-7 联产品成本计算表（相关销售价值分配法）

产品名称	产量（千克）	销售单价（元）	销售价值（元）	分配率	应负担的成本（元）			
					直接材料	直接人工	制造费用	合计
甲	3 200	50	160 000	62.5%	18 750	6 750	12 000	37 500
乙	1 600	60	96 000	37.5%	11 250	4 050	7 200	22 500
合计	4 800		256 000	100%	30 000	10 800	19 200	60 000

单元三 副产品

一、副产品的概念

副产品是指在生产主要产品的过程中，附带生产出一些非主要产品，但这些产品尚有一定的用途，能满足某些方面的需要，如在肥皂生产中产生的甘油等。有些企业对在生产过程中所产生的一些废气、废水、废渣进行综合利用、回收或提炼而出来的产品，也可以称为副产品。

副产品

联产品都是主要产品，是企业生产活动的主要目的；副产品是次要产品，随主要产品附带生产出来，依附于主要产品，不是企业生产活动的主要目的。主副产品不是固定不变的，随着各种条件的变化，副产品也能转为主要产品。原来的副产品，由于新的用途而提高售价，就可能从副产品上升为主要产品。

二、副产品的成本计算方法

副产品成本计算主要是指副产品成本计价，即确定副产品应负担的分离点前的联合成本。在分配主要产品和副产品的生产成本时，通常先确定副产品的生产成本，然后再确定主要产品的生产成本。

副产品在分离后，可以作为产成品直接对外销售，也可以进一步加工后再出售。所以副产品成本计价将由于这两种不同的情况分别采用以下两种方法。

1. 直接对外销售副产品的成本计算

（1）副产品不负担联合成本。如果副产品的价值较低，副产品可以不负担分离前的联合成本，联合成本全部由主要产品负担，副产品的销售收入直接作为其他业务利润处理。

（2）副产品作价扣除。按销售价格扣除税金、销售费用和合理利润后的余额，作为副产品应负担的成本从联合成本中扣除。副产品的成本既可以从直接材料成本项目中扣除，也可以按比例从联合成本各成本项目中减除。

例 12-6　某企业在生产 A 产品时，附带生产出 B 副产品。20××年 3 月份共发生联合成本 174 000 元，其中，直接材料 121 800 元、直接人工 20 880 元、制造费用 31 320 元。B 副产品产量为 3 000 件，单位产品售价 4 元，销售费用总额 2 400 元，销售税金总额 1 600 元，单位产品正常利润 0.6 元。假定副产品成本按比例从各成本项目中扣除。

根据题意，计算本期 B 副产品总成本如下：

B 副产品总成本 =3 000×4-2 400-1 600-3 000×0.6=6 200（元）

根据 B 副产品总成本，按联合成本各成本项目比重，计算分离副产品成本，确定主要产品成本，计算结果见表 12-8。

表 12-8　副产品成本计算表

20××年 3 月　　　　　　　　　　　　　　　　　　单位：元

成本项目	总成本	成本项目比重	B 副产品负担成本	A 产品负担成本
直接材料	121 800	70%	4 340	117 460
直接人工	20 880	12%	744	20 136
制造费用	31 320	18%	1 116	30 204
合计	174 000	100%	6 200	167 800

表 12-8 的计算过程如下：

直接材料成本项目比重 =121 800÷174 000=70%

直接人工成本项目比重 =20 880÷174 000=12%

制造费用成本项目比重 =31 320÷174 000=18%

B 副产品应负担的直接材料费用 =6 200×70%=4 340（元）

B 副产品应负担的直接人工费用 =6 200×12%=744（元）

B 副产品应负担的制造费用 =6 200×18%=1 116（元）

A 产品应负担的成本 = 联合成本 -B 副产品负担成本

2. 需进一步加工的副产品的成本计算

（1）副产品只负担可归属成本。采用这种方法时，副产品不负担分离前的联合成本，联合成本全部由主要产品负担，副产品只负担分离后进一步加工的成本。显而易见，这种方法简便、易行，但是它少计了副产品的成本，多计了主要产品的成本。

（2）副产品成本按计划单位成本计算。如果副产品进一步加工所需时间不长，费用不大，为简化成本计算工作，可以只设主要产品成本计算单，不设副产品成本计算单。副产品按计划单位成本计价，并将其计划成本从主要产品成本计算单中转出，余额即为主要产品的成本。

（3）产品成本按应负担的联合成本加上可归属成本计价。对于分离后需要进一步加工才能出售的副产品，如果其价值相对较高，则需计算分离前应负担的联合成本和可归属成本，以确保主要产品成本计算的合理性。这种方法下，副产品负担的联合成本，可采用前述方法，按销售价格扣除销售费用、销售税金、正常利润后再减去进一步加工的成本后的价值计算，将其从联合成本中扣除。

单元四 等级品

等级品是指企业使用相同原材料，经过同一生产过程生产出来的品种相同但品级或质量不同的产品（如电子元件、纺织品等），经常会出现一等品、二等品、三等品。

等级品与联产品、副产品是不同的概念，虽然它们都是使用同一种原材料，经过相同生产过程生产出来的产品，但联产品、副产品是指一组性质不同、用途不同的产品；而每种联产品、副产品质量可以比较一致；等级品是性质、用途相同的同一种产品，只是由于质量的高低不同而使得其销售单价相应分为不同等级。

等级品与非合格品也是两个不同的概念。等级品分为一级、二级、三级等，但等级品的二级、三级并不是非合格品，它们与一级产品在质量上的差别是在允许的设计范围之内，这些差别一般不影响产品的正常使用。而非合格品是等级以下的产品，其质量指标没有达到设计的要求，属于废品范围。

素养案例

福耀集团创立于1987年6月，于1993年和2015年先后在上海证交所和港交所上市。福耀集团创立至今30余年，已成为全球汽车玻璃市场龙头企业，改变了我国20世纪80年代以前汽车玻璃几乎全部依赖进口的情况，推进了我国汽车玻璃行业的发展进程。

2008年金融危机过后，福耀集团的管理层反思与借鉴此次经历，开始实施稳健型财务管理战略。

（1）提高现金储备。福耀集团始终保持较高的现金储备，年现金持有量维持在60亿元以上，既可用于维持日常经营支出，又可保持财务弹性，以备不时之需。

（2）控制负债水平。2011—2014年间，福耀集团的资产负债率一直处于接近50%的水平；从2015年开始，随着加大力度实施稳健型财务管理战略，福耀集团将资产负债率控制在45%以下，资产结构进一步优化。

（3）保持较高的盈利能力。福耀集团在保持自身偿债能力的基础上，实施精益管理，在推动成本逐渐降低的同时，扩大客户群体，维持自身优势，具备强劲的盈利能力。福耀集团从细节入手，完善各项管理，提高管理效率和人均效率，不断加强成本费用控制能力，使得销售净利率也处在同行业中相当高的水平。

（4）加大研发投入。为保持竞争优势，福耀集团不断加大研发投入，使得其增强了产品的市场竞争力，同时也拓宽了公司的发展空间。

通过以上这些措施，福耀集团增加了企业财务的韧性，而这些措施无不体现了其财务专业能力与责任担当的统一。

同步测试题

一、单项选择题

1．系数法是（　　）的一种，系数一经确定，应相对稳定，不应随意变更。
   A．分类法　　　　　B．分批法　　　　　C．定额法　　　　　D．分步法
2．采用分类法的目的是（　　）。
   A．简化各种产品的成本计算工作　　　　B．分类计算产品成本
   C．简化种类产品成本计算工作　　　　　D．准确计算各种产品的成本
3．在计算主要产品成本时，将副产品的成本从联合成本中扣除，其中一种方法是从（　　）成本项目中扣除。
   A．直接人工　　　　B．制造费用　　　　C．直接材料　　　　D．燃料及动力
4．分类法是在产品品种、规格繁多，但可以按一定标准对产品进行分类的情况下，为了下列目的而采用的方法，即（　　）。
   A．加强成本管理　　　　　　　　　　　B．简化成本计算工作
   C．计算各种产品成本　　　　　　　　　D．计算各类产品成本

二、多项选择题

1．采用系数法时，被选定为标准产品的产品，应具备的条件有（　　）。
   A．产销量小　　　　　　　　　　　　　B．产销量大
   C．生产正常、售价稳定　　　　　　　　D．规格适中
2．采用分类法计算产品成本时，关键是（　　）的确定是否恰当。
   A．产品的分类　　　B．产品的售价　　　C．分配标准　　　　D．系数

三、判断题

1．只要产品的品种、规格繁多，就可以采用分类法计算产品成本。（　　）
2．用分类法计算出的类内各产品的成本具有一定的假定性。（　　）
3．副产品在与主要产品分离以后还要进行加工的，应按其分离后的生产特点和管理要求计算成本。（　　）
4．分类法是以产品类别为成本计算对象的一种产品成本的基本方法。（　　）
5．主要产品与副产品在分离前应合为一类产品计算成本。（　　）

模块十三 成本报表的编制与分析

学习目标

知识目标
➢ 了解成本报表的种类和用途。

能力目标
➢ 掌握各种成本报表的编制方法和具体运用；能够对成本报表进行简单分析；能够根据成本报表分析提出简单的成本管理建议。

素养目标
➢ 成本控制与管理对于提升企业经济效益至关重要。在绿色生产与降本增效的大背景下，成本会计人员必须不断提升自身的专业素养和技能水平。通过编制和分析成本报表，及时识别企业生产经营过程中存在的问题，并提出有效的成本控制策略，从而为企业的可持续发展做出贡献。

单元一 成本报表概述

一、成本报表的概念

会计报表按报送对象不同，可分为对内报表和对外报表。成本报表是企业内部报表中的主要报表。成本报表是按照企业成本管理的需要，根据产品成本和期间费用的核算资料及其他有关资料编制的，用以反映企业一定时期产品成本、期间费用以及其他专项成本水平及其构成情况的报告文件。根据我国现行会计制度规定，成本报表不作为企业向外报送的会计报表，它主要是为满足内部管理需要而编制的。

二、成本报表的作用

成本报表是进行成本分析的主要依据。成本报表的主要作用是向企业职工、各管理职能部门和企业领导及上级主管部门提供成本信息，用以加强成本管理，促进和挖掘降低成本的潜力。

（1）企业和主管企业的上级机构（或公司）利用成本报表，可以检查企业成本计划的执行情况，考核企业成本工作绩效，对企业成本工作进行评价。

（2）通过成本报表分析，可以揭示影响产品成本指标和费用项目变动的因素和原因，从生产技术、生产组织和经营管理等各个方面挖掘和动员节约费用支出和降低产品成本的潜力，提高企业生产耗费的经济效益。

（3）成本报表提供的实际产品（或经营业务）成本和费用支出的资料，不仅可以满足企业、车间和部门加强日常成本、费用管理的需要，而且是企业进行成本、利润的预测、决策，编制产品成本和各项费用计划，制定产品价格的重要依据。

三、成本报表的种类

1. 按成本报表反映的内容分

编制成本报表

（1）反映产品成本情况的报表。这类报表主要有商品产品成本表、主要产品单位成本表等。通过这类报表可以揭示企业为生产一定产品所付出成本是否达到了预定的要求。在报表中，可以将报告期实际成本水平和计划成本水平、历史成本水平以及同行业成本水平进行比较，以反映成本管理工作的成效，并为深入进行成本分析、挖掘降低成本的潜力提供资料。

（2）反映费用支出情况的报表。这类报表主要有制造费用明细表、管理费用明细表、销售费用明细表等。通过它们可以了解到企业在一定时期内费用支出的总额及其构成的情况，了解到费用支出的合理程度和变动趋势，以便有利于企业管理部门正确制定费用预算，考核各项消耗和支出指标的完成情况，明确各有关部门和人员的经济责任。

（3）反映专项成本的报表。这类报表主要有生产情况表、材料耗用表、材料差异分析表等。这类报表属于专题报表，主要反映生产中影响产品生产成本的某些特定的重要问题，一般依据实际需要灵活设置。

2. 按成本报表的编制时间分

成本报表在报送内容上不像对外报表那样规范，尤其是在报送时间上具有很大灵活性，主要报表可按编报时间分为年报、季报、月报、旬报、日报等。

单元二　商品产品成本表的编制与分析

一、商品产品成本表的概念

商品产品成本表是反映企业在报告期内生产的全部产品（包括可比产品和不可比产品）的总成本和主要产品的单位成本的会计报表。

编制商品产品成本表是为了考核企业全部产品的成本执行情况及可比产品成本降低任务的

完成情况，以便分析成本增减变化的原因，指出进一步降低成本的途径。

二、商品产品成本表的结构和编制方法

商品产品成本表分为基本报表和补充资料两部分，基本报表又包括可比产品成本和不可比产品成本。报表格式举例详见表 13-1。

表 13-1　商品产品成本表

××工厂　　　　　　　　　　　20××年9月　　　　　　　　　　　单位：元

产品名称	计量单位	实际产量		单位成本				本月总成本			本年累计总成本		
		本月	本年累计	上年实际平均	本年计划	本月实际	本年累计实际平均	按上年实际平均单位成本计	按本年计划平均单位成本计	本月实际	按上年实际平均单位成本计	按本年计划单位成本计	本年实际
可比产品合计								19 400	19 100	18 850	270 000	266 000	269 400
其中：甲产品	件	50	500	84	82	83	81	4 200	4 100	4 150	42 000	41 000	40 500
乙产品	件	20	300	760	750	735	763	15 200	15 000	14 700	228 000	225 000	228 900
不可比产品合计									2 110	2 119		23 550	23 780
其中：丙产品	件	8	70		125	128	126		1 000	1 024		8 750	8 820
丁产品	件	3	40		370	365	374		1 110	1 095		14 800	14 960
全部产品成本									21 210	20 969		289 550	293 180

补充资料：1. 可比产品成本降低额 600 元（本年计划降低额为 2 800 元）。
　　　　　2. 可比产品成本降低率 0.222 2%（本年计划降低率为 1.508 6%）。
　　　　　3. 按现行价格计算的商品产值为 921 300 元，产值成本率 31.82 元/百元（本年计划产值成本率为 31 元/百元）。

可比产品是指企业过去曾经正式生产过，有完整的成本资料可以进行比较的产品；不可比产品是指企业本年度初次生产的新产品，或虽非初次生产，但以前仅属试制而未正式投产的产品，缺乏可比的成本资料。

（1）"实际产量"项目：根据成本计算单等资料所记录的本月和从年初到本月止的各种产品实际产量填列。

（2）"上年实际平均单位成本"项目：根据上年度本表所列各种可比产品的全年累计实际平均单位成本填列。

（3）"本年计划单位成本"项目：根据年度成本计划的有关资料填列。

（4）"本月实际单位成本"项目：根据产品成本明细账中的资料计算填列：某产品本月实际单位成本 = 该产品本月实际总成本 ÷ 该产品本月实际产量。

（5）"本年累计实际平均单位成本"项目：根据有关产品成本明细账资料计算填列，某产品本年累计实际平均单位成本 = 该产品本年累计实际总成本 ÷ 该产品本年累计实际产量。

（6）"本月总成本"各项目：根据本月实际产量与相应单位成本之积填列。

其中，按上年实际平均单位成本计的本月总成本 = 本月实际产量 × 上年实际平均单位成本；按本年计划平均单位成本计的本月总成本 = 本月实际产量 × 本年计划单位成本。

（7）"本月实际"项目：根据本月有关产品成本明细账的记录填列。

(8)"本年累计总成本"项目：根据自年初到本月末止的本年累计产量分别乘以上年实际平均单位成本、本年计划单位成本和本年累计实际平均单位成本的积填列。

表中补充资料包括可比产品成本降低额、可比产品成本降低率、按现行价格计算的商品产值和产值成本率，其中按现行价格计算的商品产值根据有关的统计资料填列，其他三项根据表中有关数字计算，计算公式为：

可比产品成本降低额 = 可比产品按上年实际平均单位成本计算的本年累计总成本 − 本年累计实际总成本

可比产品成本降低率 =（可比产品成本降低额 ÷ 可比产品按上年实际平均单位成本计算的本年累计总成本）×100%

产值成本率（元/百元）=（产品总成本 ÷ 商品产值）×100%

表 13-1 中可比产品成本降低额和可比产品成本降低率计算如下：

可比产品成本降低额 =270 000−269 400=600（元）
可比产品成本降低率 =600÷270 000×100%=0.222 2%
产值成本率 =293 180÷921 300×100%=31.82（元/百元）

三、商品产品成本表的分析

1. 对全部产品成本计划的完成情况进行总括评价

根据上述商品产品成本表资料编制分析表，见表 13-2。

表 13-2　本年累计全部商品产品成本计划完成情况分析表

金额单位：元

产品名称	计划总成本	实际总成本	实际比计划升降额	实际比计划升降率
一、可比产品	266 000	269 400	+3 400	+1.28%
其中：甲产品	41 000	40 500	−500	−1.22%
乙产品	225 000	228 900	+3 900	+1.73%
二、不可比产品	23 550	23 780	+230	+0.98%
其中：丙产品	8 750	8 820	+70	+0.80%
丁产品	14 800	14 960	+162	+1.09%
合计	289 550	293 180	+3 630	+1.25%

计算表明，虽然本月全部产品总成本（20 969 元）实际低于计划（21 210 元），但本年累计实际总成本却超过计划 3 630 元，升高 1.25%。其中，可比产品成本实际比计划超支 3 400 元，主要是乙产品成本超支 3 900 元，而甲产品成本是降低的；不可比产品成本实际比计划超支 230 元，丙、丁产品成本都超支了。显然，进一步分析的重点应查明乙产品成本超支的原因。

为了把企业产品的生产耗费和生产成果联系起来，综合评价企业生产经营的经济效益，在全部产品成本计划完成情况的总评价中，还应包括产值成本率指标的分析。从上述产品成本表补充资料中得知，本年累计实际产值成本率为 31.82 元/百元，比计划超支 0.82 元/百元，说明该企业生产耗费的经济效益有所下降。

2. 分析可比产品成本降低计划的完成情况

可比产品成本降低计划指标和计划完成情况的资料，分别反映在企业的成本计划和成本报表中。

假定举例企业本年可比产品成本降低计划，见表 13-3。

表 13-3　可比产品成本降低计划表

单位：元

可比产品	全年计划产量（件）	单位成本		总成本		计划降低指标	
		上年实际平均	本年计划	按上年实际平均单位成本计算	按本年计划单位成本计算	降低额	降低率
甲产品	400	84	82	33 600	32 800	800	2.381 0%
乙产品	200	760	750	152 000	150 000	2 000	1.315 8%
合计	—	—	—	185 600	182 800	2 800	1.508 6%

可比产品成本降低额 =185 600−182 800=2 800（元）
可比产品成本降低率 =2 800÷185 600×100%=1.508 6%
可比产品成本降低计划的完成情况，详见根据商品产品成本表编制的分析表（见表 13-4）。

表 13-4　可比产品成本降低计划完成情况分析表

单位：元

可比产品	总成本		计划完成情况	
	按上年实际平均单位成本计算	本期实际	降低额	降低率
甲产品	42 000	40 500	1 500	3.571 4%
乙产品	228 000	228 900	−900	−0.394 7%
合计	270 000	269 400	600	0.222 2%

分析可比产品成本降低计划的完成情况，应先确定分析的对象，即以可比产品成本实际降低额、降低率指标与计划降低额、降低率指标进行对比，确定实际脱离计划的差异：

计划降低额 2 800 元　　　计划降低率 1.508 6%
实际降低额　 600 元　　　实际降低率 0.222 2%
实际脱离计划差异：

降低额 =600−2 800=−2 200（元）
降低率 =0.222 2%−1.508 6%=−1.286 4%

从以上计算中可以看出，可比产品成本降低计划没有完成，实际比计划少降低 2 200 元。

3. 确定影响可比产品成本降低计划完成情况的因素和各因素的影响程度

（1）产品产量。成本降低计划是根据计划产量制定的，实际降低额和降低率都是根据实际产量计算的。因此，产量的增减，必然会影响可比产品成本降低计划的完成情况。但是，产量变动影响有其特点：假定其他条件不变，即产品品种构成和产品单位成本不变，单纯产量变动，只影响成本降低额，而不影响成本降低率。

（2）产品品种构成。产品品种构成发生变动时，会影响可比产品成本降低额和降低率升高或降低。在分析中之所以要单独计量产品品种构成变动影响，目的在于揭示企业取得降低产品真实成果的具体途径，从而对企业工作做出正确评价。

(3) 产品单位成本。可比产品成本计划降低额是本年度计划成本比上年度（或以前年度）实际成本的降低数，而实际降低额则是本年度实际成本比上年度（或以前年度）实际成本的降低数。因此，当本年度可比产品实际单位成本比计划单位成本降低或升高时，必然会引起成本降低额和降低率的变动。产品单位成本的降低意味着生产中活劳动和物化劳动消耗的节约。因此，分析时应特别注意这一因素的变动影响。

单元三　主要产品单位成本表的编制与分析

主要产品是指企业经常生产，在企业全部产品中所占比重较大，能概括反映企业生产经营面貌的那些产品。主要产品单位成本表是反映企业在报表期内生产的各种主要产品单位成本构成情况的报表。该表应按主要产品分别编制，是对商品产品成本表所列各种主要产品成本的补充说明。

一、主要产品单位成本的结构

该表的主要特点是按产品的成本项目分别反映产品单位成本及成本项目历史先进水平、上年实际平均、本年计划、本月实际和本年累计实际平均的成本资料。

通过该表，可以反映出主要产品单位成本的变动的原因，主要产品单位成本表的结构见表 13-5。

表 13-5　主要产品单位成本表

20ׄׄ 年 12 月

产品名称：乙　　　　　　计量单位：件　　　　　　本月计划产量：18 件
产品规格：ׄׄ　　　　　　销售单价：860 元　　　　本月实际产量：20 件
　　　　　　　　　　　　　　　　　　　　　　　　本年累计计划产量：200 件
　　　　　　　　　　　　　　　　　　　　　　　　本年累计实际产量：300 件

成本项目	历史先进水平	上年实际平均	本年计划	本月实际	本年累计实际平均
直接材料	510	550	550	522	482
直接人工	81	86	82	75	78
制造费用	137	124	118	138	203
产品单位成本	728	760	750	735	763
主要技术经济指标	计量单位	耗用量	耗用量	耗用量	耗用量	耗用量
A 材料	千克	19	21	20	18	18
B 材料	千克	32	33	32	30	34

表 13-5 中各项数字填列方法如下：

（1）产量：本月及本年累计计划产量应根据生产计划填列；本月及本年累计实际产量应根据产品成本明细账或产成品成本汇总表填列；销售单价应根据产品定价表填列。

（2）单位成本：历史先进水平，应根据历史上该种产品成本最低年度本表的实际平均单位成本填列；上年实际平均单位成本，应根据上年度本表实际平均单位成本填列；本年计划单位成本，应根据本年度成本计划填列；本月实际单位成本，应根据产品成本明细账或产成品成本汇总表填列；本年累计实际平均成本，应根据该种产品成本明细账所记自年初至报告期末完工入库产品实际总成本除以累计实际产量计算填列。

（3）主要技术经济指标：指该种产品主要原材料的耗用量，应根据业务技术核算资料填列。

二、主要产品单位成本表的分析

分析主要产品单位成本的意义，在于揭示各种产品单位成本及其各个成本项目的变动情况，尤其是各项消耗定额的执行情况；确定产品结构、工艺和操作方法的改变，以及有关技术经济指标变动对产品单位成本的影响，查明产品单位成本升降的具体原因。

分析主要依据主要产品单位成本表、成本计划和各项消耗定额资料，以及反映各项技术经济指标的业务技术资料等。分析的程序一般是先检查各种产品单位成本实际比计划、比上年实际、比历史最好水平的升降情况；然后，按成本项目分析其增减变动，查明造成单位成本升降的具体原因。为了在更大的范围内找差距、挖潜力，在可能的条件下，还可以组织厂际间同种类产品单位成本的对比分析。

1. 原材料费用的分析

原材料费用的变动主要受单位产品原材料消耗数量和原材料价格两个因素的变动影响。其变动影响可用差额计算法如下：

原材料销售数量变动的影响＝（实际单位耗用量－计划单位耗用量）× 原材料计划单价（量差）

原材料价格变动的影响＝（原材料实际单价－原材料计划单价）× 单位原材料实际耗用量（价差）

例 13-1 有关资料详见表 13-6。

表 13-6　乙产品原材料费用分析表

原材料名称	计量单位	耗用量		单价		原材料费用		差异	
		计划	实际	计划	实际	计划	实际	数量	金额
A	千克	20	18	13.50	14	270	252	-2	-18
B	千克	32	30	8.75	9	280	270	-2	-10
合计						550	522		-28

乙产品原材料费用实际比计划降低 28 元，其中：

1）由于耗用量变动：

A 材料　　　　　　　　－2×13.50＝－27（元）

B 材料　　　　　　　　－2×8.75＝－17.50（元）

合计　　　　　　　　　－44.50（元）

2）由于价格变动：

A 材料　　　　　　　　（14－13.50）×18＝9（元）

B 材料　　　　　　　　（9－8.75）×30＝7.50（元）

合计　　　　　　　　　16.50（元）

> 两因素变动共使乙产品原材料费用降低 28 元（-44.50+16.50）。
> 在上述两因素中，原材料价格变动多属外界因素，需结合市场供求和材料价格变动情况具体分析。这里重点分析原材料消耗数量的变动情况和变动原因。上例计算表明，由于原材料消耗数量变动使乙产品单位产品原材料费用降低 44.5 元。

影响单位产品原材料消耗数量变动的原因很多，归纳起来主要有：

（1）产品或产品零、部件结构的变化。在保证产品质量的前提下，改进产品设计，使产品结构合理，体积缩小，重量减轻，就能减少原材料消耗，降低原材料费用。

（2）原材料加工方法的改变。改进工艺和加工方法或采取合理的套裁下料措施，减少毛坯的切削余量和工艺损耗，就能提高原材料利用率，节约原材料消耗，降低产品成本。

（3）材料质量的变化。实际耗用的原材料质量如果高于计划规定，可能会提高产品质量，或者节约材料消耗，但材料费用会升高；反之，如果质量低于计划要求，价格虽低，但会增大材料消耗量，会增加生产操作时间，或者降低产品质量。

（4）原材料代用或配料比例的变化。在保证产品质量的前提下，采用廉价的代用材料，选用经济合理的技术配方，就会节约原材料消耗或降低原材料费用。

（5）原材料综合利用。有些工业企业在利用原材料生产主要产品的同时，还生产副产品。开展原材料的综合利用，这样就可以将同样多的原材料费用分配到更多品种和数量的产品，从而降低主要产品的原材料费用。

（6）生产中产生废料数量和废料回收利用情况的变化。

2. 直接人工的分析

分析产品单位成本中的直接人工，必须按照不同的工资制度和工资费用计入成本的方法来进行。

在计件工资制度下，计件单价不变，单位成本中的工资费用一般也不变，除非生产工艺或劳动组织方面有所改变，或者出现了问题。

在计时工资制度下，如果企业生产多种产品，产品成本中的工资费用一般是按生产工时比例分配计入的。这时产品单位成本中工资费用的多少，取决于生产单位产品的工时消耗和小时工资率两个因素。生产单位产品消耗的工时越少，成本中分摊的工资费用也越少，而小时工资率的变动则受计时工资总额和生产工时总数的影响，其变动原因仍需从这两个因素的总体去查明。

单位产品工时数量变动影响 =（实际工时 - 计划工时）× 计划工资单价

工资单价变动影响 =（实际工资单价 - 计划工资单价）× 实际工时

例 13-2 某企业工资分析资料见表 13-7。

表 13-7　工资分析资料表

项目	计划	实际	差异
单位产品耗用工时	16.4	18.75	+2.35
工资单价（元/小时）	5	4	-1
单位产品工资费用	82	75	-7

由于单位产品工时数量变动影响	（18.75-16.4）×5 = 11.75（元）
由于工资单价变动影响	（4-5）×18.75 = -18.75（元）
合计	-7（元）

> 两因素变动共使乙产品原材料费用降低 7 元（-18.75+11.75）。
> 从上面的计算可以看出，乙产品单位成本中工资费用实际比计划降低了 7 元，主要是由于工资单价降低的影响。

在以上分析的基础上，再进一步分析影响工时数量变动和生产工人工资变动的原因。

3. 制造费用的分析

制造费用的分析，与上述计时工资分析情况类似，不再赘述。

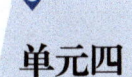

单元四 其他费用明细表的编制与分析

一、制造费用明细表

制造费用明细表是反映企业在报告期内发生的全部制造费用及其构成情况的报表。其格式见表 13-8。

表 13-8 制造费用明细表

20×× 年 3 月　　　　　　　　　　　　　　　　　　　单位：元

项目	本年计划数	上年同期实际数	本月实际数	本年累计实际数
职工薪酬	（略）	（略）	（略）	4 150
机物料消耗				581
折旧费				7 860
修理费				3 530
办公费				785
取暖费				1 230
水电费				1 435
差旅费				2 790
低值易耗品摊销				658
劳动保护费				780
租赁费				0
运输费				540
保险费				4 100
设计制图费				710
试验检验费				514
在产品盘亏和毁损（减盘盈）				315
其他				0
制造费用合计				29 978

此表按制造费用项目分别反映该费用的本年计划数、上年同期实际数、本月实际数和本年累计实际数。其中,本年计划数应根据成本计划中的制造费用计划填列;上年同期实际数应根据上年同期本表的累计实际数填列;本月实际数应根据"制造费用"总账科目所属各基本生产车间制造费用明细账的本月合计数汇总计算填列;本年累计实际数应根据这些制造费用明细账的月合计数汇总计算填列。

二、销售费用明细表

销售费用明细表是反映企业在报告期内发生的全部销售费用及其构成情况的报表。其格式见表13-9。

表13-9 销售费用明细表

20××年3月

项目	本年计划数	上年同期实际数	本月实际数	本年累计实际数
职工薪酬	(略)	(略)	(略)	2 808
折旧费				393
运输费				3 870
装卸费				2 090
包装费				3 670
保险费				896
展览费				0
广告费				4 120
差旅费				1 280
物料消耗				540
办公费				796
通信费				896
其他				1 030
合计				22 389

此表按产品销售费用项目分别反映各该费用的本年计划数、上年同期实际数、本月实际数和本年累计实际数。其中,本年计划数应根据本年产品销售费用计划填列;上年同期实际数应根据上年同期本表的累计实际数填列;本月实际数应根据"产品销售费用"明细账的本月合计数填列;本年累计实际数应根据产品销售费用明细账的本月末累计数填列。

三、管理费用明细表

管理费用明细表是反映企业在报告期内发生的全部管理费用及其构成情况的报表。其格式见表13-10。

表 13-10　管理费用明细表

20××年3月

项目	本年计划数	上年同期实际数	本月实际数	本年累计实际数
职工薪酬	（略）	（略）	（略）	9 850
折旧费				1 379
研究开发费				3 250
办公费				1 131
差旅费				2 820
运输费				4 818
保险费				1 980
修理费				3 260
咨询费				1 780
诉讼费				890
物料消耗				718
无形资产摊销				680
通讯费				780
技术转让费				390
业务招待费				3 860
工会经费				1 980
职工教育经费				2 510
材料、产成品盘亏和毁损（减盘盈）				7 562
其他				2 720
合计				52 358

此表按管理费用项目分别反映各该费用的本年计划数、上年同期实际数、本月实际数和本年累计实际数。其中，本年计划数应根据公司（总厂）或企业行政管理部门的管理费用计划填列；上年同期实际数应根据上年同期本表的累计实际数填列；本月实际数应根据管理费用明细账的本月合计数填列；本年累计实际数应根据管理费用明细账的本月末的累计数填列。

四、财务费用明细表

财务费用明细表是反映企业在报告期内发生的全部财务费用及其构成情况的报表。其格式见表 13-11。

表 13-11　财务费用明细表

20××年3月

项目	本年计划数	上年同期实际数	本月实际数	本年累计实际数
利息支出（减利息收入）	（略）	（略）	（略）	4 150
汇兑损失（减汇兑收益）				2 280
调剂外汇手续费				768
金融机构手续费				0
其他筹资费用				0
合计				7 198

此表按财务费用项目分别反映各该费用的本年计划数、上年同期实际数、本月实际数和本年累计实际数。其中，本年计划数应根据本年财务费用计划填列；上年同期实际数应根据上年同期本表的累计实际数填列；本月实际数应根据财务费用明细账的本月合计数填列；本年累计实际数应根据财务费用明细账本月末的累计数填列。

五、各种费用明细表的分析

制造费用、销售费用、管理费用和财务费用，都是由许多具有不同经济性质和不同经济用途的费用组成的。这些费用支出的节约或浪费，往往与公司（总厂）的行政管理部门和生产车间工作的质量和有关责任制度、节约制度的贯彻执行情况密切相关。因此，向各有关部门、车间编报上述报表，分析这些费用的支出情况，不仅是促进节约各项费用支出、杜绝一切铺张浪费、不断降低成本和增加盈利的重要途径，同时也是推动企业改进生产经营管理工作、提高工作效率的重要措施。

对上述各种费用进行分析，首先应根据表中资料以本年实际与本年计划相比较，确定实际脱离计划差异；然后分析差异的原因。由于各种费用所包括的费用项目具有不同的经济性质和用途，各项费用的变动又分别受不同因素变动影响，因此，在确定费用实际支出脱离计划差异时，应按各组成项目分别进行，而不能只检查各种费用总额计划的完成情况，不能用其中一些费用项目的节约来抵补其他费用项目的超支。同时，要注意不同费用项目支出的特点，不能简单地把任何超过计划的费用支出都看作是不合理；同样，对某些费用项目支出的减少也要做具体分析：有的可能是企业工作成绩，有的则可能是企业工作中的问题。不能孤立地看费用是超支了还是节约了，而应结合其他有关情况，结合各项技术组织措施效果来分析，结合各项费用支出的经济效益进行评价。

在按费用组成项目进行分析时，由于费用项目多，因此每次分析只能抓住重点，对其中费用支出占总支出比重较大的，或与计划相比发生较大偏差的项目进行分析。特别应注意那些非生产性的损失项目，如材料、在产品和产成品等存货的盘亏和毁损。因为这些费用的发生与企业管理不善直接相关。

分析时，除以本年实际与本年计划相比，检查计划完成情况外，为了从动态上观察、比较各项费用的变动情况和变动趋势，还应将本月实际与上年同期实际进行对比，以了解企业工作的改进情况，并将这一分析与推行经济责任制结合，与检查各项管理制度的执行情况结合，以推动企业改进经营管理，提高工作效率，降低各项费用支出。

为了深入地研究制造费用、产品销售费用、管理费用和财务费用变动的原因，评价费用支出的合理性，寻求降低各种费用支出的途径和方法，也可按费用的用途及影响费用变动的因素，将上述费用包括的各种费用项目按以下类别归类进行研究。

1. 生产性费用

如制造费用中的折旧费、修理费、机物料消耗等，这些费用的变动与企业生产规模、生产组织、设备利用程度等有直接联系。这些费用的特点，在业务量一定的范围下相对固定，超过这个范围就可能上升。分析时就应根据这些费用的特点，联系有关因素的变动评价其变动的合理性。

2. 管理性费用

如行政管理部门人员的工资、办公费、业务招待费等。管理性费用的多少主要取决于企业行政管理系统的设置和运行情况以及各项开支标准的执行情况。分析时，除按明细项目与限额指标相比分析其变动原因外，还应从紧缩开支、提高工作效率的要求出发，检查企业对有关精简机构、减少层次、合并职能、压缩人员等措施的执行情况。

3. 发展性费用

如职工教育经费、设计制图费、试验检验费、研究开发费等。这些费用与企业的发展相关，实际上是对企业未来的投资。但是这些费用应当建立在规划的合理、经济、可行的基础上，而不是盲目地进行研究开发或职工培训，应将费用的支出与取得的效果联系起来进行分析评价。

4. 防护性费用

如劳动保护费、保险费等。这类费用的变动直接与劳动条件的改善、安全生产等相关。显然，对这类费用的分析就不能认为支出越少越好，而应结合劳动保护工作的开展情况，分析费用支出的效果。

5. 非生产性费用

主要指材料、在产品、产成品的盘亏和毁损。分析这类费用发生的原因，必须从检查企业生产工作质量、各项管理制度是否健全以及库存材料、在产品和产成品的保管情况入手，并把分析与推行和加强经济责任制结合起来。

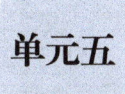

单元五　用友 U8 系统中自定义成本报表的查询和新建

在用友 U8 UFO 报表系统中，企业对外报送的资产负债表、利润表等都是已经设置好公式的，应用时仅需要"整表计算"即可得出本月的报表数据。而对内报送的成本费用报表，有一部分可以在系统中直接查询，另一部分则因为各企业管理要求、业务范围等不同，需要会计人员自行设置。下面介绍如何在用友 U8 UFO 报表系统中查询和新建成本报表。

一、成本报表查询——以完工产品成本汇总表为例

操作路径："管理会计"→"成本管理"→"账表"→"汇总表"→"完工产品成本汇总表"→"期间"，如图 13-1 所示。

单击"确定"后进入下一界面，如图 13-2 所示。

单击各产品订单，可看到各订单下各产品的物料、人工、制造费用的总成本和单位成本。

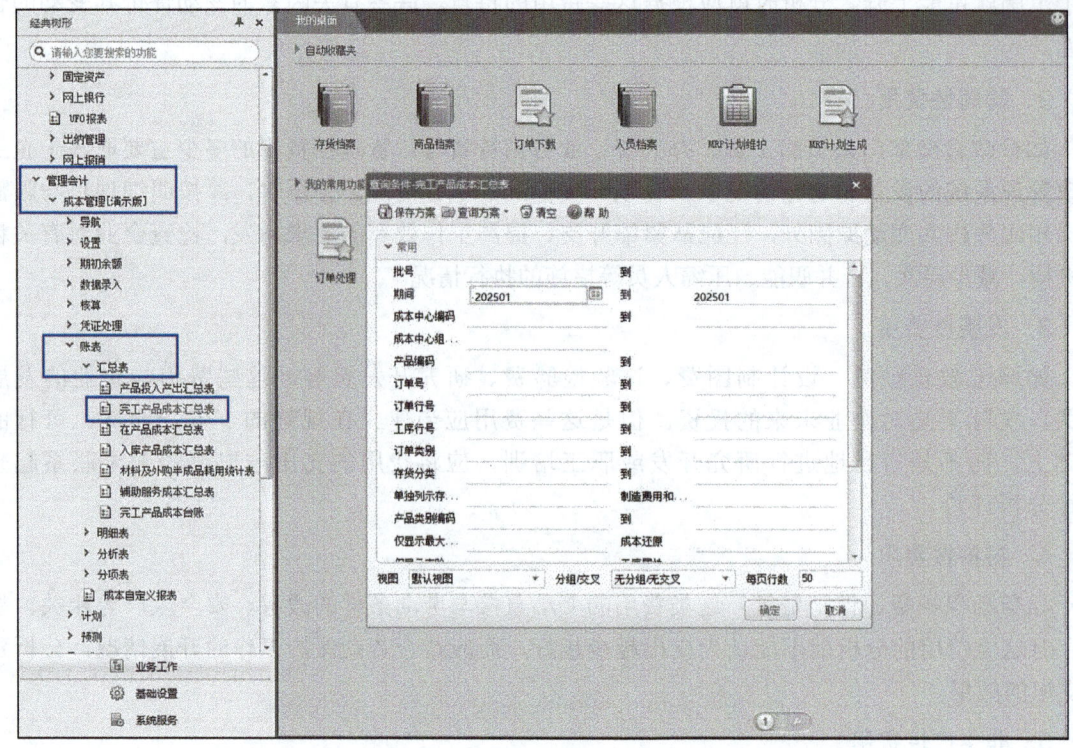

图 13-1 完工产品成本汇总表打开路径

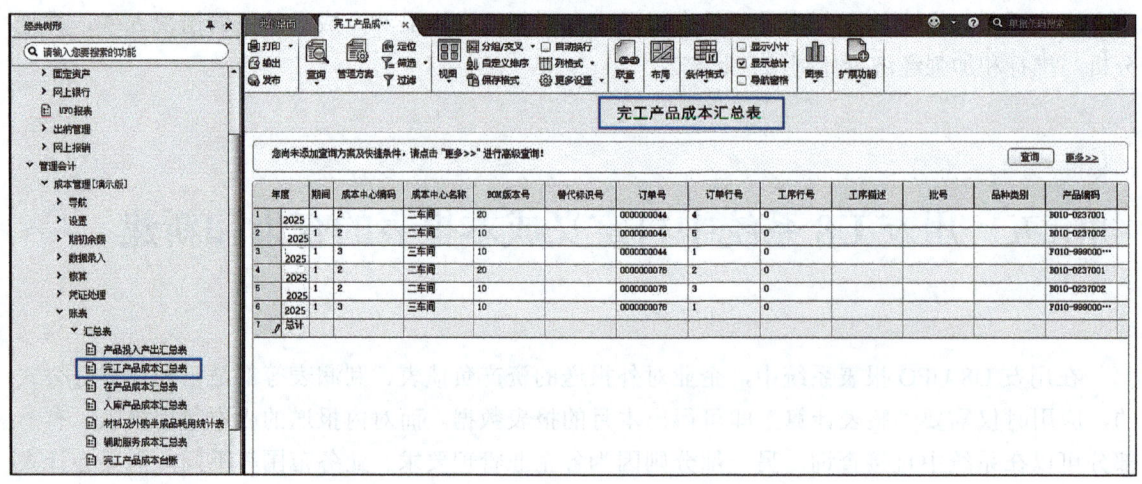

图 13-2 完工产品成本汇总表

二、产品成本趋势分析

以图形及数据两种展示方式对产品各个期间的单位成本进行纵向统计，并与参考成本、标准成本等相对比。操作路径："管理会计"→"成本管理"→"账表"→"分析表"→"产品成本趋势分析"，如图 13-3 所示。

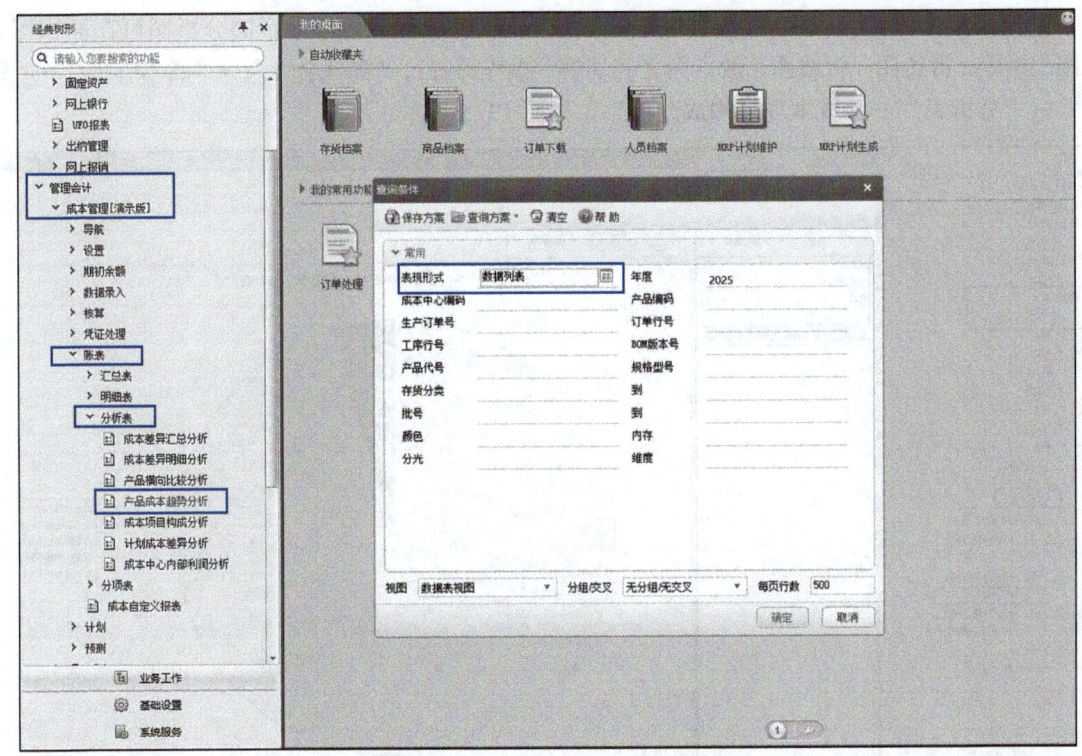

图 13-3　产品成本趋势分析打开路径

选择"数据列表",单击"确定",进入下一界面,可以看到各成本中心不同产品各个期间的单位成本进行对比,如图 13-4 所示。

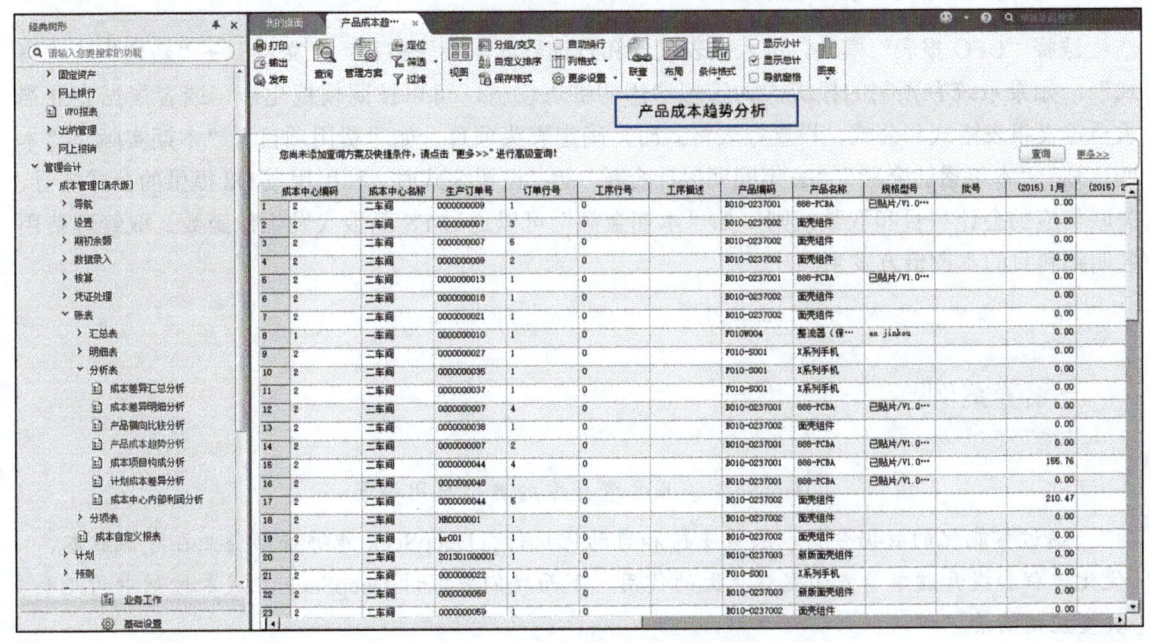

图 13-4　产品成本趋势分析图

采用图形的方式可以对各产品的成本项目构成比例进行分析，显示的分析图可在面积图、柱图、饼图、雷达图、折线图、散点图之间切换。操作路径："管理会计"→"成本管理"→"账表"→"分析表"→"成本项目构成分析"，如图13-5所示。

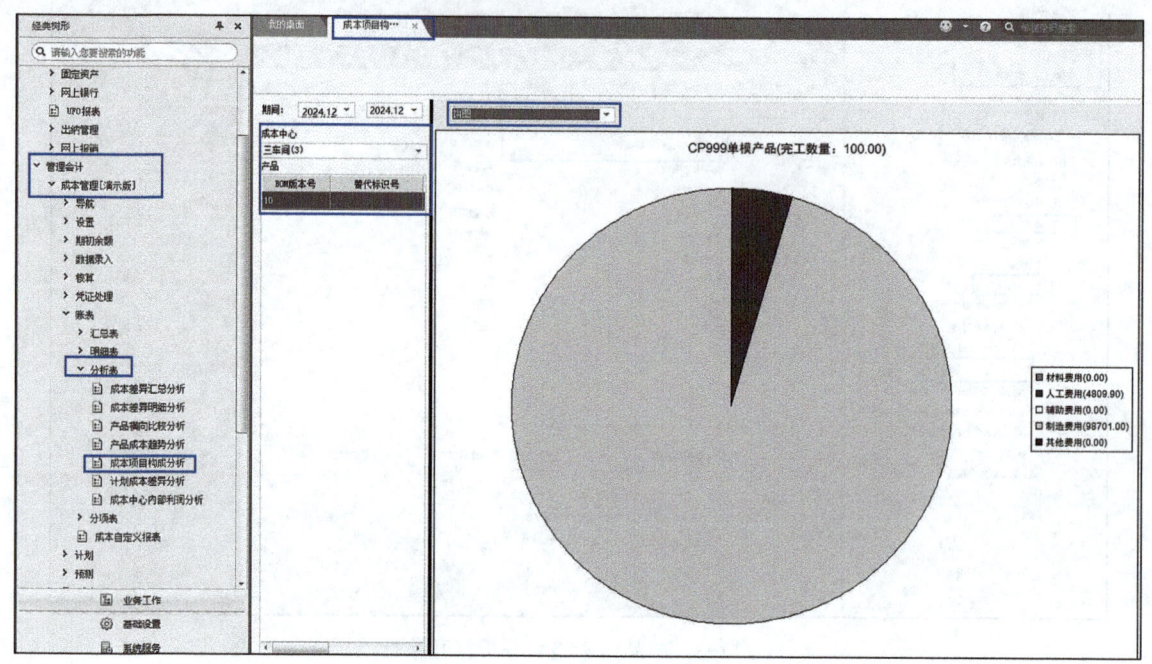

图13-5　成本项目构成分析图

三、自定义成本报表设置

选择"UFO报表"模块，进入报表设计和查询界面。操作路径："文件"→"新建"→"格式"。如果系统有预制的模板，如管理费用明细表模板，可以按照模板生产，或者根据企业需求自定义报表格式和公式。设置报表格式时，确定表头项目，如"费用项目""本期实际""本期计划""本年累计金额""去年同期累计金额"等；设置公式时，利用用友U8提供的公式向导，关联相应的会计科目和取数规则，如"本期金额"可以通过FS函数（发生额函数）取管理费用各明细科目的本期借方发生额。

DeepSeek在成本管理中的典型应用场景

通过智能化的数据分析、决策支持和自动化执行，DeepSeek能够帮助企业在降低成本、优化流程和提升效率等方面发挥巨大的作用。下面我们来探讨DeepSeek在成本控制中的几个典型应用场景。

（1）自动化报告生成与分析。企业在进行成本控制时，往往需要定期生成成本报告、分析报告及其他财务报表。这些报告通常需要从多个系统和数据源提取数据，并通过一定的分析方法得出结论。传统的手动报告过程往往烦琐、容易出错，且耗时较长。DeepSeek可以自动化地从各种财务系统中提取数据，并根据预设的分析框架自动生成成本控制报告。这些报告不仅可以提供成本的各项指标，还可以进行实时的趋势分析、偏差分析和预测分析，帮助管理层快速识别成本问题并做出决策。

（2）成本预算和预测支持。在进行年度成本预算编制时，企业通常会遇到如何精准预测成本的问题。DeepSeek可以通过大数据分析、行业趋势、历史成本数据等多个维度来帮助企业进行成本预算和预测。通过自然语言处理，DeepSeek可以理解和分析不同场景的输入，从而给出更加精准和动态的成本预测。

（3）智能采购和供应链优化。采购成本是企业运营中不可忽视的一部分。在供应链管理中，如何选择性价比高的供应商、控制库存和采购周期，也是降低成本的关键。DeepSeek能够协助企业进行供应商分析、采购价格预测、库存管理和采购策略的优化。

（4）成本控制决策支持。在日常经营过程中，企业管理层需要不断做出与成本相关的决策，如是否增产、是否缩减成本、是否投资某个项目等。这些决策往往涉及大量的数据分析和市场趋势判断，传统决策模式可能存在一定的滞后性和误差。DeepSeek可以作为决策支持工具，分析大量的财务数据、市场趋势和竞争动态，提供及时的决策建议。通过自然语言处理，DeepSeek能根据输入的场景快速分析，生成清晰的决策报告，帮助管理者做出更具成本效益的决策。

（5）员工绩效与成本控制。企业在成本控制中也需要关注员工绩效，尤其是在生产和运营环节。如何激励员工提高工作效率，减少浪费，降低单位生产成本，始终是成本管理的重要课题。DeepSeek可以分析员工绩效数据，与生产成本、工时、质量等因素结合，为企业提供更有针对性的激励方案。通过智能化的数据分析，DeepSeek还可以帮助企业找到影响员工绩效的关键因素，并提出改进建议。

（6）成本控制的合规性与审计合规性。审计是企业成本控制中不可忽视的一个方面，尤其是在大型企业中。审计过程中需要全面检查各项成本支出的合理性和合规性，防止财务风险和不必要的开支。

DeepSeek在成本控制中的应用场景非常广泛，从自动化报告生成、成本预测、智能采购到决策支持、绩效分析等各个方面都能发挥重要作用。通过利用AI技术，企业不仅能降低成本、提升运营效率，还能在复杂的市场环境中做出更精确的决策，实现更好的财务健康和持续增长。DeepSeek的智能化应用展示了财务领域的快速变化，党的二十大报告中也提出"建设全民终身学习的学习型社会、学习型大国"，学生需要具备终身学习的意识，主动学习新知识、新技能，不断提升自己的专业素养，这样才能适应未来的职业发展。

同步测试题

一、单项选择题

1. 可比产品成本降低额与降低率之间的关系是（　　）。
   A．成反比　　　　B．成正比　　　　C．同方向变动　　　　D．无直接关系

2. 企业成本报表（　　）。
   A．是对外报送的报表
   B．是对内编报的报表
   C．有关部门规定哪些指标对外公布、哪些指标不对外公布
   D．根据债权人和投资人的要求，确定哪些指标对外公布、哪些指标不对外公布
3. 可比产品是指（　　）。
   A．企业过去曾经正式生产过，有完整的成本资料可以进行比较的产品
   B．企业过去曾经生产过的产品
   C．有完整的定额成本资料可以进行比较的产品
   D．在行业中正式生产过，有完整的成本资料可以进行比较的产品
4. 下列关于主要产品单位成本表的说法，错误的是（　　）。
   A．主要产品单位成本表是反映企业在报告期内生产的各种主要产品单位成本构成情况的报表
   B．主要产品单位成本表应按主要产品分别编制
   C．主要产品单位成本表是对商品产品生产成本表的补充说明
   D．主要产品单位成本表是反映企业在报告期内全部产品单位成本构成情况的报表
5. 生产单一品种情况下，影响可比产品成本降低额变动的因素仅是（　　）。
   A．产品产量　　　　　　　　　B．产品单位成本
   C．产品产量和产品单位成本　　D．产品产量、单位成本和品种结构
6. （　　）是进行成本分析的主要依据。
   A．成本制度　　B．成本预测　　C．成本报表　　D．企业会计准则

二、多项选择题

1. 工业企业成本报表一般包括（　　）。
   A．商品产品生产成本表　　　　B．主要产品单位成本表
   C．制造费用明细表　　　　　　D．各种期间费用明细表
2. 主要产品单位成本表反映的单位成本包括（　　）。
   A．本月实际　　B．历史先进水平　　C．本年计划　　D．上年实际平均
3. 生产多品种产品情况下，影响可比产品成本降低额变动的因素有（　　）。
   A．产品产量　　B．产品单位成本　　C．产品价格　　D．产品品种结构
4. 期间费用明细表，一般按照期间费用项目分别反映费用项目的（　　）。
   A．计划数　　B．上年同期实际数　　C．本月实际数　　D．本年累计实际数
5. 成本报表分析的主要内容包括（　　）。
   A．成本计划完成情况分析　　　B．主要产品单位生产成本分析
   C．费用预算执行情况的分析　　D．成本效益分析

参 考 文 献

[1] 蒋小芸,胡中艾. 成本核算与管理 [M]. 3 版. 北京:高等教育出版社,2018.
[2] 郭奕,赵旖旎. 财税 RPA:财税智能化转型实战 [M]. 北京:机械工业出版社,2020.
[3] 王冲冲,艾洪娟. 成本会计:微课版 [M]. 北京:清华大学出版社,2020.
[4] 赵峰松,费琳琪. 成本会计:成本核算与管理 [M]. 2 版. 北京:中国人民大学出版社,2020.
[5] 张世体,陈明. 成本会计实务 [M]. 上海:立信会计出版社,2020.

智能化成本核算与管理

实 训 练 习

（请使用 Excel、AI 等智能化工具完成本实训练习）

实训一　制造业企业基本业务的核算　//　001
实训二　设置成本费用明细账　//　004
实训三　材料费用的分配　//　005
实训四　辅助生产费用的分配　//　010
实训五　年度计划分配率分配法　//　015
实训六　废品损失的核算　//　017
实训七　生产费用在完工产品和月末在产品之间的分配　//　020
实训八　简化分批法　//　026
实训九　分步法综合结转　//　033
实训十　期间费用分析　//　040

实训一 制造业企业基本业务的核算

实训资料

绿源公司 20×× 年 7 月 31 日各总分类科目及有关明细分类科目期末余额资料分别见表 1-1 和表 1-2。

表 1-1　7 月 31 日总分类科目期末余额　　　　　单位：元

序号	账户名称	借方金额	序号	账户名称	贷方金额
1	库存现金	1 000	1	累计折旧	30 000
2	银行存款	156 000	2	其他应付款	5 000
3	应收账款	2 000	3	应交税费	86 000
4	原材料	44 000	4	实收资本	243 000
5	生产成本	6 000	5	本年利润	80 000
6	预付账款	1 000	6		
7	库存商品	10 000	7		
8	固定资产	160 000	8		
9	利润分配	64 000	9		
合计		444 000	合计		444 000

表 1-2　7 月 31 日有关明细分类科目期末余额　　　　　单位：元

序号	总分类账名称	明细分类账名称	借方金额	贷方金额
1	应收账款	A 公司	3 000	
2		B 公司		1 000
3	原材料	A 材料	20 000	
4		B 材料	24 000	
5	生产成本	甲产品	2 000	
6		乙产品	4 000	
7	库存商品	甲产品	4 000	
8		乙产品	6 000	
9	利润分配	未分配利润	64 000	

注：1. A 材料 1 000 千克，B 材料 2 400 千克。
　　2. 甲产品的成本项目构成为：直接材料 1 000 元，燃料及动力 200 元，直接人工 500 元，制造费用 300 元，合计 2 000 元。乙产品的成本项目构成为：直接材料 2 400 元，燃料及动力 300 元，直接人工 600 元，制造费用 700 元，合计 4 000 元。

绿源公司20××年8月份发生如下经济业务：

（1）4日，从大兴工厂购入A材料1 000千克，每千克20元，共计货款20 000元，增值税2 600元。材料已验收入库，货款和税款已从银行支付。

（2）6日，从浦江工厂购入B材料8 000千克，每千克10元，共计货款80 000元，增值税10 400元。材料已验收入库，货款和税款已从银行支付。

（3）10日，各部门领用各种材料情况见表1-3。

表1-3 材料领用情况汇总表　　　　　　　　　　　　单位：元

耗用材料名称	A材料		B材料		金额合计
领用部门及用途	数量	金额	数量	金额	
生产甲产品直接耗用	500	10 000	3 000	30 000	40 000
生产乙产品直接耗用	700	14 000	5 000	50 000	64 000
车间一般性消耗	100	2 000	1 500	15 000	17 000
行政管理部门耗用	200	4 000	500	5 000	9 000
合计	1 500	30 000	10 000	100 000	130 000

（4）10日，售出甲产品20台，每台售价4 000元，售出乙产品30台，每台售价5 000元，共计货款230 000元，增值税29 900元，存入银行。

（5）13日，计算分配本月份各部门人员工资68 400元。其中，生产甲产品工人工资22 800元，生产乙产品工人工资34 200元，车间技术人员和管理人员工资4 560元，行政管理人员工资6 840元。

（6）14日，从银行提取现金68 400元，备发工资。

（7）15日，以现金68 400元支付本月职工工资。

（8）16日，售出甲产品5台给B公司，每台售价4 000元，共计货款20 000元，增值税2 600元，货款和税款尚未收到。

（9）17日，以现金200元支付售出甲产品运杂费。

（10）18日，以银行存款支付本月水电费10 000元。其中，生产甲产品耗用3 000元，生产乙产品耗用5 000元；生产车间照明耗用500元；行政管理部门耗用1 500元。

（11）19日，售出乙产品10台给A公司，单价5 000元，共计货款50 000元，增值税6 500元，货款和税款尚未收到。

（12）20日，以银行存款1 060元支付行政管理部门办公费。

（13）21日，收到A公司通过银行转来的前欠货款61 500元。

（14）22日，以银行存款支付广告费13 000元。

（15）23日，以现金440元支付生产车间中小修理费。

（16）24日，以银行存款3 500元支付第四季度报刊费。

（17）25日，从银行取得短期借款50 000元，存入银行。

(18) 31 日，计提本月固定资产折旧费 8 000 元，其中生产车间计提 6 000 元，行政管理部门计提 2 000 元。

(19) 31 日，支付经营租入固定资产租赁费 4 000 元，其中生产车间预提 3 000 元，行政管理部门预提 1 000 元，取得增值税普通发票。

(20) 31 日，购买办公用品 1 660 元，其中生产车间应负担 500 元，行政管理部门应负担 1 160 元，取得增值税普通发票。

(21) 31 日，计算分配本月发生的制造费用 32 000 元，其中甲产品负担 14 200 元，乙产品负担 17 800 元。

(22) 31 日，甲产品完工 35 台，已验收入库，其单位成本为 2 300 元，总成本为 80 500 元；乙产品完工 40 台，已验收入库，其单位成本为 3 000 元，总成本为 120 000 元。

(23) 31 日，结转本月售出的 25 台甲产品的销售成本 57 500 元，结转本月售出的 40 台乙产品的销售成本 120 000 元。

(24) 31 日，本月应交城建税 15 000 元。

(25) 31 日，结转本月甲、乙产品的销售收入 300 000 元。

(26) 31 日，结转本月甲、乙产品的销售成本 177 500 元。

(27) 31 日，结转本月所发生的销售费用 13 200 元。

(28) 31 日，结转本月的税金及附加 15 000 元。

(29) 31 日，结转本月发生的管理费用 22 550 元。

(30) 31 日，计算出本月应纳所得税费用 23 574.20 元。

(31) 31 日，结转本月计提的所得税费用 23 674.20 元。

(32) 31 日，开出转账支票上缴税金 90 000 元。

【实训要求】

编制以上经济业务的会计分录。

实训二　设置成本费用明细账

实训资料

康康制药厂是一家以生产药品为主的企业。企业设有固体药品和液体药品两个基本生产车间。固体车间生产片剂、颗粒、胶囊等各类固体药品，液体车间生产注射液、口服液等各类液体产品。企业设有供电、制水两个辅助生产车间，为企业的基本生产车间和其他部门提供注射用水、电力服务。企业为推销产品、拓展市场专设了销售机构——销售部。厂部还设立了计划采购部、仓管部（下设材料和成品仓库）、研发部、质量检验部、财务部、人力资源部和总经理办公室等职能部门。

20××年3月，企业固体车间大量大批单步骤生产"感冒颗粒"和"退热胶囊"两种产品；液体车间大量大批单步骤生产"葡萄糖注射液"和"咳嗽糖浆"两种产品。

【实训要求】

（1）请使用XMIND等思维导图软件绘制康康制药厂的组织机构图。

（2）根据上述资料，使用Excel等软件开设康康制药厂相应成本、费用明细账，要根据相应的成本项目设置专栏。其中，生产成本明细账请参考图2-1。

生产成本明细账　　　　总　号

记账凭证			摘要	合计金额	成本项目				
年		类别	号数							
月	日									

图2-1　生产成本明细账举例

实训三　材料费用的分配

实训资料 1

某公司 20×× 年 4 月各部门领料情况见表 3-1～表 3-13。

表 3-1　领料单

领用部门：机加工车间　　用途：甲产品　　20×× 年 4 月 1 日　　NO：001

材料名称	单位	领用数量	实发数量	单价	发料金额合计
材料 1	箱	3 050	3 000	20	60 000

制单：张 ×　　记账：徐 ×　　发料：张 ×　　主管：蔡 ×　　领料：黄 ×

第二联 记账联

表 3-2　领料单

领用部门：机加工车间　　用途：甲产品　　20×× 年 4 月 1 日　　NO：002

材料名称	单位	领用数量	实发数量	单价	发料金额合计
材料 1	箱	6 000	6 000	20	120 000

制单：张 ×　　记账：徐 ×　　发料：张 ×　　主管：蔡 ×　　领料：黄 ×

第二联 记账联

表 3-3　领料单

领用部门：机加工车间　　用途：乙产品　　20×× 年 4 月 2 日　　NO：003

材料名称	单位	领用数量	实发数量	单价	发料金额合计
材料 2	箱	1 000	1 000	30	30 000

制单：张 ×　　记账：徐 ×　　发料：张 ×　　主管：蔡 ×　　领料：黄 ×

第二联 记账联

表 3-4　领料单

领用部门：机加工车间　　用途：甲、乙产品　　20×× 年 4 月 10 日　　NO：004

材料名称	单位	领用数量	实发数量	单价	发料金额合计
包装材料 M	箱	52	51	400	20 400

制单：张 ×　　记账：徐 ×　　发料：张 ×　　主管：蔡 ×　　领料：黄 ×

第二联 记账联

表 3-5　领料单

领用部门：机加工车间　　用途：管理用　　20××年4月11日　　NO：005

材料名称	单位	领用数量	实发数量	单价	发料金额合计
打印纸	箱	4	4	300	1 200

制单：张×　　记账：徐×　　发料：张×　　主管：蔡×　　领料：黄×

第二联 记账联

表 3-6　领料单

领用部门：结构件车间　　用途：丙产品　　20××年4月11日　　NO：006

材料名称	单位	领用数量	实发数量	单价	发料金额合计
材料3	箱	1.8	1.8	8 500	15 300

制单：张×　　记账：徐×　　发料：张×　　主管：蔡×　　领料：黄×

第二联 记账联

表 3-7　领料单

领用部门：结构件车间　　用途：丁产品　　20××年4月11日　　NO：007

材料名称	单位	领用数量	实发数量	单价	发料金额合计
材料4	箱	3	3	8 800	26 400

制单：张×　　记账：徐×　　发料：张×　　主管：蔡×　　领料：黄×

第二联 记账联

表 3-8　领料单

领用部门：结构件车间　　用途：丁产品　　20××年4月11日　　NO：008

材料名称	单位	领用数量	实发数量	单价	发料金额合计
材料4	箱	2	2	8 800	17 600

制单：张×　　记账：徐×　　发料：张×　　主管：蔡×　　领料：黄×

第二联 记账联

表 3-9　领料单

领用部门：结构件车间　　用途：丙产品、丁产品　　20××年4月11日　　NO：009

材料名称	单位	领用数量	实发数量	单价	发料金额合计
包装材料N	箱	4 200	4 200	19.2	80 640

制单：张×　　记账：徐×　　发料：张×　　主管：蔡×　　领料：黄×

第二联 记账联

表 3-10 领料单

领用部门：结构件车间　　用途：管理用　　20××年4月11日　　NO：010

材料名称	单位	领用数量	实发数量	单价	发料金额合计
打印纸	箱	3	4	300	1 200

制单：张×　　记账：徐×　　发料：张×　　主管：蔡×　　领料：黄×

第二联记账联

表 3-11 领料单

领用部门：销售部　　用途：广告　　20××年4月19日　　NO：011

材料名称	单位	领用数量	实发数量	单价	发料金额合计
打印纸	箱	3	3	300	900

制单：张×　　记账：徐×　　发料：张×　　主管：蔡×　　领料：黄×

第二联记账联

表 3-12 领料单

领用部门：销售部　　用途：广告　　20××年4月21日　　NO：012

材料名称	单位	领用数量	实发数量	单价	发料金额合计
纸箱	个	800	800	0.8	640

制单：张×　　记账：徐×　　发料：张×　　主管：蔡×　　领料：黄×

第二联记账联

表 3-13 领料单

领用部门：厂部　　用途：办公　　20××年4月27日　　NO：013

材料名称	单位	领用数量	实发数量	单价	发料金额合计
打印纸	箱	3	6	300	1 800

制单：张×　　记账：徐×　　发料：张×　　主管：蔡×　　领料：黄×

第二联记账联

【实训要求】

（1）请帮助仓库管理员编制材料发料凭证汇总表（见表3-14）。

表 3-14 材料发料凭证汇总表

20×× 年 4 月 30 日

领料单位	材料名称	用途	单位	数量	单价	金额
合计						

财务主管：郝×　　　记账：蒋×　　　审核：江×　　　填制：李×

（2）请帮助成本会计编制材料费用分配表（见表 3-15），并写出相关会计分录。

表 3-15 材料费用分配表

年　　月　　　　　　　　　　　　　　　　　单位：元

应借科目	成本或费用项目	直接计入	分配计入			合计
			分配标准	分配率	分配金额	

实训资料 2

某企业生产甲、乙两种产品，本月两种产品共领用主要材料 12 375 千克，单价 30 元，共计 371 250 元。本月投产甲产品 850 件，乙产品 1 050 件，单件甲产品的材料消耗定额为 20 千克，单件乙产品的材料消耗定额为 10 千克。

【实训要求】

按材料定额耗用量比例分配材料费用。

实训资料 3

某工业企业某月发生动力费用 7 600 元，通过银行转账支付，月末查明各车间、部门耗电度数为：基本生产车间耗电 5 000 度，其中车间照明用电 500 度；辅助生产车间耗电 2 000 度，其中车间照明用电 300 度；企业管理部门耗电 600 度。

【实训要求】

（1）计算：按所耗电度数分配电力费用，A、B 产品按生产工时分配电费。A 产品生产工时为 3 000 小时，B 产品生产工时为 2 000 小时。

（2）编制该月支付与分配外购电费的会计分录（注：该企业基本生产车间明细账不设"燃料及动力费"成本项目；辅助生产车间不设"制造费用"明细账；所编分录列示到成本项目）。

实训资料 4

某企业根据某月份工资结算凭证汇总的工资费用为：基本生产车间生产甲、乙两种产品，生产工人的计时工资共计 39 200 元，车间管理人员工资 2 840 元，行政管理人员工资 4 000 元。甲产品完工数量为 10 000 件，乙产品完工数量为 8 000 件。单位产品工时定额：甲产品 2.5 小时，乙产品 3 小时。

【实训要求】

按定额工时比例分配甲、乙产品生产工人工资；编制工资分配的会计分录。

实训四 辅助生产费用的分配

实训资料 1

丁公司有两个辅助生产车间——锅炉车间和机修车间，20××年7月有关辅助生产成本的资料见表4-1，两个辅助生产车间均未设置"制造费用"科目。

表4-1 辅助生产车间提供劳务量汇总

辅助生产车间名称		机修车间	锅炉车间
待分配成本		480 000 元	45 000 元
供应劳务、产品数量		160 000 小时	10 000 立方米
耗用劳务、产品数量	锅炉车间	10 000 小时	
	机修车间		1 000 立方米
	第一车间	80 000 小时	5 100 立方米
	第二车间	70 000 小时	3 900 立方米

【实训要求】

（1）试着用五种不同的分配方法分配丁公司的辅助生产成本，填写辅助生产费用分配表（见表4-2～表4-6），并写出相应的会计分录。其中，采用计划成本分配法时，假定机修车间每修理工时耗费2.5元，锅炉车间每立方米耗费4元。

表4-2 辅助生产费用分配表（直接分配法）

辅助生产车间名称			机修车间	锅炉车间	合计
待分配成本					
对外供应劳务数量					
单位成本（分配率）					
基本生产车间	第一车间	耗用数量			
		分配金额			
	第二车间	耗用数量			
		分配金额			
金额合计					

表 4-3 辅助生产费用分配表（交互分配法）

分配方向			交互分配（对内分配）			对外分配		
辅助生产车间名称			机修车间	锅炉车间	合计	机修车间	锅炉车间	合计
待分配成本								
供应劳务数量								
单位成本（分配率）								
辅助车间	机修车间	耗用数量						
		分配金额						
	锅炉车间	耗用数量						
		分配金额						
	金额小计							
基本车间	第一车间	耗用数量						
		分配金额						
	第二车间	耗用数量						
		分配金额						
分配金额小计						—	—	—

表 4-4 辅助生产费用分配表（计划成本分配法）

辅助生产车间名称			机修车间	锅炉车间	合计
待分配辅助生产费用					
供应劳务数量					
计划单位成本					
辅助生产车间耗用	锅炉车间	耗用量			
		分配金额			
	机修车间	耗用量			
		分配金额			
	分配金额小计				
基本生产耗用	第一车间	耗用量			
		分配金额			
	第二车间	耗用量			
		分配金额			
	分配金额小计				
按计划成本分配金额合计					
辅助生产实际成本					
辅助生产成本差异					

表 4-5　辅助生产费用分配表（代数分配法）

辅助生产车间名称			机修车间	锅炉车间	合计
待分配辅助生产费用					
供应劳务数量					
用代数算出的实际单位成本					
辅助生产车间耗用	锅炉车间	耗用量			
		分配金额			
	机修车间	耗用量			
		分配金额			
	分配金额小计				
基本生产耗用（计入"制造费用"）	第一车间	耗用量			
		分配金额			
	第二车间	耗用量			
		分配金额			
	分配金额小计				
合计					

表 4-6　辅助生产费用分配表（顺序分配法）

会计科目	生产成本——辅助生产成本						制造费用				分配金额合计
车间部门	机修车间			锅炉车间			第一车间		第二车间		
	劳务数量	待分配费用	分配率	劳务数量	待分配费用	分配率	耗用数量	耗用金额	耗用数量	耗用金额	
分配修理费用											

（2）比较 5 种分配方法的优点、缺点及适用范围，并与大家讨论该企业适合采用什么样的分配方法？

实训资料 2

某企业有供电和机修两个辅助生产车间，本月份根据辅助生产成本明细账得知，供电车间直接发生的待分配费用为 70 400 元，机修车间为 67 200 元。车间本月提供劳务量见表 4-7。

表 4-7 车间本月提供的劳务量

车间、部门		用电度数（度）	修理工时（小时）
第一基本生产车间	产品耗用	18 500	—
	一般耗用	1 500	1 800
第二基本生产车间	产品耗用	17 000	—
	一般耗用	1 000	2 100
管理部门		2 000	100
供电车间		—	200
机修车间		4 000	—
合计		44 000	4 200

【实训要求】

采用交互分配法分配辅助生产费用，并编制有关会计分录（见表 4-8）。

表 4-8 辅助生产费用分配表
（交互分配法）

项目				交互分配		对外分配		
辅助生产车间名称				供电	机修	供电	机修	合计
待分配辅助生产费用								
供应劳务数量								
费用分配率（单位成本）								
辅助生产车间耗用	应借"辅助生产成本"科目	供电车间	耗用数量					
			分配金额					
		机修车间	耗用数量					
			分配金额					
		分配金额小计						
基本生产车间耗用	应借"基本生产成本"科目	第一车间	耗用数量					
			分配金额					
		第二车间	耗用数量					
			分配金额					
	应借"制造费用"科目	第一车间	耗用数量					
			分配金额					
		第二车间	耗用数量					
			分配金额					
		分配金额小计						
行政管理部门耗用	应借"管理费用"科目		耗用数量					
			分配金额					
分配金额合计								

会计分录：

实训资料 3

某企业设有修理和运输两个辅助生产车间、部门。修理车间本月发生费用 451 000 元，提供修理劳务量 2 600 小时，其中，为运输部门修理 400 小时，为基本生产车间修理 2 000 小时，为行政管理部门修理 200 小时，修理费用按修理工时比例分配。运输部门本月发生的费用 792 000 元，运输材料物资等 7 500 吨·千米，其中，为修理车间提供劳务 300 吨·千米，为基本生产车间提供运输劳务 5 200 吨·千米，为企业行政管理部门提供运输劳务 2 000 吨·千米。

【实训要求】

采用直接分配法计算分配修理、运输费用，编制对外分配的会计分录。

实训资料 4

某企业修理车间和运输部门本月有关经济业务汇总如下：修理车间发生费用 350 000 元，提供劳务 20 000 小时，其中，为运输部门提供 3 000 小时，为基本生产车间提供 16 000 小时，为管理部门提供 1 000 小时。运输部门发生费用 460 000 元，提供运输 40 000 公里，其中，为修理车间提供 3 500 公里，为基本生产车间提供 30 000 公里，为管理部门提供 6 500 公里。计划单位成本：修理每小时 20 元，运输每小时 12 元。

【实训要求】

（1）计算按计划成本分配合计数额。
（2）计算辅助生产（修理、运输）实际成本数额。
（3）计算辅助生产差异。
（4）编制按计划成本分配和辅助生产成本差异的会计分录。

实训五　年度计划分配率分配法

实训资料 1

新意变压器有限公司基本生产车间预计全年制造费用为 92 000 元，全年计划生产高压变压器 8 000 件，低压变压器 6 000 件。单位高压变压器定额工时为 2 小时，单位低压变压器定额工时为 5 小时。该车间 12 月份实际产量为：高压变压器 650 件，低压变压器 700 件；12 月份实际发生制造费用 12 000 元。假设该企业全年实际发生制造费用 90 250 元。采用计划分配率分配法已分配转出制造费用 95 000 元，其中高压变压器已分配的制造费用为 35 000 元，低压变压器已分配的制造费用为 60 000 元，全年实际发生的制造费用和计划的差异按高压变压器、低压变压器两种产品全年已按计划分配率分配数额的比例分配。

【实训要求】

（1）计算制造费用年度计划分配率。
（2）按年度计划分配率法分配该企业 12 月制造费用，并写出会计分录。
（3）年末，对按计划分配率分配的制造费用和实际发生的制造费用的差额进行追加调整并写出相关会计分录。

实训资料 2

企业基本生产车间生产甲、乙、丙三种产品，9 月甲产品实际耗用生产工人工时 1 000 小时，乙产品实际耗用工时 400 小时，丙产品实际耗用工时 600 小时。本月基本生产车间归集的制造费用总额为 32 300 元。

【实训要求】

按直接人工工时分配法对企业基本生产车间本月发生的制造费用进行分配，并编制会计分录。

实训资料 3

企业基本生产车间生产甲、乙、丙三种产品，9 月基本生产车间发生制造费用 380 000 元。本月甲产品发生生产工人工资 96 000 元，乙产品发生生产工人工资 50 000 元，丙产品发生生产工人工资 44 000 元。

【实训要求】

按直接工资分配法对企业基本生产车间本月发生的制造费用进行分配，并编制会计分录。

实训资料 4

某车间计划全年度制造费用发生额为 19 800 元，全年各产品的计划产量为：甲产品 250 件，乙产品 300 件；单位产品工时消耗定额为：甲产品 4 小时，乙产品 5 小时；该车间某月实际产量为：甲产品 12 件，乙产品 6 件。该月实际发生制造费用 1 850 元。

【实训要求】

（1）计算制造费用的年度计划分配率。
（2）按年度计划分配率法分配本月制造费用。
（3）编制相应的会计分录。

实训资料 5

某企业第一车间生产甲、乙、丙三种产品，本年度制造费用预算总额为 420 000 元，三种产品本年计划产量分别为 5 000 件、6 000 件和 1 600 件，单位产品定额工时分别为 40 小时、70 小时和 50 小时。本年 12 月生产甲产品 600 件，乙产品 400 件，丙产品 300 件，实际发生制造费用 40 000 元。11 月末，"制造费用——第一车间"明细账有贷方余额 500 元。

【实训要求】

按计划分配率法对 12 月份企业第一生产车间的制造费用进行分配，年末对按计划分配率计算分配的制造费用和实际发生的制造费用的差额进行追加调整（假设本年度按计划分配率法分配制造费用 400 000 元，其中甲产品分配了 150 000 元，乙产品分配了 160 000 元，丙产品分配了 90 000 元），并编制相关会计分录。

实训六　废品损失的核算

实训资料 1

科源公司基本生产第一车间生产 MSP 型号电机，20×× 年 6 月完工产量为 100 件，在验收入库时发现可修复废品 10 件。在修复这些废品中共耗用材料费用 523 元，耗用生产工时 250 小时，本月职工薪酬的分配率为 3 元/小时，制造费用分配率为 2 元/小时，本月修复废品应分配职工薪酬为 750 元，应分配制造费用 500 元。经查，应由过失人赔偿 100 元，回收入库残料价值 56 元。编制废品通知单见表 6-1。

表 6-1　废品通知单

车　　间：第一车间　　　　　　　　　　　　　　编　　号：001
生产小组：6　　　　　　　　　　　　　　　　　开工日期：20×× 年 6 月 2 日

原工作通知单号	产品		计量单位	工时定额	每工时加工单价		材料定额
	名称/型号	数量			人工	制造费用	
7865	MSP 型号电机	10	个	250 小时/个	3 元	2 元	523 元
工废工件			操作有误				

责任者		追偿废品	残料入库
姓名	工号	金额	
林耿欣	62	100 元	56 元
检验员：王史聪			责任人：韩宝

【实训要求】

（1）填写废品损失计算单（见表 6-2）。
（2）写出相关会计分录。

表 6-2　废品损失计算单

生产单位：　　年　月　　　　　　　产品：　　　　　　　　　金额单位：元

年		凭证	摘要	直接材料	直接人工	制造费用	合计
月	日						
			分摊修复费用				
			应收赔款				
			回收残料价值				
			合计				
			结转净损失				

实训资料 2

绿源公司机加工车间生产 A 产品 150 件，生产过程中发现其中有 4 件不可修复废品。150 件产品在生产过程中发生费用为：原材料费用 6 000 元，直接工资费用 6 300 元，制造费用 3 600 元。其中原材料是在生产开始时一次性投入，原材料费用按产量比例进行分配，其他费用按生产工时比例进行分配。产品的生产工时总共为 4 500 小时，其中废品的生产工时为 120 小时，废品材料回收价值 25 元。

【实训要求】

（1）计算不可修复废品的生产成本并登记不可修复废品损失计算表（见表 6-3）。

表 6-3　不可修复废品损失计算表

车间名称：机加工车间
产品名称：A 产品　　　　　　　　　　　　　　　　　　　　　金额单位：元

项目	数量（件）	直接材料	生产工时	直接人工	制造费用	成本合计
合格品和废品生产费用						
费用分配率	—					—
废品生产成本						
减：残料价值		—	—	—	—	
废品损失		—	—	—	—	

（2）登记生产成本明细账（见表 6-4）。

表 6-4　生产成本明细账

车间名称：机加工车间
产品名称：A 产品　　　　　　　　　　　　　　　　　　　　　金额单位：元

20××年		凭证号数	摘要	直接材料	直接人工	制造费用	废品损失	成本合计
月	日							
略	略	略	材料费用分配表					
			职工薪酬分配表					
			制造费用分配表					
			减：不可修复废品成本					
			转入废品净损失					
			本月完工入库合格品总成本					

（3）编制相关分录。

实训资料 3

某企业规定不可修复废品成本按定额成本计价。某月份某产品的不可修复废品 25 件，每件直接材料定额为 9 元；已完成的定额工时共为 130 小时。每小时定额费用为：直接人工 7 元，制造费用 9 元。该月该产品的可修复废品的修复费用为：直接材料 500 元，直接人工 300 元，制造费用 700 元。废品残料计价 150 元作为原材料入库。应由责任人员赔偿的废品损失 200 元。

【实训要求】

（1）计算不可修复废品的生产成本。
（2）计算全部废品的损失。
（3）编制归集废品修复费用、结转不可修复废品生产成本、废品残值入库、应收赔款以及结转废品损失的会计分录。

实训七　生产费用在完工产品和月末在产品之间的分配

实训资料 1

甲企业采用不计算在产品成本法进行产品成本的计算。20××年8月该企业A产品共发生生产费用29 294元，其中直接材料19 136元，直接人工6 790元，制造费用3 368元。本月完工产品100千克，月末在产品数量很小，故忽略不计。A产品成本计算单见表7-1。

表7-1　产品成本计算单

产品：A　　　　　　　　　　　　20××年8月　　　　　　　　　　　　单位：元

项目	直接材料	直接人工	制造费用	合计
月初在产品成本				
本月发生生产费用				
生产费用合计				
本月完工产品总成本				
完工产品单位成本				
月末在产品成本				

【实训要求】

填写产品成本计算单并写出产品完工入库的会计分录。

实训资料 2

甲企业主要生产B产品，其生产较为稳定，各月间月末在产品数量平稳，变动不大，故企业采用在产品按固定成本计算法计算B产品成本。经测定，企业各月末在产品总固定成本为9 800元，其中直接材料5 000元，直接人工3 200元，制造费用1 600元。8月初在产品90件，本月投产800件，本月完工805件。本月发生生产费用为91 907元，其中直接材料63 525元，直接人工20 532元，制造费用7 850元。B产品成本计算单见表7-2。

表 7-2　产品成本计算单

产品：B　　　　　　　　　　　　　20××年 8 月　　　　　　　　　　　　　单位：元

项目	直接材料	直接人工	制造费用	合计
月初在产品成本				
本月发生生产费用				
生产费用合计				
本月完工产品总成本				
完工产品单位成本				
月末在产品成本				

【实训要求】

填写产品成本计算单并写出产品完工入库的会计分录。

实训资料 3

甲企业只生产 C 产品一种产品，此产品成本结构中原材料费用占总成本费用的 70%～80%，为简化成本核算，该企业采用在产品按原材料费用计算法计算产品成本。20××年 8 月企业月初在产品成本为 5 050 元，本月发生生产费用 69 800 元，其中直接材料为 60 000 元，直接人工为 6 000 元，制造费用为 3 800 元。原材料于生产开始时一次性投入。企业月初在产品 100 件，本月投入 1 200 件，本月完工 1 000 件。C 产品成本计算单见表 7-3。

表 7-3　产品成本计算单

产品：C　　　　　　　　　　　　　20××年 8 月　　　　　　　　　　　　　单位：元

项目	直接材料	直接人工	制造费用	合计
月初在产品成本				
本月发生生产费用				
生产费用合计				
完工产品数量				
在产品数量				
费用分配率				
本月完工产品总成本				
完工产品单位成本				
月末在产品成本				

【实训要求】

填写产品成本计算单并写出产品完工入库的会计分录。

实训资料 4

某企业甲产品单位工时定额 20 小时,经过三道工序制成,各工序工时定额分别为 4 小时、8 小时、8 小时。各道工序内加工程度均按 50% 计算。本月完工产品 200 件。各工序在产品数量分别为 20、40、60 件。月初加本月发生的生产费用为:直接材料 16 000 元(原材料在生产开始时一次投入),直接人工 7 980 元,制造费用 8 512 元。

【实训要求】

(1) 分工序计算在产品完工率和约当产量,将计算结果填入表 7-4 中。

表 7-4 在产品完工率及约当产量计算表

工序	在产品完工率	在产品约当产量
合计		

(2) 在完工产品和在产品之间分配各项费用,将计算结果填入表 7-5 中。

表 7-5 产品成本计算单

项目	直接材料	直接人工	制造费用	合计
生产费用合计				
分配率				
完工产品总成本				
月末在产品成本				

实训资料 5

天长公司 Q8 产品的月末在产品按定额成本计算法计算,20×× 年 6 月 Q8 在产品数量 100 件,完工产品 500 件,原材料在生产开始时一次投入。单位在产品的原材料费用定额为 60 元,单位在产品的工时定额为 8 小时,小时人工费用定额为 4 元,小时制造费用定额为 3 元。月初在产品和本月发生的生产费用如下:原材料 80 000 元,直接人工 26 000 元,制造费用 18 000 元。

【实训要求】

填写产品成本计算单（见表 7-6）并写出产品完工入库的会计分录。

表 7-6　产品成本计算单

产品名称：Q8 产品　　　　　　　　　20×× 年 6 月

成本项目	直接材料（元）	直接人工（元）	制造费用（元）	合计（元）
累计生产费用	80 000	26 000	18 000	124 000
月末在产品成本				
完工产品成本				
产成品单位成本				

实训资料 6

大地公司 20×× 年 6 月生产加工 N1 产品，有关费用见表 7-7。

表 7-7　N1 产品生产资料

项目	直接材料	直接人工	制造费用	合计
月初在产品成本（元）	5 600	2 600	1 400	9 600
本月生产费用（元）	44 800	19 000	16 840	80 640
单位完工产品定额	60 千克	40 小时	40 小时	
月末在产品定额	60 千克	20 小时	20 小时	
完工产品产量（件）				500
月末在产品产量（件）				200

【实训要求】

填写产品成本计算单（见表 7-8）并写出产品完工入库的会计分录。

表 7-8　产品成本计算单

产品名称：N1 产品　　　　　　　　　20×× 年 6 月

成本项目	直接材料	直接人工	制造费用	合计
月初在产品成本				
本月生产费用				
生产费用合计				
分配率				
本月完工产品总成本				
本月完工产品单位成本				
月末在产品成本				

实训资料 7

某企业生产 A 产品需顺序经过三道工序连续加工才能完成，在产品在各工序的完工程度均为 50%。具体资料见表 7-9。

表 7-9 三道工序加工进度表

项目	工序一	工序二	工序三	合计
工时定额（小时）	40	60	100	200
在产品数量（件）	70	60	80	210

【实训要求】

根据上述资料计算各工序的在产品完工率及全部在产品约当产量。

实训资料 8

某企业甲产品的原材料在生产开始时一次投入，产品成本中的原材料费用所占比重很大，月末在产品按其所耗原材料费用计价。其月初在产品费用为 1 000 元，该月生产费用为原材料 8 500 元，直接人工 4 000 元，制造费用 6 000 元。该月完工产品 900 件，月末在产品 50 件。

【实训要求】

分配计算甲产品的完工产品成本和月末在产品成本。

实训资料 9

某产品分两道工序制成。其工时定额为：第一道工序 10 小时，第二道工序 40 小时，每道工序按本道工序工时定额的 50% 计算。在产品数量为：第一道工序 150 件，第二道工序 300 件。月末完工产品 305 件，月初在产品和本月发生的工资及福利费共计 3 220 元。

【实训要求】

（1）计算两道工序在产品的完工率。
（2）计算月末在产品约当产量。
（3）按约当产量比例法分配计算完工产品和月末在产品的直接人工费用。

实训资料 10

某企业采用定额比例法计算分配 A 产品的完工产品和月末在产品成本，8 月份有关生产费用见表 7-10，本月完工产品的定额工时为 6 000 小时，月末在产品的定额工时为 2 400 小时。

【实训要求】

根据以上资料完成表 7-10（直接材料费用按定额费用比例分配，其他各项费用按定额工时比例分配，费用分配率计算结果保留到小数点后四位数，其他计算结果保留到小数点后两位数）。

表 7-10 产品成本计算表

成本项目		直接材料	直接人工	制造费用	合计
月初在产品成本（元）		7 901	1 900	2 500	
本月发生生产费用（元）		10 560	8 563	7 955	
生产费用累计（元）					
费用分配率					—
完工产品费用	定额	10 000（元）	6 000（小时）	—	
	实际/元				
月末在产品费用	定额	5 900（元）	2 400（小时）	—	—
	实际/元				

实训八　简化分批法

实训资料 1

飞跃电机厂小批量生产多种产品,产品批数多。为了简化核算,采用简化分批法计算各批次产品成本。该企业 8 月份各批产品的情况如下:

第 1001 批号 A 产品 10 件,6 月份投产,本月完工。

第 1002 批号 B 产品 8 件,6 月份投产,本月完工 2 件,材料费用按完工产品与在产品数量比例分配,在产品定额工时为 37 000 小时。

第 1003 批号 C 产品 10 件,6 月份投产,本月全部未完工。

第 1004 批号 D 产品 18 件,6 月份投产,本月全部未完工。

该企业 8 月份的月初在产品成本和本期生产费用以及实际耗用工时已经登记在"基本生产成本二级账"中(见表 8-1),各批号"基本生产成本明细账"详见表 8-2～表 8-5。该企业的直接材料费用为直接计入费用,因该企业采用计时工资制度,所以直接人工费用为间接计入费用。

【实训要求】

(1)用简化分批法根据上述资料,登记基本生产成本二级账(见表 8-1)和基本生产成本明细账(见表 8-2～表 8-5)。

(2)计算完工产品成本并写出相关会计分录。

表 8-1　基本生产成本二级账

(各批产品全部总成本)

月	日	摘要	直接材料(元)	生产工时(小时)	直接人工(元)	制造费用(元)	合计(元)
7	31	在产品成本	180 000	150 000	84 000	75 000	339 000
8	31	本月生产费用	200 000	50 000	16 000	45 000	261 000
8	31	生产费用合计	380 000	200 000	100 000	120 000	600 000
8	31	累计费用分配率					
8	31	完工产品总成本					
8	31	月末在产品成本					

表 8-2　基本生产成本明细账——A 产品

产品名称：A 产品　　产品批别：#1001　　投产日期：6 月份　　完工日期：8 月份

月	日	摘要	直接材料（元）	生产工时（小时）	直接人工（元）	制造费用（元）	合计（元）
6	30	在产品成本	20 000	21 000			
7	31	本月生产费用	10 000	12 000			
8	31	本月生产费用	30 000	3 500			
8	31	生产费用合计	60 000	36 500			
8	31	累计费用分配率	—	—			—
8	31	完工产品总成本					
8	31	完工产品单位成本					

表 8-3　基本生产成本明细账——B 产品

产品名称：B 产品　　产品批别：#1002　　投产日期：6 月份　　完工日期：

月	日	摘要	直接材料（元）	生产工时（小时）	直接人工（元）	制造费用（元）	合计（元）
6	30	在产品成本	15 000	17 000			
7	31	本月生产费用	22 000	18 000			
8	31	本月生产费用	50 000	14 800			
8	31	生产费用合计	87 000	49 800			
8	31	累计费用分配率					
8	31	完工产品总成本					
8	31	完工产品单位成本					
8	31	月末在产品成本					

表 8-4　基本生产成本明细账——C 产品

产品名称：C 产品　　产品批别：#1003　　投产日期：6 月份　　完工日期：

月	日	摘要	直接材料（元）	生产工时（小时）	直接人工（元）	制造费用（元）	合计（元）
6	30	在产品成本	44 000	31 000			
7	31	本月生产费用	13 000	15 000			
8	31	本月生产费用	70 000	17 000			
8	31	生产费用合计	127 000	63 000			

表 8-5　基本生产成本明细账——D 产品

产品名称：D 产品　　　产品批别：#1004　　投产日期：6 月份　　完工日期：

月	日	摘要	直接材料（元）	生产工时（小时）	直接人工（元）	制造费用（元）	合计（元）
6	30	在产品成本	32 000	23 000			
7	31	本月生产费用	24 000	13 000			
8	31	本月生产费用	50 000	14 700			
8	31	生产费用合计	106 000	50 700			

实训资料 2

某工业企业根据客户订单小批生产甲、乙两种产品，采用分批法计算产品成本。20××年 3 月份生产情况及生产费用发生情况如下。

（1）本月份生产产品的批号。

101 批：甲产品 10 台，1 月 15 日投产，本月 25 日全部完工。

102 批：甲产品 20 台，1 月 21 日投产，本月完工 13 台，未完工 7 台。

301 批：乙产品 18 台，本月 3 日投产，尚未完工。

（2）本月的成本资料。

1）各批产品的上月末累计生产费用见表 8-6。

表 8-6　上月末累计生产费用明细表　　　　　　单位：元

批号	直接材料	直接人工	制造费用	合计
101	13 000	7 000	3 500	23 500
102	25 000	11 000	7 700	43 700

2）根据各种费用分配表，汇总各批产品本月发生的生产费用见表 8-7。

表 8-7　本月生产费用明细表　　　　　　单位：元

批号	直接材料	直接人工	制造费用	合计
101		6 000	1 900	7 900
102		12 000	5 400	17 400
301	18 000	11 500	6 100	35 600

3）各批完工产品与在产品之间分配费用的方法。

102 批甲产品，本月完工产品占该批产品比重较大，采用约当产量法将本月累计生产费用在完工产品与月末在产品之间分配。原材料在生产开始时一次投入，月末在产品完工程度为 70%。

【实训要求】

根据上述各项资料，计算 101 批甲产品全部完工产品的总成本和单位成本，填入表 8-8；计算 102 批甲产品和 301 批乙产品的完工产品总成本、单位成本及月末在产品成本，填入表 8-9、表 8-10。

表 8-8　基本生产成本明细账

批号：101　　　　　　　　产品名称：甲产品　　　　　　　　单位：元
开工日期：　　　　　　　　完工日期：　　　　　　　　　　　批量：10 台

| 20××年 | | 摘要 | 直接材料 | 直接人工 | 制造费用 | 合计 |
月	日					

表 8-9　基本生产成本明细账

批号：102　　　　　　　　产品名称：甲产品　　　　　　　　单位：元
开工日期：　　　　　　　　完工日期：　　　　　　　　　　　批量：20 台

| 20××年 | | 摘要 | 直接材料 | 直接人工 | 制造费用 | 合计 |
月	日					

表 8-10 基本生产成本明细账

批号：301　　　　　　　　产品名称：乙产品　　　　　　　　单位：元
开工日期：　　　　　　　完工日期：　　　　　　　　　　　批量：18 台

20××年		摘要	直接材料	直接人工	制造费用	合计
月	日					

实训资料 3

某工业企业属于小批生产企业，产品批次多，为了简化核算，采用简化分批法计算产品成本。

（1）该厂 3 月份产品批号。

101 批：A 产品 16 件，1 月份投产，本月完工。

201 批：B 产品 30 件，2 月份投产，本月完工 20 件，该批产品原材料在生产开始时一次投入，本月末在产品定额工时为 11 000 小时。

301 批：C 产品 25 件，3 月份投产，尚未完工。

（2）月初在产品成本。

2 月末累计生产费用为 837 000 元，其中直接材料 525 000 元（101 批次 300 000 元，201 批次 225 000 元），直接人工 131 000 元，制造费用 181 000 元。累计生产工时 71 000 小时，其中 101 批次 48 900 小时，201 批次 22 100 小时。

（3）本月发生生产费用。

本月发生直接材料费用 275 000 元，全部为 301 批次 C 产品所耗用，本月发生直接人工费用 158 000 元，制造费用 210 000 元；本月实际生产工时为 99 000 小时，其中 101 批次 29 100 小时，201 批次 28 900 小时，301 批次 41 000 小时。

【实训要求】

根据上述资料，登记基本生产成本二级账和基本生产成本明细账（见表 8-11～表 8-14），计算完工产品成本。

表 8-11　基本生产成本二级账

20××年		摘要	生产工时	直接材料	直接人工	制造费用	合计
月	日						

表 8-12　基本生产成本明细账——A 产品

批号：101　　　　　　　　　产品名称：A 产品　　　　　　　　　单位：元
开工日期：　　　　　　　　　完工日期：　　　　　　　　　　　　批量：16 件

20××年		摘要	生产工时	直接材料	直接人工	制造费用	合计
月	日						

表 8-13　基本生产成本明细账——B 产品

批号：201　　　　　　　　　产品名称：B 产品　　　　　　　　　单位：元
开工日期：　　　　　　　　　完工日期：　　　　　　　　　　　　批量：30 件

20××年		摘要	生产工时	直接材料	直接人工	制造费用	合计
月	日						

表 8-14 基本生产成本明细账——C 产品

批号：301　　　　　　　　　产品名称：C 产品　　　　　　　　　单位：元
开工日期：　　　　　　　　完工日期：　　　　　　　　　　　　批量：25 件

20×× 年		摘要	生产工时	直接材料	直接人工	制造费用	合计
月	日						

实训九 分步法综合结转

实训资料 1

保利食品加工厂设有第一、第二、第三共三个基本生产车间，大量生产 Z1 产品。Z1 产品顺序经过三个车间加工，第一车间生产的产品为 Z1 产品的 A 半成品，完工后不经过半成品仓库，全部直接交给第二车间继续加工；第二车间将 Z1 产品的 A 半成品进一步加工为 Z1 产品的 B 半成品，完工后全部交给半成品仓库；第三车间从半成品仓库领出 B 半产品继续加工为 Z1 产成品，完工后全部交产成品仓库。

Z1 产品原材料在第一车间生产开始时一次投入；第二和第三车间转入或领用的 A 半成品、B 半成品，也都在各该生产步骤生产开始时一次投入；各生产步骤（车间）本身的直接人工费用和制造费用的发生都比较均衡，月末各车间在产品的完工程度按 50% 计算。

该厂本月各生产车间发生的费用已经在各成本核算对象之间进行了分配，本月各生产车间生产数量记录资料，各生产车间 Z1 产品（产成品和半成品）的生产费用资料见表 9-1～表 9-3。

表 9-1 B 半成品明细账（加权平均法）

半成品名称：B 半成品　　　　　　　　　　　　　　　　　　　　　　　　计量单位：件

年		摘要	收入			发出			结存		
月	日		数量	单价	金额	数量	单价	金额	数量	单价	金额
10	1	月初余额							40	1 650	66 000
		二车间转入	200								
		三车间领用				200					

表 9-2 保利食品加工厂生产产量记录资料

项目	第一车间	第二车间	第三车间
月初在产品	20	40	40
本月投入或上步转入	220	200	200
本月完工转入下步骤或交库	200	200	220
月末在产品	40	40	20

表9-3 保利食品加工厂生产费用记录资料

产品：Z1　　　　　　　　　　　20××年10月　　　　　　　　　　　　单位：元

项目	第一车间	第二车间	第三车间
月初在产品成本	14 500	52 000	80 000
其中：直接材料	10 000	38 000	66 000
直接人工	2 500	8 000	8 000
制造费用	2 000	6 000	6 000
本月本步骤发生生产费用	204 500	14 000	147 000
其中：直接材料	110 000		
直接人工	52 500	80 000	84 000
制造费用	42 000	60 000	63 000

【实训要求】

（1）编制各步骤成本计算单，采用综合结转分步法计算各步骤半成品成本及产成品成本，并进行成本还原用逐步结转分步法，将相关结果填入表9-4～表9-8。

（2）写出相关会计分录。

表9-4 第一车间产品成本计算单

产品：A半产品　　　　　　　　20××年10月　　　　　　　　　　　　单位：元

摘要	直接材料	直接人工	制造费用	合计
月初在产品成本				
本月发生生产费用				
生产费用合计				
本月完工A半成品数量				
月末在产品约当产量				
约当总产量				
完工A半成品单位成本				
完工A半成品总成本				
月末在产品成本				

表 9-5　第二车间产品成本计算单

产品：B 半产品　　　　　　　　　20××年 10 月　　　　　　　　　单位：元

摘要	上步转入	本步发生		合计
	A 半成品	直接人工	制造费用	
月初在产品成本				
本月发生生产费用				
本月上步转入费用				
生产费用合计				
本月完工 B 半成品数量				
月末在产品约当产量				
约当总产量				
完工 B 半成品单位成本				
完工 B 半成品总成本				
月末在产品成本				

表 9-6　B 半成品明细账（加权平均法）

半成品名称：B 半成品　　　　　　　　　　　　　　　　　　计量单位：件

年		摘要	收入			发出			结存		
月	日		数量	单价	金额	数量	单价	金额	数量	单价	金额
10	1	月初余额									
		二车间转入									
		三车间领用									

表 9-7　第三车间 Z1 产品成本计算单

第三车间：Z1 产品　　　　　　　　　20××年 10 月　　　　　　　　　单位：元

摘要	上步转入	本步发生		合计
	B 半成品	直接人工	制造费用	
月初在产品成本				
本月发生生产费用				
本月上步转入费用				
生产费用合计				
本月完工 Z1 产品数量				
月末在产品约当量				
约当总产量				
完工 Z1 产品单位成本				
完工 Z1 产品总成本				
月末在产品成本				

表 9-8　产品成本还原计算表　　　　　　　　　　　　　　单位：元

摘要	成本还原率	B 半成品	A 半成品	直接材料	直接人工	制造费用	合计
还原前总成本							
本月所产 B 半成品成本							
第一次成本还原							
本月所产 A 半成品成本							
第二次成本还原							
还原后总成本							
还原后单位成本							

实训资料 2

保利食品加工厂设有第一、第二、第三共三个基本生产车间，大量生产 Z1 产品。Z1 产品顺序经过三个车间加工，第一车间生产的产品为 Z1 产品的 A 半成品，完工后不经过半成品仓库，全部直接交给第二车间继续加工；第二车间将 Z1 产品的 A 半成品进一步加工为 Z1 产品的 B 半成品，完工后全部交给半成品仓库；第三车间从半成品仓库领出 B 半产品继续加工为 Z1 产成品，完工后全部交产成品仓库。

Z1 产品原材料在第一车间生产开始时一次投入；第二和第三车间转入或领用的 A 半成品、B 半成品，也都在各该生产步骤生产开始时一次投入；各生产步骤（车间）本身的直接人工费用和制造费用的发生都比较均衡，月末各车间在产品的完工程度按 50% 计算。

该厂本月各生产车间发生的费用已经在各成本核算对象之间进行了分配，本月各生产车间生产数量记录资料，各生产车间 Z1 产品（产成品和半成品）的生产费用资料见表 9-9～表 9-11。

表 9-9　保利食品加工厂生产费用记录资料　　　　　　　　　　　　单位：元

项目	第一车间	第二车间	第三车间
月初在产品成本合计	14 500	52 000	80 000
（1）直接材料	10 000	20 000	20 000
本步发生	10 000	—	—
上步转入		20 000	20 000
（2）直接人工	2 500	18 000	34 000
本步发生	2 500	8 000	8 000
上步转入		10 000	26 000
（3）制造费用	2 000	14 000	26 000
本步发生	2 000	6 000	6 000
上步转入		8 000	20 000
本月本步骤发生生产费用	204 500	140 000	147 000
（1）直接材料	110 000		
（2）直接人工	52 500	80 000	84 000
（3）制造费用	42 000	60 000	63 000

表 9-10 保利食品加工厂生产产量记录资料　　　　　　　　单位：件

项目	第一车间	第二车间	第三车间
月初在产品	20	40	40
本月投入或上步转入	220	200	200
本月完工转入下步骤或交库	200	200	220
月末在产品	40	40	20

表 9-11 B 半成品成本明细账（汇总账页）

半成品名称：B 半成品　　　　　　　　　　　　　　　　　　　计量单位：元

年		摘要	数量（件）	金额合计	其中		
月	日				直接材料	直接人工	制造费用
10	1	月初结存	40	66 000	20 000	26 000	20 000

【实训要求】

（1）编制各步骤成本计算单，采用分项结转分步法计算各步骤半成品成本及产成品成本，将相关结果填入表 9-12～表 9-15。

（2）写出相关会计分录。

表 9-12 第一车间产品成本计算单

产品：A 半产品　　　　　　　　　　　　　　　　　　　　　　　单位：元

摘要	直接材料	直接人工	制造费用	合计
月初在产品成本				
本月发生生产费用				
生产费用合计				
本月完工 A 半成品数量				
月末在产品约当产量				
约当总产量				
完工 A 半成品单位成本				
完工 A 半成品总成本				
月末在产品成本				

表 9-13　第二车间产品成本计算单

产品：B 半产品　　　　　　　　　　　　　　　　　　　　　　　　　　单位：元

摘要	直接材料		直接人工		制造费用		合计
	上步转入	本步发生	上步转入	本步发生	上步转入	本步发生	
月初在产品成本							
本月发生生产费用							
本月上步转入费用							
生产费用合计							
本月完工产品数量							
月末在产品约当量							
约当总产量							
完工产品单位成本							
完工产品总成本							
月末在产品成本							

表 9-14　B 半成品成本明细账（汇总账页）

半成品名称：B 半成品　　　　　　　　　　　　　　　　　　　　　　　计量单位：元

摘要	数量（件）	金额合计	其中		
			直接材料	直接人工	制造费用
月初结存					
本月第二车间交库					
合计					
加权平均单位成本					
第三车间领用					
月末结存					

表 9-15　第三车间产品成本计算单

产品：Z1 产品　　　　　　　　　　　　　　　　　　　　　　　　　　　单位：元

摘要	直接材料		直接人工		制造费用		合计
	上步转入	本步发生	上步转入	本步发生	上步转入	本步发生	
月初在产品成本							
本月发生生产费用							
本月上步转入费用							
生产费用合计							
本月完工产品数量							
月末在产品约当量							
约当总产量							
完工产品单位成本							
完工产品总成本							
月末在产品成本							

实训十 期间费用分析

实训资料

绿源铝业有限公司202×年全年期间费用见教学资源包,请对全年期间费用进行初步分析。

【实训要求】

(1)使用Excel的"数据透视表""数据透视图"等对数据进行分析。
(2)使用一种或几种AI对数据进行分析。
(3)尝试在用友U8系统中设置内部报表——"管理费用明细表"。